複眼思考の会計学

―国際会計基準は誰のものか―

田中　弘
Tanaka Hiroshi

税務経理協会

読者の皆さんへのメッセージ

トロイの木馬がやってきた

最近の会計の動きは、どこかおかしくはないでしょうか。

世界の会計の動きを見ていますと、何やらヒステリックなくらいに、各国の会計を現在の会計実務とは違った世界に引きずり込もうとしているように思えます。

日本にも国際会計基準（ＩＦＲＳ《イファース》）という黒船が来るとかで、経済界も会計士業界も世界の動きに必死に歩調を合わせようとしていますが、どこか腑に落ちない、しっくりこないところがあると感じる人も多いのではないでしょうか。

世界の会計は、この八〇年間ほど、世界大恐慌の反省から「原価・実現主義（記帳は原価で、収益計上は実現主義で）」と「保守主義（会計処理は保守的に）」を金科玉条とし、各国の経済界も投資家もそれを「Sound Accounting（健全な会計）」として歓迎してきました。

それが今、国際的な会計基準もアメリカの会計基準も、「健全な会計処理」とか「投下資本の回収計算」そして「回収余剰としての利益の測定」といった「近代会計の理念」をかなぐり捨てて、隣の会社や向かいの会社を買収するときの価格（買収価格）を、逆の立場からは、M＆Aをかけられたときの「わが社の身売り価格」を計算・表示することを目的とした会計に変身しています。

ＩＦＲＳは会計基準ではない

「これはもう会計ではない！」という声も聞かれます。

私も、「ＩＦＲＳは会計基準ではない！」と思います。会計基準ではないとすると、ＩＦＲＳは何なのでしょうか。人によっては、ＩＦＲＳは、世界の会計を、一部の投資家やファンドが好む清算価値会計という「実験室」か「解体工場」に運び込むための手段だといいます。

どうやらそのターゲットは、「物づくり」を得意とする日本やアジア諸国、欧州大陸の諸国が持つ富のようです。「物づくり」を得意とする企業は、含みのある土地・建物を多く持ち、内部留保も高く、しかも、豊富なキャッシュ・フローや知的財産に恵まれています。会社の「清算価値」と「株価」さえわかれば、金の力に任せて買収するにはもってこいの企業がたくさんあります。こうした企業を買収して、買った資産をバラバラに切り売りした後に残るキャッシュがいくらあるか、これを計算するのがＩＦＲＳだというのです。

ＩＦＲＳは「会計ではない」のです。ＩＦＲＳはＭ＆Ａをかける企業（被買収企業）の「即時清算価値」を計算・表示するものですから、「会計」というより「企業売買ゲーム情報」と言ったほうがよいかもしれません。

原点を忘れた日本の会計

日本の会計も、この二〇年ほどの間に、「会計であることを忘れた」かのように、簿記・会計の最大・最高の長所である「複眼思考」から「単眼思考」になってしまいました。

会計は、本来、「複式簿記」の名称が示すように、「複式」「複眼」を特長（特徴ではありません）としています。何人で記帳を分担しても、現金を管理する人と現金出納帳を記帳する人が別人であっても、発注担当者と在庫係りが別人であっても、期末の記帳と計算の結果が同じになる……こうしたシステムが五〇〇年も昔に完成していたとは、驚きを通り越して、人間の英知、それも五〇〇年も昔のイタリア商人、それを現在の会計に発展させたイギリスの産業人に敬意の拍手を贈りたいと思います。

しかし、日本の経営も会計も、その人間が生み出した不朽の英知をどこかに置き忘れたかのようなものになってしまいました。「一人でやったほうが早い」とか「機械のほうが間違いがないから」とか、「彼（彼女）に任せておけば安心」……どれもこれも五〇〇年の歴史に耐えた複式簿記や会計の知恵を無視して、自分の小さな知恵でやり繰りしようとするものです。

現場でも、販売部門や仕入れ部門から上がってくるデータを鵜呑みにしたり、「再計算」を「同じ人が、同じ方法でやる」といった「単眼思考」「シングル・チェック」で済ますようになってきました。こうしたことが原因で、あっちの会社でもこっちの官庁でも、「会計不正」「着服」「不正流用」などが頻発してきたのです。

「複式」「複眼」の簿記・会計には、いわゆる内部牽制と内部統制のシステムがビルトインされているのです。アメリカ企業の不正防止のために発案された、大掛かりな「内部統制」に金をつぎ込む前に、「簿記・会計にビルトインされたダブル・チェック・システム」を活用するべきです。

会計学の黙示録

本書は、税務経理協会の月刊誌『税経通信』に、「複眼思考の会計学」と題して、二〇〇八年七月から二〇一〇年一二月までの、二年半、三〇回にわたって連載した記事をベースにして、国際会計基準（ＩＦＲＳ）を巡る諸問題と、わが国の会計界に対する警鐘と提言を書いたものです。

「複眼思考の会計学」というタイトルで書きたいこと・書き残したことは山ほどありますが、連載を一冊の本として出版する事情から、このタイトルでの連載は終えることとし、改めて、「会計学の黙示録」をタイトルとした連載を書きたいと考えています。

「黙示録」は、the Revelations と言ったり、the Apocalypse と書いたりします。これは（キリスト教やユダヤ教で）未来に関することの啓示、覆い隠されていた真理（や神の意志）を啓示・解き明かすことを言うとされています。

「複眼思考の会計学」の連載でも、アメリカの国際会計戦略、国際会計基準審議会（ＩＡＳＢ）の「当期純利益廃止論」の隠された意図、ＩＦＲＳや時価会計を巡る誤報・誤解、利益は発生するか、などなどの「覆い隠されていたこと」を解き明かしてきたつもりです。

私がこれから書こうとしている「黙示録」は、それほど大それたものではなく、「会計と会計学の世界にある天動説や地球平面説」を読者の皆さんと一緒に考える素材を提供しようとするものです。意図するところは、これまでの連載「複眼思考の会計学」と変わりません。

会計の理論とか会計の基準とか言っても、これまでの多くは実務をルーツとしたものであり、また、最近のＩＦＲＳなどの国際的基準は一度も実務の洗礼を受けたこともない「実験室で編み出された空想的な産物」です。少し冷静に考えてみますと、その論拠も怪しげであったり、あちこち矛盾するものであったり、それ以上に、経済の実態や企業の成果をうまく反映することができないものであったり、とても信頼して使える理論・基準と言えないものも多いようです。

会計学の「常識くずし」

思えば、この十数年の間、私はずっと「会計学の世界にある天動説」を追求してきました。いわば「会計学の常識くずし」です。

以下の本は、そうした思いから、本来は簡単なはずの会計学を、本来の簡単な姿に戻して、この学問の中にある天動説や地球平面説をあぶりだそうという、現代会計学の通説からすれば「とんでもなく不届きな」ことを書いたものです。

『時価主義を考える』中央経済社（初版一九九八年、第二版一九九九年、第三版二〇〇二年）
『原点復帰の会計学—通説を読み直す』税務経理協会（初版一九九九年、第二版二〇〇二年）
『会計学の座標軸』税務経理協会、二〇〇一年
『不思議の国の会計学—アメリカと日本』税務経理協会、二〇〇四年
『国際会計基準はどこへ行くのか—足踏みする米国、不協和音の欧州、先走る日本』時事通信社、二〇一〇年

何冊もの本を書いて、会計の通論・通説に潜む「あやしさ」をアピールしてきましたが「学の保守主義」を重んじる会計の世界に住む住人たちはなかなか「通説の世界」から出ようとはしません。

しかし、通論・通説の世界に安住していては学の進歩も実務の発展も見込めないのです。だからこそ、あきらめずに書き続けることが大事だと思います。

私の誤解もあるかと思います。私の主張に説得力がないということもあるでしょう。私に実務経験がないということも、空理・空論をもてあそんでいるような印象を与えるのかもしれません。そうしたことから、おおいなる自省の念を込めて、ダニエル・キースが書いた『アルジャーノンに花束を』(小尾芙佐訳、早川書房)の一文を紹介して結びとします。

「(大学の教授たちは)己の知識の狭隘さが露呈するのを恐れて、逃げ出す口実を見つける……そして教授連中を知性ある巨人と思い込んでいた自分のなんたる愚かさよ。彼らはただの人なのだ—そして世間にそれを気づかれるのを恐れている。」

お詫びと謝辞

本書は、上記のように、税務経理協会の雑誌『税経通信』に連載した原稿に加筆修正して本にしたものです。この連載とほぼ同じ時期に時事通信社の雑誌『金融財政』と、その雑誌の後継誌『金融財政ビジネス』に「日本の『国際会計戦略』を考える」というタイトルで二二回にわたって連載記事を書きました。

時事通信の連載は、すでに『国際会計基準（ＩＦＲＳ）はどこへ行くのか―足踏みする米国、不協和音の欧州、先走る日本』と題して時事通信社から出版しました（二〇一〇年九月刊）。

二冊の本は、執筆した時期と一部のテーマが同じであったことから、内容が重複しているところがあります。私としては、『税経通信』の読者層と『金融財政ビジネス』の読者層が違うことから、それぞれの読者層を意識して書いたつもりです。とはいえ、二冊の本をお読みいただいた方には、一部が重複していることをお詫び申しあげます。

『税経通信』に掲載した連載を本にして出版するのは、一年後か二年後を予定していました。「複眼思考の会計学」というタイトルで書きたいことがたくさんありましたので、それらを書き終えてから本にしたいと考えていました。

ところが、連載の記事の半分近くが国際会計基準（ＩＦＲＳ）に関係したものであることと、そのＩＦＲＳを日本がアドプション（日本の企業に強制適用）する準備を進め始めたことから、緊急に出版して、ＩＦＲＳを巡る諸問題を広く経済界・会計界・官界・政界などに知ってもらう必要があると考え、急きょ、連載記事を取り纏めて出版することにしました。

そうした慌ただしい出版でしたが、税務経理協会・大坪嘉春社長と大坪克行常務にいろいろご無理を聞いていただきました。また連載のときには、同社第一編集部の吉冨智子さん、野澤武史さん、日野西資延さんにお世話になりました。出版には、同社第二編集部の大川晋一郎さんにお手伝いいただきました。心から御礼申し上げます。

二〇一〇年一二月

田中　弘

目次

第2章　アメリカで暴走する「時価会計」　14

第5章　会計基準は誰が決めるのか(2)——国際会計基準　51

第8章　会計基準はストライクゾーンか　90

第9章　世界の流れは「連単分離」
——なぜ日本だけIFRSを個別財務諸表に適用するのか

第11章　会計の役割は変わったのか
——IFRSの清算価値会計　131

第13章　国際標準は何のためにあるのか　159

第2部　複眼思考の会計学
――単眼思考になった日本の会計――

第17章　会計「雑感」「雑念」――モデルはアメリカにあり　214

第18章　経済も会計もナショナリズムで動く　227

第19章　公認会計士は、本当に足りないのか？　240

第23章　利益は発生するか(2)
――「毛虫」と「蝶々」は同数か

第24章　利益は発生するか(3)
――利益はフローか、ストックか　310

第27章　稼ぐ税理士になる（2）　——業界全体のパイを大きくしよう　349

第28章　稼ぐ税理士になる(3)
——税理士によるコンサルの現状と近未来

第1部

国際会計基準は誰のものか
――日本の富はどこに移転するのか――

「俺の祖国　日本よ！
どうかアメリカに溶けないでくれ！」

長渕　剛「親知らず」より

第1章　アメリカの国際会計戦略

1. アメリカが自国の会計基準を捨てる
2. コンバージェンスとは何だったのか
3. アメリカは「ギャンブラーの会計」
4. アメリカ不正会計の主犯は「四半期報告」
5. アメリカ基準の絶対優位
6. 国際会計基準は「連結」だけに適用
7. アメリカの投資家はアメリカを見放した
8. アメリカの資金はヨーロッパに

1　アメリカが自国の会計基準を捨てる

「国際会計基準」――声に出してみるとよい。何ともここちよい響きをもった言葉ではないか。会計という、とてつもなく古臭く、職人じみたイメージがつきまとう世界が、「国際」と「基準」が付くことによって、きわめて斬新かつ先進的なイメージを持つようになるから不思議である。

「国際会計基準（ＩＦＲＳ）」を巡る覇権争いが、今、最終段階を迎えようとしている。かつて日本経済新聞の磯山友幸氏は、この覇権争いを「国際会計基準戦争」と呼んだが、最後まで戦場に残ったアメリカが敗れ、戦いに参加しなかった日本は無条件降伏することになりそうだというのである。

本章では、国際会計基準をめぐるアメリカの動向を紹介する。以下、「国際会計基準」、「国際基準」、「ＩＦＲＳ」、「ＩＡＳ、ＩＦＲＳ」は同義と考えていただきたい。

なお、ＩＦＲＳは、アイ・エフ・アール・エスと呼ぶが、英語を母国語としない者には発音しにくいので、「イファース」「イファーズ」「アイファース」などと呼ばれることも多い。以下では、便宜上、「ＩＦＲＳ」に「イファース」とルビをつけることがある。

2　コンバージェンスとは何だったのか

ついー－二年ほど前まで、国際的な会計基準については、「コンバージェンス（収斂《しゅうれん》）」が主要な話題であった。コンバージェンスとは、「国際基準と各国の会計基準の間に存在する主要な差異を解消すること」をいう。

わが国も、二〇〇七年八月に、国際会計基準を取り入れることを約束する「東京合意」を結んだ。ここで含意されていたのは、英語による国際会計基準（ＩＦＲＳ）をそのまま適用するのではなく、あくまでも日本の会計基準を手直しして、可能な限り国際会計基準に合わせるというものであった（はずである）。

自国の会計基準を堅持しつつ、国際基準との共通化を進めようとしてきたのは、日本とアメリカであった。

アメリカには自国基準が「世界で最も進んでいる会計基準」という自負があったであろう。ところが、二〇〇八年八月、アメリカが、これまで世界で最も進歩的・先進的と自慢してきた会計基準を捨てる覚悟を固めたというのである。「アメリカが、自国の会計基準を捨てる」などということがありうるのであろうか。

そうした話をする前に、アメリカ企業の経営と会計（決算）がどれだけインチキくさいものになっているかを紹介したい。アメリカびいきの日本人には、きっと、読みたくない話ばかりである。

3　アメリカは「ギャンブラーの会計」

アメリカの企業が「物づくり」では利益を上げられなくなって久しい。製造業の衰退は、アメリカを象徴する自動車業界をみればよくわかる。今日では、アメリカ企業の利益に占める製造業の割合は三割を切っているという（日本経済新聞、二〇〇八年九月二四日）。

国内で「物づくり」をすれば、製造物責任（ＰＬ）訴訟の餌食になることもあって、アメリカの製造業は、次第に「物づくり」から金融に軸足を移してきている。製造業の衰退とは逆に、今ではアメリカ企業の利益の三割強を金融が稼いでいるのである（日本経済新聞、同上）。

最も有名なのは、「ウェルチ革命」として知られるＧＥであろう。ウェルチは、古めかしい「物づくり（電機製造）」の会社ＧＥを、金融サービスをメインとした巨大な近代的企業に変身させた「二〇世紀最高の経営者」と称賛された人物である。

ウェルチがやったのは、何であったか。今では周知の事実であるが、ジャーナリストの東谷暁氏の言葉を借りれば、「アメリカ企業の多くにもの作りの地道な努力を忘れさせ、マネー・ゲームの狂奔と金まみれのアメリカン・バブルを招来」させたのである（東谷暁「ジャック・ウェルチ『勝ち逃げ』の罪」『文藝春秋』、二〇〇二年一〇月）。

4　アメリカ不正会計の主犯は「四半期報告」

アメリカの経営や会計がインチキくさいものになった原因はいくつかあるが、四半期報告が「主犯」といってもよいであろう。

問題は、アメリカの場合、四半期ごとに過度なサプライズやグッド・ニュースを期待する投資家と、そうした投資家の（根拠なき）期待に沿うような会計報告をでっち上げることに罪悪感を持たなかった経営者の利害が、不幸にして、一致したことである。

アメリカの大手企業は、四半期（三か月）ごとに業績を計算・報告しなければならない。そのために、企業経営も四半期ごとに何らかの成果を出せるように、できればグッド・ニュースかサプライズを報告できるように、短期的・近視眼的な経営が行われるようになってきた。

その結果、投資家は四半期ごとの会計情報を見て投資の決定をするようになり、企業は、四半期ごとに株主が喜ぶような成果を出そうとして、わずか三か月で成果の出る事業（そんなものは、めったにない）やギャンブルを好むようになった。

投資家の願望が先か、経営者の情報操作が先か、これはわからない。鶏と卵のような話である。わずか三か月である。「物づくり」をする企業では、前年同期と比べて売上高や営業利益はあまり変わらないであろう。しかし、「市場にサプライズを」ということになれば、どうしたらよいであろうか。

アメリカの企業が盛んにM&A（企業の合併や買収）をやるのもデリバティブ（金融派生商品）に手を出すのも、先物取引や相互売買といったインチキ取引をでっちあげるのも、すべて三か月という短期に「利益を作る」ことができるからである（詳しいことは、拙著『不思議の国の会計学――アメリカと日本』税務経理協会、二〇〇四年、に書いた）。

今のアメリカは、経営者も投資家もギャンブラーである。こうした投資家の欲望と経営者の思惑が一致して、「利益を作る」会計が横行し、作られた利益の数字に株価が反応し、実体のない株価でストック・オプションが行使されている。

これは、会計を使った犯罪としかいいようがない。SECの委員長であったアーサー・レビット氏は、「アメリカの企業が作成する損益計算書は企業の業績を示すというよりも、経営者の欲望を反映する」ものになったことを指摘している（マイク・ブルースター著・山内あゆ子訳『会計破綻――会計プロフェッションの背信』税務経理協会、二〇〇四年）。

5　アメリカ基準の絶対優位

話を元に戻す。アメリカが、自国の会計基準を捨てて、国際会計基準を全面採用するという話である。

アメリカの会計基準を設定する法的権限を持っているのは、SEC（証券取引委員会）である。表面的には、FASB（財務会計基準審議会）が会計基準を設定・公表しているが、FASBには自分たちが決めた会計基準を企業に強制適用する法的権限はない。

SECは、二〇〇七年一一月にアメリカで資金調達する外国企業に対して、アメリカ基準（US-GAAP《ギャップ》）でなく、国際基準（IFRS）に準拠して財務諸表を作成することを認めた。これは、従来のSECの姿勢、つまり、アメリカで資金を調達したいのであれば、アメリカの会計基準（US-GAAP）に準拠しろ、といった高圧的な姿勢から大幅に後退して、アメリカ基準の絶対的優位性を自ら否定したかのような印象を世界に与えた。

これだけでも、世界の会計界には、一〇〇年に一度あるかないかのショッキングな事件であったが、間を置かずしてSECは、二〇〇八年八月にアメリカの企業（内国企業）にもIFRSに準拠した財務諸表の作成を「認める」ことを提案した。実質は「アメリカ基準を捨てて、IFR

Sを全面適用」することになる。

6 国際会計基準は「連結」だけに適用

アメリカが自慢の会計基準を捨てざるを得なくなったのは、いくつかの理由がある。

一つは、ＥＵが二〇〇五年から欧州市場に上場する域内企業八、〇〇〇社の「連結財務諸表」に国際会計基準を強制適用したことである。これに続いて、中国、インド、韓国などが強制適用を決め、さらにオーストラリア、カナダ、中南米諸国などが国際会計基準を、何らかの形で採用することを意思表示した。総数一一〇か国を超えている。どこの国も、国際会計基準は「連結」に適用する。

国際会計基準が、「国際」という名を冠した基準としての実体を備えるにつれて、アメリカの基準が一か国だけのローカル基準になり下がってしまった。これでは、世界中の国際企業がＩＦＲＳに準拠した財務諸表を作成し、ヨーロッパで資金調達するようになるであろう。

実際にも、ここ数年、国際金融センターとしてのアメリカ資本市場は、その競争力を低下させてきた。

ＳＥＣのコックス元委員長は、「多くの面で国際会計基準のほうが優れているとみられている」として、アメリカの会計基準にとって事実上の敗北宣言を出している（日本経済新聞、二〇〇八年八月二九日）。一応は、ＩＦＲＳを「容認」するということを提案するのであるが、ウォール街など、国際的なＭ＆Ａや国際的な資金調達をビジネスとしているところでは、次第に、アメリカの会計基準（ＵＳ－ＧＡＡＰ《ギャップ》）が邪魔になってきたと感じている。ウォール街が自国の会計基準を捨ててＩＦＲＳに一本化することを希望していることもあって、実際には、アメリカは自国基準を捨てることになるとみられている。

7　アメリカの投資家はアメリカを見放した

もっと根本的な理由は、アメリカの企業と投資家にある。企業のことは、すでに紹介したように、「物づくり」では稼げなくなり、金融にシフトしてきたこと、四半期報告のために経営や会計が短期的・近視眼的になってきたこと、四半期の利益を増やすために、Ｍ＆Ａやら先物やら相互売買といったあやしげな取引をするようになったことなどを紹介した。

アメリカの投資家は、そこを鋭く見抜いている。つまり、彼らは自国の企業に投資しても、根拠のない利益の配分を得られるかもしれないが、ばばを引けば、自分の株券が紙くずになることに気がついている。

会計基準についても、アメリカの投資家は、自国の会計基準が、自国の企業の会計不正に対処するための「火消し基準」であることをよく承知している。決して、会計の論理とか市場との整合性といったことをベースにした「高品質の会計基準」ではなく、アメリカ企業の会計不正を後追いで叩こうとしているにすぎない。このことも、投資家はよく知っている。

エンロンやワールドコムを引き合いに出すまでもなく、アメリカ企業は、利益を作る会計、錬金術にうつつを抜かしてきた。エコノミストのクルーグマン教授は言う、「私はエンロンの事件が特別なケースであったことを祈る。しかし本当にそうなら、とても驚きである」と（ポール・クルーグマン著・三上義一訳『嘘つき大統領のデタラメ経済』早川書房、二〇〇四年）。

六年前に書いた小著『不思議の国の会計学――アメリカと日本』（税務経理協会）では、アメリカの経営・会計における「悪魔の錬金術」「インチキ会計」「トリック会計」を紹介した。読まれた方は、こんなにたくさんの錬金術があるのかと驚かれたのではなかろうか。

8　アメリカの資金はヨーロッパに

今、アメリカの投資家は、自国の会社の株式に投資するよりも、ヨーロッパやアジアの企業の株を買うという。世界の金融市場と会計事情に精通している山田辰己氏（ＩＡＳＢ理事）によれば、現在の資本市場はヨーロッパが三五％で、アメリカは二八％に落ち込んでいるし、アメリカの投資家のうち三分の二は、（アメリカ以外の）外国株式に投資しているという。

こうした数字から学ぶべきことは、いまや、アメリカの資金は、アメリカ企業には投下されず、ヨーロッパやアジアの諸国に回っていることである。理由の一つは、会計基準とそれを基にした財務諸表である。

アメリカの投資家にしてみれば、ヨーロッパやアジアの国々で、国際会計基準を採用しているところであれば、特別の調整をしなくても財務諸表を読むことができるようになってきた。アメリカの基準に従って作成された財務諸表に比べると、ＩＦＲＳに準拠した財務諸表はシンプル（注はやたら多いが）であり、（アメリカと日本の企業を除けば）企業間比較が容易にできる。投資家にとってこれほど大きなメリットはないであろう。

アメリカにとって、ＩＦＲＳに乗り換えるには、言葉（英語）の壁がない。さらに言えば、いったんはロンドン（国際会計基準審議会）に従うふりをしながら、次第にアメリカ色を強めていくという戦略をとるであろう。何といっても、イギリスとアメリカは、兄弟国だということを忘れてはならない。

以上、世界で最高の会計基準を持つと自慢していたアメリカが、あっけなくも自国基準を捨てざるを得なくなったとされる理由の数々である。

しかし、これで国際会計基準を巡る覇権争いが終わったわけではない。たとえば、これまでアメリカの、そして世界の会計基準作りをリードしてきたＦＡＳＢは、理事を七名から五名に減らして、規模の縮小に動き始めたという。これからの舞台は、ロンドン（ＩＡＳＢの本部がある）に移ることを見据えてのことだという声もある。要するに、自分たちもロンドンに乗り込んで、国際会計基準の設定を支配しようという意図が見え隠れしているのである。

（注）　ＦＡＳＢは、いったん理事を七名から五名に減らしたが、二〇一〇年になって、また、元の七名に戻している。理由は、二〇一〇年に入ってからＦＡＳＢ議長のバーズ氏が任期を二年残して辞任（家庭の事情とみられている）したことと、その後任が見つからないことから残りの四名の理事では、昨今のＩＦＲＳとのコンバージェンスに支障が生じるおそれがあるからだと言われている。

第2章　アメリカで暴走する「時価会計」

1　前回は救世主、今回は悪玉にされる時価会計
2　事情を知らない「時価会計凍結論」と「凍結反対論」
3　「金融危機を救うための時価会計基準」という不思議
4　時価基準の存在を逆手に取ったウォール街
5　「金の壺」
6　ギャンブラーのための会計

1　前回は救世主、今回は悪玉にされる時価会計

最近の世界規模での金融危機には、会計という視点から見ると、大きく二つの原因がある。一つは、「時価会計の暴走」であり、もう一つは、「会計規制の失敗」である。いずれもアメリカの話であり、いずれもアメリカ政府の「失政」ともいうべき話である。本章では、時価会計の暴走の話を、会計規制の失敗については、次章で書く。

国際的金融危機を巡る最近の議論では、時価会計という「基準」が悪玉にされている。かつては、価格変動の激しい金融商品があるから「時価会計基準」を設定したのだ。その時は、時価基準は「善玉」で、「金融危機を救う救世主」とまでいわれた。

それが、今は逆に、時価会計基準があるからとばかり、時価を適用することができる金融商品を開発して時価評価する、さらには、「時価がはっきりわからないような（だけど無理すれば時価会計を適用できる）金融商品」を開発して巨額の評価益を出してきた。

本来、時価会計というのは、取引が頻繁に行われる市場があって、特別の努力をしなくても市場価格で売買できるような金融商品に適用することを想定している。しかし、そんな商品はゴールド（金）くらいで、金融商品にはない。上場株であろうと、時価で売り切ることができると考

えるのは、証券市場のことを知らないか、少数の株しか持っていない個人投資家くらいであろう。ウォール街では、株や債券のような透明性の高い（時価が丸見えの）金融商品では小さな稼ぎしかできないとばかり、誰も実体のわからない、コンピュータ上だけの、不透明な商品を開発して、金融工学を駆使して作った「時価を売買」するようになった。「利に敏い」どころの話ではない。ウォール街は、ほとんど「詐欺師」集団、「ギャンブラー」集団になり下がってしまった。彼らを詐欺師・ギャンブラーにした一因は、どうやら、会計、それも時価会計の基準にある。

株や債券や金利などを組み合わせた価格変動の大きい「金融商品があるから」時価会計基準を作ったのか、「時価会計基準があるから」基準をうまく使えば巨額の利益をひねり出せる金融商品・デリバティブを開発したのか、鶏と卵のような話である。かつては、鶏（金融商品）が産む卵（時価基準）は、親鳥（金融商品）が自由に飛び回ることができないようにする「人質」の意味があった。今では、卵（基準）は親鳥（ウォール街）が好き勝手をできることを保証するもので、親孝行ではあるが、親鳥の糞害を世界にまき散らすことになった。

2　事情を知らない「時価会計凍結論」と「凍結反対論」

最近、アメリカでは規制機関である証券取引委員会（SEC）が一部証券化商品に対する時価基準の適用を緩和することを決め、また、二〇〇八年一〇月三日に成立した金融安定化法でも「時価会計凍結」の権限をＳＥＣに与えている。それを追うように、欧州中心の国際会計基準審議会（ＩＡＳＢ）も、アメリカ基準と比べて不利益が生じないように「事実上、時価会計の凍結」に動いた。日本の会計基準を決める企業会計基準委員会も、こうした動きに追随して、金融商品に時価会計を適用しなくて済むように基準を見直している。

アメリカが時価会計基準（ＦＡＳ一一五号、一九九三年）を設定したときには、金融商品といえば株式・債券が主で、現在のように、高いレバレッジをかけて（少ない元手で大きな取引をする）総資産を急膨張させたり、あらゆる「もの」や事象を市場取引の対象として、時価のないものにまで「時価」を作って利益をひねり出すような事態は想定されていなかった。

借金して投資の規模を拡大すれば資産価格が上昇するときには利益が膨らむ。しかし、資産価格が急落すれば巨額の損失が生じ、投資資産を処分できないために「売れ筋から大きく外れた『製品』（金融商品のこと）の在庫を残して破綻」（玉木伸介「破綻処理　新たな発想で」日本経済新聞、二〇〇八年九月二四日）に至る。

取引が成立しなかったり投げ売り価格でしか処分できなくなれば、価格はさらに下落し含み損は急拡大する。そんな状況で時価会計が適用されれば、資産の実質よりも異常に低い「時価」で評価することになる。それが、今回の金融危機の一因でもある。

新聞報道などでは、今回の「時価基準適用凍結」は緊急避難的なものであり、金融市場の安定が保たれるようになれば時価会計を復活すべきであるとか、凍結が長期化すればバランス・シートの透明性を犠牲にすることになる、といった論調がほとんどである。

しかし、アメリカの時価基準にも（それをコピーした）国際基準にも「正しい会計」とか「透明性を高める」といった高邁な意図はほとんどない。アメリカの時価基準が先進的であるとか、国際基準もアメリカ基準と酷似しているので同等のものであるといった評価を下す向きもあるが、そういうことを言う人たちは、たぶん、アメリカの時価会計基準が誕生したときの事情（株に投資させないために作ったこと）も、国際基準に時価基準が設定された事情（どこの国も適用しないという暗黙の了解の下にアメリカ基準をコピーしたこと）も知らないであろうし、今回の金融危機がわざと時価評価の対象となるような金融商品を開発して評価益を出すという、時価基準の存在を逆手に取ったことにあるということには、まるで考えも及ばないのではなかろうか。

3 「金融危機を救うための時価会計基準」という不思議

アメリカの時価会計基準（ＦＡＳ一一五号）が誕生した事情を紹介する。このときは、時価会計を使って、何と、金融危機を救おうとしたのである。今日の議論が時価会計を凍結して金融危機を乗り越えようというのとまったく逆である。なぜ、金融危機を救うために「時価会計を導入」したのか、それが今度は、なぜ、金融危機を救うために「時価会計を凍結」しようというのか、その答えは、アメリカの経営者が「いつの時代も、会計基準を悪用する」ことにある。今回の悪用が「悪質」なのは、ルール（時価会計）が適用できるように金融商品を開発して、それに（誰も検証できない）時価を適用して利益をでっちあげた点にある。

まずは、時価基準がアメリカで誕生した事情から紹介する。

有価証券を時価で評価するという時価会計は、アメリカのS&L（小規模の貯蓄貸付組合）の破綻事件に端を発している。当時は、「原価会計（原価主義）」の時代であり、かつ、「規制緩和」が進められた時期である。この「原価会計」と「規制緩和」の時代に、S&Lは、高利で釣って資金を集め、その金利を支払うために、集めた資金を値上がりが期待できる有価証券や土地に投資してきた。原価会計の時代であったから、価格が上がった株は売却して益出しを行い、含み損のある株は原価のまま塩漬けにして次期に繰り越してきた。

それを繰り返しているうちに含み損のある有価証券だけが手元に残り、それが原因で七〇〇行を超えるS&Lがばたばたと倒産した。

この事件の原因は、規制緩和によってS&Lのような小規模金融機関でも有価証券（特に株式）に投資することが認められたことと、原価会計によって含み損をはき出さなくてもかまわないということにあった。S&Lの崩壊と金融システムの混乱は原価評価が原因のひとつだとする世論が巻き起こり、SECは有価証券の会計処理を原価会計から時価会計に変えて、含み損が発生したときには損失を計上せざるを得ないようにしようとした(昨今の時価会計凍結論からするとおかしなもので、このときは、時価会計が金融危機を救う方策として採用されたのである)。

SECは「証券取引」委員会であるから、本来の仕事が証券市場の育成と投資家の保護にある。したがって、SECとしては有価証券を買わないようにする基準は作れない。そこで、FASBを動かして、S&Lや生保会社が有価証券を買ったときにはそれらを時価評価させ、含み損をはき出させる基準を作らせようとしたのである。ねらいは、リスクの高い有価証券投資を抑制することにあった。

4 時価基準の存在を逆手《さかて》に取ったウォール街

話を現在に戻すと、今回の金融危機は、アメリカの「グリーディ」(強欲な人たち)が招いた危機で、彼らが強欲を満たそうとして使ったのが、金融工学の知恵と「時価会計」であった。時価会計なら、時価のある資産もない資産(こちらは、フェア・バリュー「公正価値」という名の時価をでっちあげれば「時価」になるので、時価を好きなように作れる)も、評価益を計上することができる。

アメリカの時価基準が、もともとは株に投資させないように（その結果、米国債に投資するように）仕向けたものであったのが、今度は、ウォール街が時価基準の存在を逆手にとって、時価評価の対象になるように金融商品を作り、それを時価評価して評価益を計上するようになったのである。

そこで作られた金融商品・デリバティブ（金融派生商品）には、金融工学やロケット・サイエンティスト並みの高等数学を駆使した（あやしげな）ものが少なくないようである。そうしたあやしげな商品がどんなものかを説明するために、パートノイが作った「金の壺」の話をする。原価主義を悪用すれば、デリバティブで簡単に当期の利益をひねり出せるが、将来のある時期に相応の損失を出さなければならなくなるという、今年にとっては錬金術、将来に時限爆弾という悪魔的な益出しの方法である。

5 「金の壺」

今、右半分が金でできていて、左半分が錫《すず》でできている壺を、一億円で買ったとしよう。金でできている右半分の価値は九、九九九万円で、錫でできている左半分は一万円だとしよう。この壺を半分に割って、金でできている右半分を金塊にして売るとする。売値は九、九九九万円である。原価主義をうまく使えば、一億円の壺を半分に割って売ったのであるから、売った部分の原価は一億円の半分、五、〇〇〇万円であると主張できる。これで当期に売却益として四、九九九万円を計上することができる。

ただし、次期以降に、錫でできている左半分を売却しても一万円でしか売れない。原価が五、〇〇〇万円であるから、売れば四、九九九万円の損失がでる。しかし、うまいことに、壺の片割れを売らずにおけば損失は出さなくてもよい。原価会計だから（フランク・パートノイ著・森下賢一訳『大破局（フィアスコ）』徳間書店、一九九八年）。

この話は、原価会計を悪用すれば、いくらでも利益を作ることができることを例証するために、パートノイが作った話である。では、この話を少し変えて、時価会計基準があることを前提にしてみよう。金の壺なら、期末の評価で錫の部分に評価損（四、九九九万円）が出る。

金の壺の場合、金も錫も、マーケットがあり、いつでも時価がわかる。ウォール街の「フランケンシュタイン」（ポール・サミュエルソン「経済危機の行方　世界は」、朝日新聞、二〇〇八年一〇月二三日）どもには時価がわかるものはかえって都合が悪い。「時価を作る」ことができる金融商品が便利なのだ。そこで、マーケットが小さいかあるいは無くて、時価がわからない商品を考えてみよう。

金の壺に代えて、絵画にしよう。絵画は、マーケットがあるようでいて無いともいえる。今、「しらかば」という題の付いた（そういう題がついていなければ、題名を「しらかば」と変えればよい）絵を二枚購入したとする。一枚は、一億円で、もう一枚は二千万円で購入したとする。絵画の売買はそれほど頻繁ではなく、しかも、多くの場合は取引されるのは単品（一点）だけである。

売らずに期末を迎えるとすれば、この絵画を時価（フェア・バリュー）で評価することになる。果たして、時価はいくらか、これは買い手がみつからないとわからない。そこで、絵画の所有者は、この絵画が二億円の価値があると評価するとしよう。「経営者が合理的に算定した時価」である。一枚が一億八千万円、もう一枚が二千万円と評価する。これで八千万円の評価益をだせる。次期に、一枚の絵を一億円で売るとしよう（たぶん、一億円で購入した絵のほうであろう）。ここで二千万円の「しらかば」を売ったことにすれば、八千万円の売却益をだせる（「しらかば」を逆に読むと、この取引の真実がわかる）。

6　ギャンブラーのための会計

実際の金融商品は、「悪魔的でフランケンシュタイン的怪物のような金融工学」（ポール・サミュエルソン、同上）が編み出す。とても言葉にすることができるような代物ではない。しかし、本質的なことは、アメリカに時価会計基準があったことから、「時価がわからない」「時価を（自由に）作ることができる」金融商品を開発して、それを「時価評価」したことにある。

日本経済新聞の末松篤氏（特別編集委員）はいう、「資産担保証券を分解・合成した金融商品の価格（時価）は金融工学がはじき出した理論値にすぎない。計算の前提が狂い、価格に疑問が生じれば、市場は消滅し価格も消える。会計、格付け、保険などの現在価値革命を支える近代装備は規律の緩みを促した。」と（「一目均衡」日本経済新聞、二〇〇八年一〇月七日）。

ここまで書いてきて思うのであるが、ギャンブラーのための会計（時価会計）は、果たして、会計の仕事であろうか。企業がマネー・ゲームや詐欺的な「利益作り」に夢中になっているときに、律儀にも会計がギャンブルの損益を計算してやるなんていうのは、滑稽なだけではなかろうか。

第3章　アメリカはなぜ会計規制に失敗したのか

1　「金融立国」アメリカの裏側
2　ウォール街の悪知恵に追いつかないアメリカの規制機関
3　「格付け」という伏魔殿
4　巨大金融機関を規制する機関がない
5　「収入イコール有能の証」
6　規制を骨抜きにするロビー活動

1 「金融立国」アメリカの裏側

第2章では、アメリカが「物づくり」では利益を上げられない国になり、次第に金融に軸足を移してきたということを書いた。製造業が衰退するにつれて、本来は「物づくり」のお手伝いをする脇役であったはずの金融業が、役目もわきまえず主役に躍り出てしまった。

今のアメリカは、運ぶモノ（主役）がないのに流通業（脇役）だけが栄華を極めているような滑稽さがある。誰もモノを作らずに、「金融立国」だとばかり、金を貸し借りするだけで国の経済を成り立たせようというのだ。落語の「花見酒」の滑稽さを通り越して暗愚としか言いようがない。その滑稽さも暗愚さも、世界中の多くの識者がたびたび指摘してきたにもかかわらず、アメリカ市民も、政治家も、規制機関も耳を貸さなかったところがある。

本章では、なぜアメリカは会計規制に失敗したのか、つまり、なぜ、アメリカ証券取引委員会（ＳＥＣ）も財務会計基準審議会（ＦＡＳＢ）も「時価会計の暴走」を食い止めることができなかったのか、を取り上げる。

2 ウォール街の悪知恵に追いつかないアメリカの規制機関

「物づくり」から「マネー・ゲーム」に軸足を移したアメリカでは、金融実務のスピードに規制・監督のスピードが追いつかない。今回のサブプライムローンに端を発したアメリカの金融危機でも、ウォール街の金融商品やデリバティブの開発スピードと、SEC／FASBといった規制機関が金融商品等のリスク把握・規制を行うスピードに埋めがたいギャップがあった。

たとえば、アメリカ最大手（世界最大手でもある）の保険会社・AIG（アメリカン・インターナショナル・グループ）が経営危機に陥ったが、こうした事態になるのをアメリカ政府もSECもまったく把握していなかった。理由は、保険会社の監督は、今も昔も、連邦政府ではなく、州ごとに州政府が担当しているからである。

AIGは、総資産一兆ドル（一〇〇兆円）という。日本生命（総資産四八兆円）、第一生命（同三一兆円）、明治安田生命（同二五兆円）を合体したような、ばけものみたいに巨大な保険会社である。その経営と決算を、政府もSECも関与せずに、州の保険監督局が規制・監督してきたのである。

AIGには数えきれないほどの経済学博士や数学専門家、金融工学のプロ、ロケット・サイエンティストと呼ばれているIQ二〇〇を超える天才奇才、数理計算の専門家であるアクチュアリーなどがいるであろうが、果たして州の監督局にはそうしたプロ集団の知恵に対抗できるプロが何人いたであろうか。

さらに言うと、アメリカの住宅ローン会社は、SECはもちろん、州の規制・監督も受けていなかったという（日本経済新聞「米金融危機　インタビュー」二〇〇八年九月二〇日、インタビューの相手は、SEC元委員長・ドナルドソン氏）。

アメリカの住宅ローン残高は一二兆ドル（一ドル一〇〇円として、一、二〇〇兆円）という（日本経済新聞「米金融危機　出口を探る」二〇〇八年九月二四日）。二〇〇七年の日本の個人金融資産純額一、一六三兆円（資産総額一、五四四兆円から負債三八一兆円を差し引いた額。第一生命経済研究所による）に近い。アメリカの金融機関が保有する預金が七兆ドル（七〇〇兆円）というから、住宅ローン市場の巨大さがわかる。これだけ膨れ上がった住宅ローン市場を規制・監督する機関がアメリカにはないのである。

もう一ついうと、今回の金融危機で表面にでてきたのが、CDSである。CDS（クレジット・デフォルト・スワップ）がどんなものかは、ほとんどの日本人は知らなかったであろう。それもそのはずである。本家のアメリカでも、これを監督する政府機関がなく、いまだに実態がつかめていない。

ＣＤＳは、仕組みは複雑であるが、狙っているのは、自社の取引先などが倒産して債務不履行になったときのリスクを他人に転嫁することである。取引先の経営内容や信用度を事前に調査してから契約するといったまどろっこしい手はとらず、何千、何万とある取引先をバルクにして、ＣＤＳを組む。ＣＤＳを売る金融機関は、ローン債権（住宅ローン）の一〇〇や二〇〇が債務不履行になっても、保証する元本の額は知れたものと考え、ＣＤＳを買う側はわずかな額で元本の保証を得られた。こうした取引はいろいろな付帯条件を付けて相対《あいたい》で行われるために、どれだけ売られているか、売って元本を保証した額がいくらあるか、まったくわかっていないという。今回のような金融危機が起きると、どれだけの損失が生じるかわからないようである。

3　「格付け」という伏魔殿

ここで見逃してはならないのが、アメリカの金融商品の「質を保証」する「格付け」とそれを業務とする「格付け機関」の「役回り」である（「役割」ではない）。たくさんのカギ括弧をつけたが、それぞれに意味がある。

「格付け」とは、本来、各国の政府機関から公認を受けた「格付け機関」が公正・中立の立場から金融負債（代表例は社債）の支払い義務を負う企業の「返済能力」「支払い能力」を評価することと、その評価をいう。

ある会社が、資金調達のために社債を発行するとしよう。その会社は、格付け機関に社債発行に関する情報だけではなく、企業の財務情報から資金計画、経営計画などを提供して、社債を発行するに足る会社であるかどうか、社債を購入しても大丈夫かどうか、社債の利子の支払いや償還期限における返済に支障がないかどうか、を何段階かのレベルに分けて「保証」してもらう。「保証」のレベルは、たとえば、最上級のＡＡＡ（信用力は最も高く、多くの優れた要素がある）から、ＢＢ（信用力には当面問題ないが、将来環境が変化する場合、十分注意すべき要素がある）、最下級Ｃ（債務不履行に陥っており、債権の回収もほとんど見込めない）のように、ランク付けされている（ここでは、日本の格付投資情報センターのランク付けを紹介した）。

ところが、アメリカでは、役割としては公的機関に近い「格付け機関」が事実上も実態も営利で動く私企業なのである。格付け機関の収入源は、もともと「格付け」による手数料であるが、近年、格付け機関にとっては禁じ手ともいえる「証券化」に手を出して、ダブルインカムとなっている。商品の品質を保証することを仕事する機関が、その商品の開発に携わっていたのである（ダニエル・コーエン「インタビュー　裁かれる資本主義の倒錯」『世界』、二〇〇八年一二月）。

少し具体的に述べる。ウォール街の投資銀行（実質は銀行というより、証券会社）は、サブプライム債権を原資産とするなどの金融商品がいかに「腐敗」していたかは承知の上で、「こうした証券化商品を投資家に販売できるかどうかは、格付け機関の『お墨付き』を得られるかどうかにかかっていた」ために、「投資銀行は、これらの格付け機関に手数料をたっぷり支払い、少しでもよいレイティング（格付け）を得ようとした。格付け機関自体も、利益追求を目的とする私企業なので、当然のことながら多額の手数料をくれる顧客のためには、ある部分には目をつぶるなど、何かと便宜を図る」のである（堀川直人『ウォール街の闇――富はどこへ移転するのか』PHP研究所、二〇〇八年）。

こんなことは、実社会では何も珍しくはない。社会の公器ともいうべき新聞やテレビ局が、私企業としての利益を優先して公益を見失うことや、広告収入がある企業の不祥事を小さく報道するといったことが散見される。逆に、自社に広告を出さない企業に関しては、シビアな（たとえば、小さな不祥事を大きく報道する）対応をすることもしばしば目にする。

話がそれたが、本題に戻る。格付け機関は、営利を目的とする私企業だということを書いた。手数料をたっぷり払ってくれる投資銀行には、そこが売り出す金融商品に「高い格付け」を与えるのは目に見えている（はず）。格付け機関の収入は、これらの投資銀行が売り出す証券か商品の販売量に比例する。高い格付けが得られれば投資銀行は売りやすくなるし、商品が売れれば格付け機関の収入も増える。これは、投資銀行と格付け機関が互いに利益供与しあうもので、一線を越えると、「癒着」を通り越して「詐欺」になる。

格付け機関が「癒着」した事実を指摘して堀川直人氏は、「格付け機関は今回のサブプライムの証券化商品に関し、原債権（サブプライム）の中身の実態を、自らの目で検証することは一切行っていない」「原債権のデフォルト率を自分自身で検証することもなく、依頼者である投資銀行の言うままの低いデフォルト率を鵜呑みにして、債券に格付けを行った」というのである（堀川、同上）。

4　巨大金融機関を規制する機関がない

二〇〇八年九月末、ワシントン・ミューチュアルというアメリカ最大手のS&L（貯蓄貸付組合）が経営難に陥り、監督機関から業務停止命令を受けた。破綻した原因は、八〇年代のS&L危機とはだいぶ違う。

当時のS&Lの場合、（過剰に）融資したために生じた不良債権の多くは、そのS&Lのバランス・シートに残っていた。破綻処理を進めるには、債権とその担保物件が一対一の関係にあることを目で確認することができた。債権とその担保物件が一対一の関係にあるときは、担保物件の底値がわかれば破綻処理はそれほど困難ではなかった。

それが、今次のサブプライムローンでは、「市民からの預金を集めて融資する」というビジネスモデルではなく、「金融機関がどこかから低利で借りて、（返すあてのない人に）高利で貸す」というビジネスを開発したのである。

貸し手と借り手が一対一のときには、返済リスクが大きすぎて貸せなくても、バルクで取引できて、自分がババを引いてもCDSという保険をかけていれば、万が一のときにも、自分に降りかかる火の粉は誰かが代わりに払い落としてくれる……と、誰もが考えたのであろうか。

右のように、アメリカの規制機関の網にかからない金融業が巨大なうえ、網にかかる業界も、商品開発などのスピードが速く、規制機関のスピードが追い付かないのが現状である。

SECの委員長であったウィリアム・ドナルドソン氏は、その原因を「市場監督の基本はリポーティング（報告）にある……（しかし、そうした基本が守られていないために）リスクの所在を政府がつかんでいなかった」、「SECは人員や予算が少なく、博士号を持った社員が多いウォール街に比べて陣容が見劣りする。デリバティブ（金融派生商品）や仕組み債など複雑な金融商品が次々と生み出されるウォール街のペースについていっていない。」と分析している（日本経済新聞「米金融危機　インタビュー」前掲）。

ドナルドソン元委員長の弁解は、自分（たち）の能力を棚上げした、自己弁護のようでもある。アメリカを代表する経済学者のポール・サミュエルソン教授の話を聞こう。教授は、ブッシュ大統領が掲げた「思いやり保守主義」というのは、貧者への思いやりではなく、「億万長者への思いやり」であり、それを実行するために「証券取引委員会（ＳＥＣ）の委員長に、能力が低く」利害が一致する「危険がある人物」「無能な人物」をわざと採用して、「優しく穏やかなＳＥＣ」にして「市場と監督を緩くした」と批判しているのである（朝日新聞「経済危機の行方　世界は」二〇〇八年一〇月二三日）。

5 「収入イコール有能の証」

ウォール街のスピードにＳＥＣが追いつかない理由、あるいは、ＳＥＣ－ＦＡＳＢの会計規制がうまく機能しない理由は、他にも二つある。何かというと、一つは、ＳＥＣの所得とウォール街の所得の格差であり、もう一つは会計監査業界のロビー活動である。所得格差の話から書く。

ＳＥＣに働く者の報酬は、国家公務員である以上、どれだけ有能・優秀でも、アメリカ大統領を超えることはない。大統領の年俸は四〇万ドル（一ドル一〇〇円として四、〇〇〇万円）で、日本の総理大臣（四、一〇〇万円）と同じである（「世界のトリビア」による）。情けないくらいに安い報酬で過酷な労働を（喜んで）引き受けている。たぶん、報酬を目的として大統領や総理をやっているのではない、ということであろう。

ウォール街に働く者には、そんなセンチメンタリズムは通じない。この世界では、「収入イコール有能の証」である。経営者も、アナリストも、ファンドマネージャーも、より多くの報酬を約束してくれる職場に異動する。こうした世界では、博士号を持っていたり、ロケット・サイエンティスト張りの高等数学を駆使できる人材は、好き好んで給料の安いSEC・FASBなどの機関にはいかない。ウォール街では、目玉が飛び出るくらいの高額報酬で有能な人材をあさっているのである。

この段階で、SECもFASBも、負けた。要するに、「頭脳」を確保したウォール街と、「頭脳」を確保できないSEC・FASBでは、勝負が見えていたのである。

6　規制を骨抜きにするロビー活動

SECが効果的な規制をすることができないのは、さらに、会計士業界のロビー活動によって規制が骨抜きにされているからである。アメリカで、エンロン、ワールドコムなどの一連の会計不祥事が発覚した後、コーポレート・ガバナンスと監査業界の改革を盛り込んだ「サーベインズ・オックスレイ企業改革法（SOX法）」が成立した。この法律は、会計法人（日本でいう「監査法人」）に対して監査に関係のないサービスを提供することを制限し、また、上場会社会計監督委員会（PCAOB）の設立、監査を担当する会計士のローテーション、書類の保存義務などを定めている。

しかし、法律をまとめる段階で、会計法人側の強力なロビー活動が功を奏して、税務に関するコンサルティングという儲けの大きいサービスを確保できたし、ＰＣＡＯＢの活動も抑え込むことができた。

事件の後、解散に追い込まれたアンダーセンの会計士がいう。「会計監査業界は、ワシントンに強力なロビー活動を行っており、彼らは議会の代表が法律を持ち出すと、そのインクが乾く前に骨抜きに薄めてしまう。したがって、意味のある改革ができるのかどうか疑問である。」と。

なぜ、会計士業界がエンロンなどが犯した会計不正を防ぐための規制を骨抜きにしようとするのか。そのカギは、会計事務所の収入源にある。会計（監査）法人の主たる仕事は会計監査である。しかし、主たる収入源は、コンサルティングにある。

アメリカの企業は、会計法人に監査料として支払う額の、平均三倍をコンサルティング料として支払っている（スクワイヤ他著（平野皓正訳）『名門　アーサーアンダーセン　消滅の軌跡』シュプリンガー・フェアラーク東京、二〇〇三年、による）。アーンスト・アンド・ヤング事務所のケースでは、スプリント社（後のスプリント・ネクステル）が監査料として支払ったのが二五〇万ドルで、コンサルティングには、その二五倍の六、四〇〇万ドルも支払っているという（同上）。

三〇年前には、会計事務所の収入といえば監査（七〇％）であった。それが、九八年にはたった三一％になり、副業が本業を追い越している。

しかし、監査業界は、会計士の資格のいらないコンサルタント（副業）が主たる収入源になると、監査のときに会社に言いたいことが言えなくなる。スプリント社のケースでいうと、二五〇万ドルしか収入のない監査部門がスプリント社の経営陣と対立すれば、その二五倍の六、四〇〇万ドルの収入をもたらすコンサルティング部門が仕事と収入を失うおそれがある。

会計事務所にしてみると、監査報酬などよりも、コンサルティングの収入が大事なのである。だから、ＳＯＸ法が議会に提案されたとき、会計士業界は多額の政治献金をして会計業務（特に、コンサルと税）に対する規制を骨抜きにしようとした。

アメリカの会計士たちは、「会計士業界からの献金を継続して受取るのをやめようとする政治家がいるとは信じられない」（スクワイア他、同上）という。監視・規制する立場の政治家が、監視・規制を受ける立場の会計業界から多額の献金を受けているというのは、スピード違反の常習犯が交通取り締りをやっている警察官に付け届けをするようなものではなかろうか。献金（付け届け）をするのは、規制や取り締まりに手心を加えてほしいからであり、そうした見返りがなければ献金も付け届けもしないはずである。

以上、アメリカが会計の規制に失敗した理由を述べた。アメリカの住宅ローン会社、S&L、保険会社は、いかに巨大でも、どれだけの資金を動かしていても、政府やSECの規制が働いていなかったのである。また、規制機関の人材が極端に不足していたことや、わざと「無能な人材」を監督の責任者に据えるといったブッシュ政権の金権政治、互いに利益を供与しあう金融機関と格付け機関、極めつきは、会計士業界のロビー活動である。誰も彼もが、汗水流さずに「一生かかっても使い切れない金」を手に入れようとして、今回の金融危機を招いたとしか言いようがない。

第4章　会計基準は誰が決めるのか（1）

——官から民へ

1　会計の政治化
2　「会計音痴」の日本
3　基準は「人」
4　日本のスタンダード・セッター
5　官から民へ
6　ＡＳＢＪのスタート
7　ＡＳＢＪと企業会計審議会の役割分担
8　国際会計基準は誰が決めるのか

1　会計の政治化

少し前まで、会計のルール（会計原則、会計基準など）を誰が決めるのか、ということは表立った議論が行われたことは少なかった。会計基準をどう決めるかということは、きわめてテクニカルなこと、会計理論から演繹的に導かれること、といった理解の下、わが国では、会計の専門家としての学者を中心に、公認会計士、経営者、資本市場関係者に任せてきたところがある。

しかし、わが国における一般的な理解（会計基準は蒸留水、無色透明、理論的産物）と違って、世界の先進国では、「会計は政治」「産業を生かすも殺すも会計基準次第」という理解から、「会計の政治化」が進んでいる。

私が大学院で学んでいたころ、アメリカの有力な会計専門雑誌に、「会計の政治化」という論文が掲載されたことがある。タイトルが衝撃的であったのと、若き会計学徒の一人としてこのタイトルに反発したいという思いから、辞書を引き引き読んだ。正直に言うと、理解できなかったというよりも、理解したくなかった、ということであったかもしれない。

大学を卒業して、大学院に進んだばかりの、学問に対する意欲が大きな、いわば純粋無垢な会計学徒の卵に向かって、このペーパーは「お前が研究しようとしている会計は、実は、政治の道具だ」と言うのである。ショックというより、「理解したくない」話であった。

そのペーパーを読んでから、四〇年ほどが経過した。その間、私は、日本の会計が世界の会計界に通用するものなのかどうか、日本の会計制度や基準が先進国の会計制度・基準との間でいかなる相違があるのか、その相違はいかなる理由・原因から生まれたものか、わが国はその相違をどうするべきなのか、といった諸点を研究テーマとしてきた。

嬉しいことに、初めて就職した愛知学院大学から一年間の在外研究（留学）の機会を与えられ、その後、神奈川大学に移ってからもう一年、在外研究の機会をいただいた。時期は離れていたが、通算二年間、イギリスで学ぶことができた。二回とも、留学先としてロンドン大学経済学研究科（LSE）を選んだ。最初の留学のとき（一九八四－五年）は、この国では、会計基準を、誰が、どのように決めるかが、まさしく政治問題となっていた。

イギリスの現代会計を研究する過程で、イギリス会計基準の設定がいかにこの国の政治経済と密接に結びついているか、その会計基準の設定にあたり議会も政府（主に、貿易産業省・DTI）も正面から関与し会計基準を経済政策の一環として取り込もうとしていることを、学ぶことができた。会計基準をどうするかは、個々の企業の決算、つまり、特定の企業の経営成績や財務状態を投資家に知らせるといったミクロの話を超えて、大げさに言うと国の存亡をかけた話になったり、国の産業振興を左右するマクロにも大きな影響力を持つこともあることがわかってきた（こうした話については、拙著『イギリスの会計基準』中央経済社、一九九一年、第九章で詳しく紹介した）。

2 「会計音痴」の日本

先進国では、会計は個別企業（グループ）の決算といったミクロの話を超えて、国家・産業界の死命を制するほどの力を持っていることを認識して、それを国力・国策の維持・増進に使おうとしているのである。アメリカのブッシュ前大統領やフランスのシラク前大統領、最近ではフランスのサルコジ大統領が議会において会計問題を取り上げたり特定課題の会計基準（たとえば、ストック・オプションの費用計上や時価会計の適用）について見解を表明したりするのはそのためである。こうした国では、会計基準を設定する場合、テクニカルなことは会計の専門家や市場関係者に任せても、国策・国益にかかわるときは議会や政府が正面切って登場してくるのである。

そうした中、日本は、「会計基準は純粋理論の産物」「会計基準に政治が介入してはならない」といった理解が一般的である。国際的な動向からみると、日本は、かなり「会計音痴」なのかもしれない。

3　基準は「人」

「ルールを誰が決めるか」という問題は、設定主体の当事者能力（適切なルールを作ることができるかどうか）、設定されるルールの強制力（設定主体に強制適用する権限があるかどうか）、基準の実効性の確認（基準が順守されているかどうかのモニタリング）、設定主体の信頼度・信任度（誰が、いかなる立場から、彼らにルール作りを任せているか）など、多面的な側面をもっている。

「人」という面からみると、ルールを誰が決めるのかという問題は、ルールを作る側の人たち（スタンダード・セッター）だけではなく、ルールが適用される人たち（経営者）、ルールが守られているかどうかをモニタリングする人たち（公認会計士等）、適用して得た結果（たとえば、作成された財務情報）を利用する人たち（財務情報の利用者・投資者）にも深く関係しているのである。

設定能力のある人たちが適切なルールを設定し強制力が付与されたとしても、そのルールが適用される人たちが納得していないとか、結果を利用する人たちが信任していないといった場合には、ルールが守られなかったり、ルールの趣旨が曲げられたり、ルール適用の結果（作成される財務情報）に対する信頼度が低下したりするであろう。

4 日本のスタンダード・セッター

数年前まで、日本の会計基準（昔は、「会計原則」と呼んでいたが）は、金融庁（それ以前は、大蔵省）の企業会計審議会が決めてきた。企業会計審議会は、制度上、金融庁長官（大蔵大臣）の諮問を受けて、それに対する答申として報告書を作成する機関であった。企業会計原則をはじめとする一連の会計原則がそれである。答申書であるから一般的には誰かを拘束するとか何かを規制するものではないが、答申書の内容に即して財務諸表等規則という内閣府令に反映されてきた。

企業会計原則自体（一連の意見書等を含めて）には企業に順守を求めるべき法的拘束力が与えられていなかったが、現在では、「（財務諸表等規則において）定めのない事項については、一般に公正妥当と認められる企業会計の基準に従うものとする」（財務諸表等規則第一条第一項）とされ、さらに、「企業会計審議会により公表された企業会計の基準は……一般に公正妥当と認められる企業会計の基準に該当するものとする」（同、第二項）として、法的に認知されている。この第二項により、これまで企業会計審議会が公表してきた一連の「企業会計の基準」は、法的な拘束力が付与されている。

ところが、わが国の会計基準を設定する主体（スタンダード・セッター）が、企業会計審議会という公的な機関（パブリック・セクター）から、民間（プライベート・セクター）の企業会計基準委員会（ＡＳＢＪ）に変わるのである。二〇〇一年のことであった。

5 官から民へ

この年は、国際的に大きな動きのあった年である。それまで、ヨーロッパを中心に会計基準の統一を図ってきた国際会計基準委員会（ＩＡＳＣ）が組織変更して国際会計基準審議会（ＩＡＳＢ）となり、設定する基準の名称も「国際会計基準（ＩＡＳ）」からイギリスの会計基準の名称（ＦＲＳ）をまねて「国際財務報告基準（ＩＦＲＳ）」と変更した。ＩＡＳＢは、ヨーロッパの統一基準だけではなく、より広く世界的な会計基準を設定するために、各国の基準との間にある大きな差異を解消する（コンバージェンス）ことを目的として積極的に活動を始めた。

わが国のＡＳＢＪは、そうした国際的な動向を見据えて、「ＩＡＳＢが各国の市場規制当局を代表しない国際的な民間組織であることから、その仲間入りをするうえで、行政府のもとにある審議会（企業会計審議会）から会計基準の設定主体を民間へ移す」（斎藤静樹「企業会計基準委員会の六年間を振り返って」『季刊会計基準』、二〇〇七年六月）ために誕生したという。それはまた、「民間設定主体において市場参加者が自律的に会計基準を決めるアメリカなどの体制に倣ったもの」（『第六版会計学辞典』、斎藤静樹稿）でもあったという。

タイミングとしては、当時の「官民接待」問題で、大蔵省の威信が失墜し、それを問題にした国会議員が大蔵省潰しに走り、会計基準の設定を官から民（ＡＳＢＪ）に移すために動いた時期でもあった。

6　ＡＳＢＪのスタート

初代の斎藤静樹委員長によれば、「バスに乗り遅れると日本はメンバーを出せなくなって世界から孤立するという、いつもながらの浮き足だった状況」（『季刊会計基準』同上）でのスタートであった。準備らしい準備もなく、委員もほぼ横流ししただけで、あわただしくＡＳＢＪはスタートした。

斎藤前委員長によれば、ＡＳＢＪが最初に直面した難問は、「そこで決められた会計基準の社会的な規範性」であった。「民間で決めたルールに公的な強制力を与えるには、当然ながら公的なオーソライゼーションの仕組みが必要になる」のである。そこで「暫定的に決められたのは、

ＡＳＢＪの定める基準を、一件ごとに金融庁が承認」するやり方で、この方式は現在も続けられている（同上）。「行政が一種の拒否権を留保しながら基準開発を独立の民間セクターに任せる」（同上）というものである。

具体的には、財務諸表等規則（内閣府令）第一条第三項に次のように書いてある。

「金融庁長官が法の規定により提出される財務諸表に関する特定の事項についてその作成方法の基準として特に公表したものがある場合には、当該基準は、この規則の規定に準ずるものとして、第一項に規定する一般に公正妥当と認められる企業会計の基準に優先して適用されるものとする。」

これによって、ＡＳＢＪが定め、金融庁長官が「特に公表」すれば、企業会計審議会の定めた基準に優先して適用されるのである。

7　ＡＳＢＪと企業会計審議会の役割分担

ＡＳＢＪがスタートした後も、企業会計審議会は存続している。現在、審議会には、企画調整部会、内部統制部会、監査部会という三つの部会がある。会計基準部会はない。内部統制部会と監査部会がどういう仕事をするところかはおよその見当がつくが、企画調整部会がいかなる部会であるかは自明ではない。

この部会の議事録（第一回、二〇〇〇年七月二八日）には何を担当するかは書いていないが、この部会に先立って開催された企業会計審議会総会の席で、若杉明審議会会長（当時）が、この部会の役割を説明している。「企業会計に関する内外の状況や、新たな課題などにつきまして幅広く意見を頂戴し、委員の方々のお力をおかりいたしまして、なるべく迅速に対処方針を審議してまいりたいと、こんなふうに考えております」。つまり、この部会は、内外の状況や新しい課題などについて意見を求め、それに対する対処方針を検討するというのである。

かくして、わが国の会計基準に関しては、金融庁企業会計審議会と民間のＡＳＢＪという、官民の二人三脚体制が敷かれたのである。二人三脚とはいえ、時に官がリードすることもあり、民に任せるときもある。

二〇〇三年に、時価会計と減損会計が政治問題化したことがあった。時価会計の基準（金融商品会計基準）も減損会計基準も、企業会計審議会が定めたものであったが、自民党からは再検討を求める声が上がった。そのときは、「行政側が適用時期も含めて基準の問題はすべて基準設定主体（ＡＳＢＪ）が責任を負うべきだと強く主張し、与党の議論を受けてこの要請をするに至った経緯をＡＳＢＪの会議で説明するにとどまった」（斎藤、同上）という。

要するに、このときは、会計基準についてはＡＳＢＪにすべて任せるという姿勢であったのである。金融庁にしてみたら、政治問題化したために火中の栗は拾わないというのが本音であったかもしれない。

その後、EUが日本の会計基準について同等性評価を行うことにしたとき、企業会計審議会企画調整部会は「会計基準のコンバージェンスに向けて」という意見書を公表した（二〇〇六年）。同等性評価とは、日本基準がEUで採用しているIFRSと同等と認められれば、引き続きEUで日本基準を使った財務報告を認めるというものである（これに関しては、二〇〇八年一二月一二日、EUの欧州委員会が「二〇〇九年一月一日以降、日本の会計基準については、（EUにおいて採用されている）国際会計基準と同等と考える」という決定を下している）。

8　国際会計基準は誰が決めるのか

さらに、二〇〇九年二月四日には、同じく企画調整部会から、「我が国における国際会計基準の取扱いについて」と題する中間報告案が公表された。「中間報告」とか「案」とかの限定は付いているが、この文書が明らかにしたのは、「近く、日本の上場会社に国際会計基準（IAS・IFRS）を強制適用する」という金融庁の姿勢である。

二〇〇六年に「コンバージェンスに向けて」が審議会から公表されるにいたったときには、

「官民の権限分配では二〇〇三年（時価会計と減損会計の再検討時）時点と必ずしも一貫せず、ＡＳＢＪの独立性に対する市場の信頼に影響しかねない懸念」（斎藤静樹、同上）もあるといわれたが、今になってみると、金融庁と基準委員会の役割分担は、かなりはっきりしてきたように見える。個々の具体的な会計基準についてはＡＳＢＪに任せるが、国際的な対応とか戦略に関しては金融庁が決める、ということであろう。そうなると、同じ方向に走る二人三脚であればよいが、一方には、政治家の圧力がかかりやすいし、もう一方には経済界の圧力がかかりやすい面がある。同床異夢の危うさも否定できない。

以上は、わが国の会計基準を誰が決めるのか、という話であった。次章では、これからわが国がアドプション（強制適用）しようとしている国際会計基準（ＩＡＳ・ＩＦＲＳ）を取り上げたい。果たして、国際会計基準は誰が決めるのか。

第5章　会計基準は誰が決めるのか(2)

――国際会計基準

1　金融庁による基準の認知
2　なぜ、会計基準を民間に作らせるのか
3　会計基準の生命線は「合意の高さ」
4　自然科学も多数決、つまり「合意の高さ」
5　会計のインフォームド・コンセント
6　ノーウォーク合意の傲慢さ
7　国際基準はヘゲモニーの争奪戦
8　ノーウォーク合意は「合意」に非ず
9　世界は国際会計基準に合意するか

1　金融庁による基準の認知

前章では、わが国の会計基準は誰が決めるのか、という話を書いた。その続きを少し書く。わが国では、二〇〇一年まで大蔵省（後に、金融監督庁、現・金融庁）に設置されている企業会計審議会が、その後は民間の企業会計基準委員会（ASBJ）が会計基準の設定を担当している。

会計基準の設定主体が、官の審議会から民の基準委員会に変わったのは、前章で紹介したように、国際会計基準を設定している国際会計基準審議会（IASB）が各国の規制当局を代表しない民間組織であることから、日本も基準の設定主体を民間に移すためであった。実際はそれほど美しい話ではなく、当時の大蔵省が「官民接待」で大揺れに揺れ、逮捕者が出る事態に陥り、それをチャンスとみた国会議員が大蔵省潰しに走り、大蔵省の権限を縮小する一環として会計基準の設定を民間に移したのであった。

大蔵省・金融庁の企業会計審議会は大蔵大臣・金融庁長官の諮問機関であり、企業会計基準委員会は民間団体であるから、いずれも法的な拘束力を持ったルールを設定することはできない。そのために、審議会が取り纏めた会計基準は財務諸表等規則という大蔵省令・内閣府令に反映させるという形式で、また、基準委員会が取り纏めた基準は、金融庁が総務企画局長の名前で「一般に公正妥当と認められる企業会計の基準として取り扱うものとする」という通達を出すことで、法的な効力が付与されてきた。

基準委員会が設定するルールは、直接に企業会計を拘束する力を持ち得ず、現在でも、同じ方式で法的拘束力が付与されている。極端なことを言えば、金融庁の意向に反するルールを作れば、金融庁が会計基準として認知しないのである。その意味では、基準委員会が設定するルールは、純粋な「民間団体が決めたルール」とは言えないかもしれない。金融庁という公的機関のフィルターを通して、言葉を換えて言えば、金融庁の手のひらの上で、基準を設定することになる。

2 なぜ、会計基準を民間に作らせるのか

そのことは、アメリカでもイギリスでも、他の国々でも、民間の機関が会計基準を設定している国なら、事情は同じである。アメリカの基準設定主体は財務会計基準審議会（ＦＡＳＢ）であるが、ＦＡＳＢは米国証券取引委員会（ＳＥＣ）という大統領直轄の公的規制機関から会計基準の設定権限を委譲されていることから、ＳＥＣの意向に反する基準は設定できない。イギリスの基準設定主体は会計基準審議会（ＡＳＢ）であるが、ＡＳＢも行政府である貿易産業省（ＤＴＩ）の意向を無視した基準を設定することはできない。

なぜ、各国政府は、会計基準を自ら設定せずに民間団体（プライベート・セクター）に任せるのか。一つは、自ら設定するとお金がかかるが、民間団体に任せるとかからないからである。また、政府機関が設定すると、万が一、基準に不備があったり、基準を適用した結果として大きな事件が起きたりすれば、政府機関の責任が問われる。たとえば、今回の世界的金融危機の原因は、一つには時価会計の基準と公正価値評価にあった。時価会計の基準を設定したのは民間団体のＦＡＳＢであるから、ＳＥＣよりもＦＡＳＢに批判が集中している。

ＳＥＣとしては、基準の設定を民間団体に任せることによって、こうした事態の時に各界からの批判をかわすことができる。

アメリカやイギリスの基準設定主体が、公的機関（アメリカはＳＥＣ、イギリスはＤＴＩ）の意向をくんだ基準を設定するのは、基準設定主体にとって公的機関が「お上」であるからだけではない。英米の基準設定主体も、会計基準が国策・国益に資することができたり国益・国策に反するものになったりすることがあることを認識しているからである。

その点、わが国の基準設定主体は、金融庁にそうした国益・国策の意識が希薄なことや、基準の設定を会計学者がリードしてきたこともあって、「会計的な正しさ」をものさしとして基準の設定作業をしてきたといえる。それが間違いだというつもりはないが、国際社会の常識から少し外れていたことは否めない。

3　会計基準の生命線は「合意の高さ」

誤解を恐れずに言うと、会計基準の生命線は、「正しさ」というより「合意の高さ」にある。「正しい会計基準」が支持されるのではなく、「支持される会計基準」が正しいとされるのである。そういうことを言うと「学の放棄」だと言われそうであるが、何が「正しい」のか、何が「真実」なのかは、一つの見方をいうのであって、時代と状況・立場を超えて「正しい」とか「真実」とされるものなどはない。

経済学の佐和隆光教授によれば、それは自然科学も同じであるという。佐和教授は、名著『経済学とは何だろうか』（岩波新書、一九八二年）の中で、「社会科学者にとって、ながらく憧れの女神であった自然科学も、一皮むけば経済学や社会学と大差なく、その客観性は時代と社会の〈文脈〉に依存し、社会的〈文脈〉の変更によって改変を迫られる宿命にあるということが、いまや多くの科学史家によって主張されているのである。……一般に科学の理論は、その時代、その社会の大多数の人々がそれを〈支持〉している、というような状況のもとで、はじめて〈客観的〉であるとの社会的認知を授かるのである。」と書いた。

4　自然科学も多数決、つまり「合意の高さ」

要するに、自然科学といえども「多数決」だというのである。「地球はたいらだ」と信じる人が多ければ「地球はたいら」であり、「太陽は地球の周りを回っている」と信じる人が多ければ「太陽は地球の周りを回っている」というのが、その時代の真実になる。後世で明らかになる（次の時代の）真実は、現世では誰も知りようがない。だから、現世で多数の科学者や宗教家が「地球はたいらだ」と言えば、地球はたいらであり、丸いはずはないのである。

会計の話に戻る。会計も多数決の世界である。

資本市場に参加する者の多くが、資本とは何か、何を資本とするか、資産とは何か、何を資産とするか、利益とは何か、何を利益とするか、資産の価格変動分を損益としてみるか、損益と見ないか、利益はいつ実現したと考えるか、利益はどこまで配分してよいとするか、などなどについて合意して初めて、会計の計算結果を多くの人が納得するのである。決して、資本も資産も利益も自明のことではなく、会計だけで決められることでもない。

アメリカの会計基準設定主体である財務会計基準審議会（ＦＡＳＢ）にも、日本の企業会計基準委員会にも、イギリスの会計基準審議会（ＡＳＢ）にも、つまり、どこの国の会計基準設定主体にも、中立的立場の学者、監査する側の会計士、投資家代表、行政府などとともに、経営者の代表が直接に参加している。会計基準は、経営者の会計行為を規制するものであるから、会計基準の設定の場にそうした規制を受ける者（経営者）が参加することは好ましくない、といった議論もある。

5　会計のインフォームド・コンセント

しかし、医の世界にインフォームド・コンセント（医師の十分な説明と患者の同意）という慣行が広まってきたのと同様に、会計の世界でも、規制を受ける経営者がその規制の意味や効果を十分に納得してこそ規制を当然のこととして受け入れる、そうした会計のインフォームド・コンセントが必要である。規制を求める側（会計士、行政、投資家）の要求を、規制を受ける側（経営者）が納得しない限り、規制の実効はあがらない。その効果を高めるには、ゲームに参加する者すべてが、ルールについて合意する必要がある。

以上は、一つの国の話である。国際会計基準となると、一一〇か国ともいわれる国々の、数万社、数十万社が参加するゲームのルールとなる。果たして、会計のインフォームド・コンセントは可能であろうか。

6　ノーウォーク合意の傲慢さ

二〇〇二年一〇月に、ＩＡＳＢとＦＡＳＢの間で「ノーウォーク合意」を結んだ。ノーウォーク合意とは、「最も発達した資本市場である米国で採用されている米国会計基準と欧州をはじめとして世界的に採用が拡大している国際会計基準（ＩＦＲＳ・ＩＡＳ）とをベースにして、高品質な国際的に認知された会計基準を両者の会計基準の実質的なコンバージェンス（収斂《しゅうれん》）という形で達成しよう」というものである（山田辰己「ＩＡＳＢのコンバージェンスに向けた活動について」『税経通信』、二〇〇七年一一月）。

簡単に言えば、これからの国際会計基準は、ロンドン（ＩＡＳＢの本部がある）とＦＡＳＢ（コネチカット州ノーウォークに本部がある）で相談して決める、というものである。国際基準と銘打ちながら、それを決める会議の席に着けるのは両組織だけだということにしたのである。なぜ、カナダやオーストラリア、日本、韓国などのスタンダード・セッターを排除するのか、ＩＡＳＢの山田辰己理事は、次のように説明している。

「ＦＡＳＢ以外の会計基準設定主体を加えて、ＩＡＳＢ、ＦＡＳＢ及びその他の会計基準設定主体という三者による世界基準の作成というモデルも考えられないことはないが、意見の食い

違いの調整を三者間で行うことの困難さを考え、ＩＡＳＢとＦＡＳＢの二者間のみで議論を行うこととしている。」（同上）

ＩＡＳＢで日々努力されている山田氏には申し訳ないが、開いた口がふさがらないとは、こうしたことをいうのではなかろうか。二人（二機関）が相談すれば結論が出せるが、三人（三機関）以上になると意見が食い違い纏まりが着かないからだというのである。国際的には「纏まらない」とわかっている話を、ＩＡＳＢとＦＡＳＢで纏めるのである。二人で話し合って決めたから、各国はそれに従えというのである。

ノーウォーク合意の記事を読んだときは、「ふざけた話だ」くらいの感想しか持たなかったが、その後、関岡英之氏の『拒否できない日本――アメリカの日本改造が進んでいる』（文春新書、二〇〇四年）を手にして、次の一文に接したとき、頭を殴られたようなショックを受けた。

7　国際基準はヘゲモニーの争奪戦

関岡氏は国際会計基準がアングロ・サクソンに牛耳《ぎゅうじ》られている事態を憂えて、次のように言う。

「国際的な統一ルールを決めるということは、そもそもヘゲモニー（主導権）を争奪する闘いなのであり、どちらが正邪かを問う神学論争ではないのである。アングロ・サクソンの主張がまかり通っているのは、彼らの価値観が正しいからでも優れているからでもなんでもなく、単に多数派を制する狡知《こうち》にたけていたということに過ぎない。」

関岡氏は、会計の専門家ではない。大学は慶応の法学部、銀行勤務の後、大学院は早稲田の建築という経歴の人である。会計の専門家でない人に、こうまで言われたのは正直に言って情けなかった。あまたの会計学者・会計士が、世界の流れと時流に流されて、言いたくても言えないことが随所に書かれていた。

この本を読んで、私も会計学者を名乗る以上、国際会計基準を初めとする世界の会計について、言うべきことを発信するのが使命であるように思えてきた。時、まさしく、アメリカではエンロン、ワールドコムといった巨大企業が不正会計で破綻する事態に陥ったころである。関岡氏の本を手に、新学期の時間的ゆとりもゴールデン・ウィークも潰して書き上げたのが、拙著『不思議の国の会計学――アメリカと日本』（税務経理協会、二〇〇四年）であった。三六〇頁を費やして、私が言いたかったことは、「会計基準を使った英米からの侵略からわが身を守り、より積極的に、わが国の国益に資する国際会計基準作りをするにはどうしたらよいか、読者諸賢と一緒に考えよう」ということであった。

8　ノーウォーク合意は「合意」に非ず

ノーウォーク合意の話に戻る。これからの国際会計基準は、ＩＡＳＢとＦＡＳＢという「密室で作られる」のである。国際的に話し合えば「纏まらない」とわかっている話を、ＩＡＳＢ（イギリス）とＦＡＳＢ（アメリカ）で纏めるので、他の国はその決定に従えという話である。軍事的・政治的・経済的には圧倒的な力を持つ英米が、軍事力、石油（エネルギー）の次に経済力で世界制覇を狙うとすれば、表玄関をノックして「お宅の財産をください」とは言えない。表面的には紳士淑女然として、「会計基準」という「平和的武器」を使って他国の国民が持っている財産を移転しようとする。

アメリカとイギリスという、今回の金融危機を招いた張本人ともいえる二国が、今、手を携えて、世界の富を収奪しようとしている。脳天気な日本人には、英米人の、個人としてのフレンドリーさだけに目がいって、金に目がくらんだ英米人の姿が見えてこないらしい。日本はきっと、「英米人は善意の人が多い」とばかり、英米が作る会計基準も日本を守ってくれる基準になると信じているのではなかろうか。特に、会計士や経営者の間では、英米主導の会計基準を歓迎する傾向が強い。

しかし、世界の各国が英米と利害が一致するとは考えにくい。英米で決めたから、あとは各国とも英米の決定に従えと言われて、各国が唯々諾々と従うとでも考えているのであろうか。右に述べたように、会計基準の命は、「正しさ」というよりは、「合意の高さ」である。合意が得られない基準が多くなれば、その基準から離脱する国があっても不思議ではない。離脱する国が多くなれば、基準としての拘束力・説得力・法的確信を失いかねない。今の国際会計基準には、そうした「危うさ」がありそうである。

9 世界は国際会計基準に合意するか

金融庁総務企画局参事官を務めた黒澤利武氏は言う。

「もともと各国における執行実態や市場慣行に関するインプットも十分ないまま、ＩＡＳＢのボードルーム内で開発されていく基準は、結局、カーブ・アウトされざるを得ない宿命にあるのである。」(「ＥＵの同等性評価と今後の展望」『季刊会計基準』、二〇〇八年九月)

英米で合意に達する基準でも、国際的に合意に達しない基準を作れば世界はついてこない。ＩＡＳＢは、「単一で、高品質の会計基準」を目指すというが、これからの国際会計基準は、どれだけ「正しい」基準を作れるかというより、どれだけ広範囲の国々からの「同意（合意）を得られる基準」を作れるかが生命線である。

右で述べたように、自然科学の理論も、会計基準も、理論的正しさとか真実というよりは、誰もが合意するもの・ことが「正しいこと」「真実」とされるのである。後世において、どれだけ正しいとか真実であるとかいう評価を受けようとも、そのことは今現在では知りようのないことである。今現在知ることができるのは、今現在、多くの人たちが「正しい」「真実」と考えるもの・ことでしかない。

ＩＡＳＢとＦＡＳＢが密室で作る国際会計基準が、どれだけ多くの国の合意を得られるか、それが国際会計基準の命運を分けると言っても過言ではないと思う。

第6章　会計基準は誰が決めるのか（3）

——IFRSの法的拘束力

1　IFRSのエンフォースメント
2　誰がIFRSに強制力を付与するのか
3　IFRSに対する「適用留保権」
4　IFRSの法適合性は誰が判断するのか
5　実質優先原則と離脱規定
6　国際会計基準の離脱規定
7　国によって裁判所の判断が分かれるとすれば

1　ＩＦＲＳのエンフォースメント

第４章で、「会計基準は誰が決めるのか（１）」というタイトルで、日本の会計基準は民間機構の企業会計基準委員会（ＡＳＢＪ）が設定し、基準ができるたびに（基準一件ごとに）金融庁が承認・公表して強制力を付与しているということを書いた。ＡＳＢＪは民間機関であるから、ＡＳＢＪがどれだけ優れた基準を開発しようとも、それだけでは企業に順守を求める法的な根拠はない。そこで、ＡＳＢＪが取り纏めた基準は、金融庁が総務企画局長の名前で「一般に公正妥当と認められる企業会計の基準として取り扱うものとする」という通達を出すことで法的な効力が付与され、違反した場合のペナルティが定められてきた。

前章では、国際会計基準（ＩＦＲＳ《イファース》）は誰が決めるのかというテーマで、国際会計基準審議会（ＩＡＳＢ）という民間機関のボード（理事会）メンバーが（アメリカの財務会計基準審議会（ＦＡＳＢ）という基準設定機関と相談して）決めるという話を書いた。

では、そうしてＩＦＲＳが決まったとして、ＩＦＲＳには、誰が、どういう方式で強制力（法的拘束力）を付与するのであろうか。会計基準は、多くの国では立法機関によって制定される法ではなく、産業界・監査人団体・資本市場・監督官庁等の関係者による約束事とか自主規制という性格があることは広く認識されている。自主規制のルールは、紳士協定みたいなものであるから、それだけでは企業に順守を求める力は弱い。仮に、自主規制ルールを犯す企業が現れても、強いペナルティを課すことは難しい。そこで、多くの先進国では、会計基準にある種の法的拘束力を付与して、違反した場合の法的なペナルティを定めている。

問題は、国際会計基準である。世界政府とか、世界議会とか、世界市民の総意を問う選挙も政治体制もないときに、世界中の大企業が行う決算と財務報告を決める会計基準を、誰が決め、誰がそれに法的強制力を付与するのであろうか。

2 誰がIFRSに強制力を付与するのか

IASBという国際的民間機関が設定する会計基準であっても、どこかの国際的公的機関が認知するということにはなっていないし、採用する各国の公的機関が自動的にオーソライズするような仕組みにもなっていない。したがって、現在IFRSを採用している各国は、さまざまな方式でIFRSに法的な根拠を与えている(仮に、そうした法的根拠を与えていない国があるとすれば、公式にIFRSを採用していると宣言していても、実際には実務界が採用していない可能性がある。そうした国があるのか、あるとすればどれだけあるのか、こうしたことを調査することなく、IFRS採用を宣言する国が一一〇か国になったということだけが喧伝されているのである)。

EUの場合、二〇〇二年に「IAS適用命令」(EU議会とEU理事会の命令)が出され、二〇〇五年から域内の上場企業の連結財務諸表に対してIFRSの適用が義務付けられた。ここでは、IFRSが「欧州の共通の利害に合致すること」等の条件を満たす場合に、最終的に欧州議会の承認を経て、欧州委員会命令として法的な効力が付与されている。EU企業が法的に順守を求められるのは、純粋なIFRSではなく、EUの受容条件を満たし、EUのエンフォースメントの手続きを経て承認されたEU版のIFRS(EU-IFRS)である。同じように、オーストラリア企業が順守すべきは、オーストラリア議会が承認したIFRSである。

では、日本はどうするのであろうか。日本はいま、現在の国際会計基準とのコンバージェンスを進め、現在の基準を前提にアドプションの準備を進めている。しかし、会計基準は不断に「進化」「変化」するものであるし、新しい経済事象や経済問題が発生すれば新しいルールが作られるであろう。そのとき、日本にとって不利な改正や不都合なルールの設定が行われるおそれがあるとしたら、どうであろうか。

このことに関しては、先に金融庁企業会計審議会企画調整部会から発表された中間報告(案)「我が国における国際会計基準の取扱いについて」に次のような記述がある。

「会計基準は財務報告におけるいわばものさしとして、これに違反すれば法的な制裁も発動され得るという極めて重い意味を持つものであり、万が一ＩＡＳＢが作成したＩＦＲＳに著しく適切でない部分があるため、我が国において『一般に公正妥当と認められる企業会計の慣行』とは認められない場合には、当局として、当該部分の適用を留保すべき場合がある。このため、当局として、我が国における個々のＩＦＲＳの適用を認めるための手続を検討することが適当である。」

3　ＩＦＲＳに対する「適用留保権」

中間報告（案）では、ＩＦＲＳの中に、わが国が受け入れがたい基準が盛り込まれるときには「適用を留保」する必要があるとし、その判断をする意味からも個々のＩＦＲＳを適用するかどうかを検討する手続きを、どこで、どのように行うかを決めておく必要があるという。では、その検討の結果、特定のＩＦＲＳがわが国の国益に反するとか、わが国の特定産業に壊滅的なダメージを与えかねないとか、わが国の現行法や裁判所の判例に触れるなどのために、わが国において「一般に公正妥当と認められる企業会計の慣行」とは認められないとして、「ＩＦＲＳの適用を留保」するとか、ＩＦＲＳとは違う慣行（基準）を認めることになったら、いかなることが起きるであろうか。
ことは国家主権にかかわることであるから、日本だけの話にはならない。ＩＡＳＢは、こうした公権力の介入という事態を想定していない。各国の「適用留保権」を認めてしまうと、純粋ＩＦＲＳの夢は遠のく。かといってＩＡＳＢには公権力の決定を否定する権限はない。ＩＦＲＳの内容によっては、公権力によるダイバージェンス（分岐、逸脱）や国家間の主権争いに発展する可能性がある。

長年にわたって企業会計基準委員会の委員として日本会計基準の設定に携わってきた辻山栄子教授は、「（ＩＡＳＢによって）策定される基準が特定の国のポリティカルな力関係に左右される場合、あるいは理論的な合理性に欠けている場合には、その弊害は甚大なものになる。実は、この点こそが、ＩＦＲＳ導入国にとって将来的に最も深刻な問題になる可能性を秘めている」（「ＩＦＲＳ導入の制度的・理論的課題」『企業会計』、二〇〇九年三月）という。

たびたび述べてきたように、会計基準は、その国の国益や産業振興に資するかどうかで内容が変わる。特に英米では、「会計は政治」という認識から、国益を守る基準、産業振興に資する基準を定める傾向がある。会計基準には、そうした国益や産業振興に資する力があるということは、逆から見れば、どこかの国の国益や産業振興を妨げる力もあるということである。そうなると、辻山教授が危惧するような「ＩＦＲＳ導入国の憂鬱《ゆううつ》」が現実味を帯びてくる。国際会計基準といっても、実際にルール化されるときは、どこかの国の国益や産業振興と不可分ではないのである。

以上は、「当局として」IFRSが「一般に公正妥当と認められる慣行（会社法の場合。金商法であれば「公正妥当と認められる基準」）」に該当するかどうかを（事前に、つまり、IFRSを自国基準として承認するにあたって）判断する話である。IFRSがそのフィルターを通過したとしても、実際にIFRSをエンフォースする段階では、個別のケースについて法に適合しているかどうかの判断がなされなければならない。以下は、その話である。

4　IFRSの法適合性は誰が判断するのか

中間報告（案）を検討した企業会計審議会企画調整部会（二〇〇九年一月二八日開催）では、金融庁企業開示課長が次のような発言をしている（要約）。「実際にこれ（IFRS）をエンフォースされていくプロセスでは、最終的に個別ケースについての法適合性を判断する最終権限は裁判所にある」が「事前にどのように適用するかというところでは有価証券届出書と有価証券報告書は金融庁、財務局が受け取る必要があって、その際に適法なものとして受け取るかどうかということを一時的には私ども（金融庁、財務局）が判断しなければならない」。一方、会社法上は「（各企業の計算書類等を）法務省が受け取っているわけではなく、（計算書類等の内容が法律問題となったときには）裁判所が判断する」ことになる。「上場会社にＩＦＲＳを適用するということになれば、公権力として何らかの対応をしなければならない。有価証券報告書などを受け取る財務局の窓口、それを審査する財務局、金融庁、調査・監視をする（証券取引等）監視委員会、課徴金手続になれば審判官、あるいは裁判所、……虚偽表示による裁判であれば、民事、刑事」。

要するに、ＩＦＲＳといえども、わが国において適用する場合には、どこかでその法的な適合性を判断しなければならず、ＩＦＲＳを適用して作成した財務諸表等（計算書類等）について法律問題が発生すれば、まずはフロントラインとしての行政当局（財務局、金融庁、証券取引等監視委員会）が公権力をもって対応し、最終的には裁判所の判断を仰ぐことになるというのである。

裁判の結果、ＩＦＲＳを適用して作成した財務諸表等（計算書類等）が企業の経営成績や財政状態を適正に表示していないという判決が下ったとすると、どういうことになるのであろうか。この問題は、日本だけの問題ではなかろう。各国の裁判所が、ＩＦＲＳの「品質」を審査することになりかねないのである。加えて、その場合、国によって裁判所の判断が違うことは十分に予想できる。

ＩＦＲＳを巡る裁判となると、日本の場合は、さらに未経験の問題と取り組まなければならない。それは、ＩＦＲＳに規定されている「実質優先原則」と「離脱規定」の適用を巡って、経営者と監査人の間で、また、経営者・監査人と株主の間で生じる解釈論争や裁判である。

5　実質優先原則と離脱規定

英米をはじめとするコモン・ローの国々では「実質優先原則」という考え方がある。会計処理・報告する場合には、(法律上の) 形式よりも (経済的) 実質を重視するというものである。「形式よりも実質」というのは、表現を変えれば、事実の一面を形式的にとらえて真実だとするのではなく、その全体像なり実質を誤りなく伝えることを求めているのである。

しばしば例として挙げられるのが、リースの会計処理である。リース (ファイナンス・リース) では所有権の移転がないので、法律的には売買ではなく賃貸借とされるが、経済的にみると資産の売買 (または資金の貸し借り) である。こうしたとき、法に従って賃貸借として処理すれば、リースの経済的実質が表現されない。そこで、会計では、リース取引の実質を表現するために、原則としてこれを売買処理と同様に会計処理・報告することにしている。これがコモン・ロー諸国における実質優先原則である。

ただし、わが国では実質優先原則は機能していない。法律に書いてあることが最優先される。

なぜかというと、わが国には「離脱規定」がないからである。わが国の場合、リースに関する会計基準は、財務諸表等規則などの法令に定められており、法令の定めるところによりリースをオンバランスする。

コモン・ロー諸国における実質優先原則を支えているのが、「離脱規定」である。コモン・ローの国では、成文化された会計規定（法でも基準でも）を盲目的に順守することよりも、会計報告の真実性や公正性の確保のほうを重視する。

たとえば、アメリカの場合、米国公認会計士協会（ＡＩＣＰＡ）の職業倫理規定の中に、ＦＡＳＢが定める基準からの離脱が正当化されることがあるという記述があり、また、ＳＥＣも会計連続通牒第一五〇号において、ＦＡＳＢが定める基準から離脱する必要がある場合には、他の原則の使用を許可または要求することを明らかにしている。

6　国際会計基準の離脱規定

こうした考え方は、国際会計基準にも受け継がれている。ＩＡＳ第一号第一七パラグラフでは、次のように規定している（『国際財務報告基準（ＩＦＲＳ）二〇〇九』中央経済社、二〇一〇年）。

「ＩＦＲＳの中にある定めに従うことが、フレームワークに示されている財務諸表の目的に反するほどの誤解を招くと経営者が判断する極めて稀なケースにおいては、関連する規制上の枠組みがその離脱を要求しているか又はそのような離脱を禁じていない場合には、企業は第20項（離脱した場合の開示事項）に定める方法により当該ＩＦＲＳの定めから離脱しなければならない。」

一読して意味が取れる文章ではないが、何度か読むと、「極めて稀な場合であるが、ある基準に従うと誤解を招く財務諸表になる場合には、その規定から離脱して適正表示をしなければならない」といっていることがわかる。特定の企業にとって、すべての基準が適正表示に役立つとは限らず、場合によっては規定を適用すると適正表示を妨げるおそれがある。そうした場合には、企業はその規定から離脱して、適正表示を達成する処理・報告の方法を採用しなければならないのである。これが離脱規定と呼ばれる。企業はこうした場合に特定の基準から「離脱してもよい」というのではなく、「離脱しなければならない」のである。基準から離脱して、なにをやってもよいというのではない。ここに、実質優先原則が機能する。

7　国によって裁判所の判断が分かれるとすれば

長々と、実質優先原則と離脱規定の話を書いたが、いずれもわが国ではこれまでに経験したことがない。ＩＦＲＳがアドプションされると、これまでのように会計規定を順守していればそれでよい、というわけにはいかない。各企業の経営者と監査人は、基準に書かれている会計処理・報告が適正表示や実質の表示の観点からみてベストであるかどうかを不断に検討しなければならず、万が一、基準をそのまま適用すると適正表示にならないとか、基準に定めてある方法よりもベターな方法があるという場合には、基準から離脱して、別の方法を採用しなければならないのである。

右で、ＩＦＲＳの法適合性は、個別のケースでは裁判所が判断するということを書いた。ＩＦＲＳに従って財務諸表を作成しても、その結果が適切であるかどうかが法律問題となったときには裁判所が決着をつけるという話であった。実質優先原則と離脱規定が機能するＩＦＲＳの場合は、「実質優先原則」と「離脱規定」の適用を巡って、経営者と監査人の間で、また、経営者・監査人と株主の間で解釈論争や裁判が起こる可能性がある。

そして、ここでもまた、国によって裁判所の判断が違う可能性がある。国によって裁判所の判断が異なれば、裁判所の判断に従ってＩＦＲＳを改正するということもできない。かといって法令や判例に違反するＩＦＲＳをそのまま国内基準としておくこともできないであろう。

第7章　日本の国益と産業を左右する国際会計基準

――リース産業の場合

1　マクロ経済をも左右する会計基準
2　ＩＦＲＳ導入国の憂鬱
3　日本つぶしの会計基準群
4　リースを使うと資本利益率が良くなる？
5　リースは使用貸借か消費貸借か
6　リース会計基準は業界の命運を左右する
7　日本のリース業界を救う「三〇〇万円ルール」
8　ＩＦＲＳの原則主義を裏で支配するアメリカ基準
9　アメリカでは基準逃れが横行

1　マクロ経済をも左右する会計基準

　これまで、しばしば、会計基準は、投資家などの利害関係者（ステークホルダー）に企業の財務状態や経営成績を伝えるというミクロレベル（個々の企業レベル）の機能だけではなく、時には、一国の国益や産業を左右するといったマクロレベル（国家や産業レベル）の影響を持つものだということを書いてきた。

　日本が国際会計基準（ＩＦＲＳ・ＩＡＳ）をアドプション（日本企業に強制適用）するとなると、日本の国益や産業が国際会計基準審議会（ＩＡＳＢ）によって決められる会計基準に「支配」されるおそれがある。杞憂ではない。

　そうしたおそれがあるからこそ、前章で紹介したように金融庁企業会計審議会の企画調整部会から発表された中間報告（案）「我が国における国際会計基準の取扱いについて」（二〇〇九年二月四日、公開草案）では「ＩＡＳＢが作成したＩＦＲＳに著しく適切でない部分がある」場合には、「我が国において（適用を）留保する」として「ＩＦＲＳに対する適用留保権」があることを明記しているのである。

　四月九日に企業会計審議会の総会が開かれ、この中間報告（案）に寄せられた各界からのコメントと、中間報告修正案が「報告事項」として示された。この報告では、適用留保権について金融庁企業開示課長から改めて次のように説明されている。

「将来的にIASBが作成したIFRSが著しく、公序良俗に反するという言葉はきついですが、著しく適切でないという場合には、法律上、『一般に公正妥当と認められるところに従う』と、こういうことになっておりますので、当局としてこの適用を留保する部分が論理的には生じ得るのではないか……ここの意味合いについては議論のあったところではございますが……任意適用というよりは、どちらかというと強制適用のときに当てはまるロジックでございます……任意適用のときには、オリジナルのIFRSを適用する。」

2　IFRS導入国の憂鬱

ここで示されたポイントは二つである。一つは、IASBが定めるIFRSに、日本の国益や産業にとって著しい不利益をもたらすようなものがあれば、日本としては国家権力をもって適用を拒否するということを謳いあげたこと、二つ目は、そうした「適用留保（適用拒否）」が問題となるのは、各企業が任意にIFRSを適用することを認める場合ではなく、各企業に強制適用する場合であること、である。

前者は、主権国家として当然のことではあるが、そうした立場をＩＡＳＢが認めるとすると、「世界で単一の基準」ではなくなる。かといって、各国の主権を無視して国際ルールは作れない。今のところ問題は表面化していないが、辻山栄子教授が危惧するように、「（ＩＡＳＢによって）策定される基準が特定の国のポリティカルな力関係に左右される場合、あるいは理論的な合理性に欠けている場合には、その弊害は甚大なものになる。」（辻山、同上）。

そこで、日本が次々と導入してきた国際的な基準とは、日本の国益や産業振興に資するものなのか、それとも、日本の国益や産業振興にとってマイナス要因になるものなのかを考えたい。

3　日本つぶしの会計基準群

わが国の国益や産業にとって不利な影響を持つおそれのある会計基準には、たとえば、最近改訂されたリース会計基準、棚卸資産会計基準（後入先出法の禁止や低価法の強制）、企業結合会計基準、退職給付会計基準、工事契約の会計基準など、枚挙にいとまがないほどである。いずれも、日本企業の決算において巨額の費用・損失を計上させたり、産業再編を妨げたり、日本的経営を続けることを不可能にするような基準である。うがった見方をすれば、アメリカやＩＡＳＢからの要求を受けて新しく設定した会計基準のほとんどは、日本の国益や産業振興を妨げる目的で押しつけられた「外圧基準」かもしれないのである。

今のところは、外圧基準とはいえ、わが国の基準設定主体（企業会計基準委員会：ＡＳＢＪ）が検討を加えて、アメリカ基準や国際会計基準を導入してきた。その段階で、わが国の国益や産業振興に著しい障害となる可能性がある基準については、日本独自の経済・政治・社会環境を反映させて、国際的な基準にはない「逃げ道」「抜け穴」を作って、日本の国益や産業を守ろうとしてきた。

しかし、そうした抵抗も、わが国が国際会計基準（ＩＦＲＳ・ＩＡＳ）をアドプション（強制適用）することになれば、何の役にも立たなくなるおそれがある。国際会計基準は、一面では、国際的に活動する企業の会計基準を統一して、国際企業の経理の透明性を高めるという高い理想を実現する一歩として高く評価することができるが、もう一面では、英米の利益誘導的な基準を押し付けられるという不利益がある。このことを、日本の会計関係者や経営者がどれだけ認識しているのであろうか。

本章では、リースの会計基準を題材に、会計基準と産業振興（産業の生き残り）の関係を考えてみたい。

わが国では、リースを利用している企業が九四％にも上り（社団法人リース事業協会『リース需要動向調査報告書』二〇〇五年）、また、リース取扱高が年八兆円（社団法人リース事業協会

『リースの市場』二〇〇六年）規模になったこと、さらに昨今の超低金利の時代に「高金利で稼いでいるのはリース業界だけ」という現実を考えると、リース会計基準をどのように決めるかが、日本の産業界とリース業界に大きな影響を与えるということが理解できる。

4　リースを使うと資本利益率が良くなる？

二〇〇七年にリース会計基準が改訂されたのも、いつものように国際的な動向に合わせる改正であるというが、内実は、アメリカに言われて、日本基準を改訂したものである。なぜ、アメリカが日本のリース会計基準に口を挟むのか、それは、日本のリース業界を低迷させれば、アメリカのリース会社が日本を席巻できると考えるからである。

そんなことをアメリカがするわけがない、と考えるのは自由である。しかし、こうした話はリース業界だけではない。銀行業でも保険業でも、医療の世界でも教育の世界でも、要は、お金がある領域や日本人がお金をかける領域では、アメリカが日本で荒稼ぎしようと虎視眈々と機会をうかがっている。

そうしたことは、関岡英之氏が書いた『拒否できない日本――アメリカの日本改造が進んでいる』（文春新書、二〇〇四年）、『奪われる日本』（講談社現代新書、二〇〇六年）に子細に紹介されてきたし、ウォール街の投資銀行家神谷秀樹氏の『強欲資本主義　ウォール街の自爆』（文春新書、二〇〇八年）、広瀬隆氏の『資本主義崩壊の首謀者たち』（集英社新書、二〇〇九年）にも詳しい。

話をリース会計に戻す。少し教科書的な話になるがお許し頂きたい。今、A社は、土地・建物を自社保有することは企業に担保力・信用力がつくと考えて、銀行からの借入金で土地と建物を購入したとする。B社は、企業の体力がついてから土地・建物を買うことにして当面はリース（ファイナンス・リース）を利用することにしたとしよう。

両社の費用を見てみよう。A社は建物の減価償却費と借入金の利息がかかり、B社は賃借料（リース料）がかかる。両社の負担するこれらの費用がほぼ同額になるとすれば、利益に与える影響も同じになる。自社保有とリースでは、損益計算に与える影響は大きくは異ならない。

ところが、資本の効率（資本利益率＝利益÷資本）を計算するときには、リースを利用する企業と自社保有する企業では、まるで違う結果になる。自社保有しているA社の場合、分母の資本には土地と建物が計上される。しかし、リースを利用しているB社の場合、分母の資本にはリースで借用している土地と建物は入らない。なぜなら、土地と建物は借用しているだけで、その所有権をB社が保有しているわけではないためバランス・シートの資産が増加しないからである。

5　リースは使用貸借か消費貸借か

会計では、使用貸借（借りたものと同じものを返す。土地など）と消費貸借（借りたものと同種・同等・同量のものを返す。現金など）の会計処理が違う。他人から現金を借りれば所有権が移転し、借りた現金は借りた企業の資産とする（消費貸借）。しかし、土地を借りても所有権は移転しないので、借りた企業の資産とはしない（使用貸借）。A社のバランス・シートには土地と建物が資産として記載されるが、B社のバランス・シートにはなにも記載されない。

ここで資本利益率を計算したらどうなるか。同額の利益が報告されているとすれば、A社よりもB社の方が、分母としての資本が小さいだけ利益率は大きく計算される。投資家が両社の財務諸表を並べてみるとすると、A社は規模が大きいが負債も大きく、資本利益率はB社よりも低い（資本の効率が悪い）と判断し、B社は少ない資産で大きな利益をあげ、資本利益率が高い優良会社と判断するであろう。

しかし、実際にA社とB社が違うのは、土地と建物を購入したか、賃借したかという点だけである。土地と建物を使用して営業しているということは、A社もB社も同じである。こんな財務諸表をみせられたのでは投資家は誤解しかねない。

6　リース会計基準は業界の命運を左右する

投資家の誤解を避けるために、リース資産・リース債務をオンバランス（バランス・シートに載せること）するようにアメリカから言われて、わが国も一九九三年にリース会計基準を設定した。そこで問題となったのは、リース資産・債務をオンバランスすれば、リースを利用するメリット（減価償却の計算や資産の管理が不要、リース料の損金算入など）が失われ、わが国企業のリース離れを起こしかねないということであった。そうなると、誕生して間もない日本のリース業界が大きく衰退しかねない。

そうした事態を避けるために、九三年基準では、原則としてはリース資産・債務をオンバランスすることにするが、一定の情報を注記することを条件にリース取引を賃貸借として処理する例外処理を認めたのである。この処理は、会計基準としては例外的処理であったが、実務上は支配的（原則的）処理方法となっていた。リース物件を賃貸借処理している企業は、日本企業の九七％にも上るという（茅根聡「わが国リース会計基準の改訂問題をめぐって」『會計』二〇〇三年四月）。

最近になって、わが国の例外的処理は、国際的な会計基準と整合せず、また、取引実態を的確に反映していないといった批判が海外でわき起こり、先に述べたような基準の改訂が行われたのである（二〇〇七年）。新基準では、例外的な処理が認められない。

7　日本のリース業界を救う「三〇〇万円ルール」

ただし、新しい基準では、「一件当たりのリース料総額が三〇〇万円以下」の少額の取引に関して、「簡便な方法（賃貸借処理）」を使うことができる。こうした基準の表現からは「それほど重要でないリース物件については、何も、オンバランスするといった面倒な処理をしなくても、従来どおり、賃貸借処理でかまわない」といったニュアンスが読み取れそうである。しかし、この「三〇〇万円ルール」はそんなに軽いものではない。この三〇〇万円ルールこそ、わが国のリース会社を救う救世主的な規定なのである。そのことを書く。

わが国の企業がリースを利用するのは、物件を購入する資金がないとか、自社保有すると資金が寝てしまう（他の目的に資金を活用できなくなる）ことを回避するといったこともあるが、資産の管理をリース会社に任せることができるとか、減価償却の手数が省けるとか、リース料（減価償却費よりも多額に設定できる）を損金に算入することができるために税の面で有利だといった理由で利用されている（社団法人リース事業協会『リース需要動向調査報告書』二〇〇五年）。

ファイナンス・リース取引を、アメリカ基準や国際基準の決めているとおりに売買契約として処理しなければならなくなれば、企業はあえて金利の高いリース物件を使うまでもなく、購入して自社保有するであろう。そうなれば、日本企業がリース離れを起こし、日本のリース業界は壊滅的な打撃を受ける。

わが国の場合、リースの物件は、パソコン、業務用の自動車、什器など、一件当たりの金額が少額なものがほとんどである。今回のリース会計基準改訂に当たって、事前にリース業協会が調査したところ、一件当たりのリース取引は、ほとんどが三〇〇万円以下（平均は二九五万八、〇〇〇円）であったという。一件当たり三〇〇万円を超えるのは、船舶、工作機械、医療機器など、限られている（上掲の調査報告書による）。

今回の基準改訂では、アメリカの要求通り、ファイナンス・リース取引は「売買処理」しか認められないことになったが、少額のリース取引に簡便法（賃貸借処理）が認められたために、実務的には、ほとんど従来の会計処理を変更しなくてもよいことになる。影響を受けるのは、飛行機や船舶のような巨額の物件をリース契約している場合だけになった。

新基準は、三〇〇万円ルールという「セーフ・ハーバー（避難港）」を設けて、日本のリース業界に与える影響が必要以上に大きくならないように配慮したものと言える。

企業の財政状態（財務状態）を知るには、リース資産とリース債務を貸借対照表に記載したほうがよい。これは会計の正論である。しかし、この正論を押し通すと、その国のリース産業が潰れるおそれがあるとすれば、為政者ならずとも、自国の産業が生き延びる道、つまり、正論を回避する道を工夫しなければならないと考えるのではなかろうか。産業や国が経営や政策に失敗して滅びるのならともかく、「会計村の住人が正しいと言う会計」をやった結果、産業や国が滅びるとすれば、それは「会計村の住人の世界観（了見）」が狭いということではなかろうか。

8　ＩＦＲＳの原則主義を裏で支配するアメリカ基準

今のところ、ＩＦＲＳのリース基準は表向き原則主義をとおして細かな規定を置いていない。ＡＳＢＪの西川郁生委員長は、「しかし、実務は米国基準と異なる運用が許されているとは思えない。見えざるルールが機能している」と言う（「ＩＦＲＳの適用とコンバージェンス」『季刊会計基準』、二〇〇九年三月）。

つまり、ＩＦＲＳのリース基準が原則主義で書かれていても、アメリカの細則が影で実務を支配しているというのである。各国が米国基準と合わないような実務を許容すれば、いずれＩＦＲＳにアメリカ基準と同じような細則を入れてくるであろう。ＩＦＲＳの理念は「同じ会計基準からは同じ会計処理」というのであるから、各国で実務が多様化するのを認めるわけにはいかないのだ。

西川氏が言うようにＩＦＲＳの下での実務がアメリカ基準で運用されているとなると、日本がＩＦＲＳをアドプションすれば、三〇〇万円ルールによる実務の見直しを迫られるおそれがある。そのとき、日本のリース業界はどういうダメージを受けることになるか。

日本企業がこうした苦境に追い込まれるようにＩＦＲＳが決められたとしたら、わが国では「著しく適切ではない」として適用留保権を行使し、他の「一般に公正妥当な会計基準」を適用することができるのであろうか。日本もまた「ＩＦＲＳ導入国の憂鬱」をいやというほど味わうことになりかねない。

9　アメリカでは基準逃れが横行

ところで、アメリカの会計実務であるが、この国の会計実務が実にいんちき臭いことは、エンロンやワールドコム事件だけではなく、時価基準の悪用で今回の国際的金融危機を招いたことでも明らかである。

リースの会計実務も、日本に対してはリース資産・債務のオンバランスを要求しながら、アメリカでは基準の裏をかいた資産化回避実務が横行している。本章では詳しいことを書けないので、茅根聡教授の一連の論考を参照していただきたい（たとえば、茅根聡『リース会計』新世社、一九九八年）。

第8章　会計基準はストライクゾーンか

1　日本は「感度の悪いラジオ」
2　「鎖国」か「怖いもの見たさ」か
3　whistleblower
4　会計基準はストライクゾーンか
5　会計方法の選択は自由か
6　モノの流れとコストの流れ
7　日本では「ストライクゾーン」説
8　イギリス会計の智恵
9　「継続適用」は免罪符にならない

1　日本は「感度の悪いラジオ」

しばらく前に『会計学の座標軸』（税務経理協会、二〇〇一年）という本を出した。この本は、私が二度目の在外研究（ロンドン大学LSE）中に執筆した原稿を取り纏め、帰国と同時に出版したものである。日本では金融ビッグバンを受けて会計改革が進められ、戦後初めての大改革が行われようとしているときであった。五〇年ぶりの大改革とも、アメリカに押しつけられた戦後の日本会計が再びアメリカに迎合するために大改革を行うともいわれる中で、なぜか、日本の会計界は失語症に罹ったかのごとく、沈黙していた。

ロンドンから日本の動きを見ていると、日本は「行き先を知らずにバスに乗り込もうとしている」ようにみえた。それでも、またとない会計の変革期に、ほとんど誰も発言しないのである。外国にいると祖国・日本のことがよくわかる。日本のよさも、日本の特異性も、日本の主体性の無さも、日本の活躍ぶりも、みんなむき出しのように伝わってくる。それだけではない。イギリスにいると、世界の動きが手に取るように伝わってくる。

日本にいたって世界の動きはわかる、という人は多い。しかし、海外で何年か生活した経験のある方は、きっと、日本は「感度の悪いラジオ」と同じで、受信するだけで発信機能を持たないばかりか、日本に都合のいいニュースだけを拾って不都合なニュースは受信しない（報道しない）ことをよく知っている。日本で報道される外国のニュースは、決まってアメリカのテレビ局が流したニュースのコピーである。すでにアメリカのフィルターを通したニュースだけが、アメリカの価値観と共に、日本に流されている。

ＩＦＲＳに関する情報としてもアメリカとイギリス（ＩＡＳＢ）の動きが伝えられるだけで、世界の動きやＩＦＲＳの真相についてはほとんど伝わってこない気がする。伝えられるアメリカやＩＡＳＢの動きも、かなり限定的である。日本には、アメリカがその採用を決めるのはいつかといった話は伝わってくるが、お膝元のヨーロッパ諸国から批判の火の手が上がっていることはほとんど伝わってこない。アメリカが報道しないからであろうか。

2　「鎖国」か「怖いもの見たさ」か

二〇〇九年一二月一一日、金融庁は、一定の条件を満たす上場会社（「特定会社」という）に対して、国際会計基準（ＩＡＳ、ＩＦＲＳ）の早期適用を認めるための「内閣府令」を公布した。ここでは、すべての国際会計基準（ＩＡＳ、ＩＦＲＳ）の適用を認めるものではなく、「公正かつ適正な手続の下に作成及び公表が行われたものと認められ、公正妥当な企業会計の基準として認められることが見込まれるものを金融庁長官が定め、官報で告示」したもの（これを「指定国際会計基準」という）に限っている。

ＩＦＲＳは、ここまできているのである。しかし、である。いったい誰がＩＦＲＳの正体を知っているのであろうか。書店には分厚いＩＦＲＳの解説書が所狭しとばかりに並んでいるが、こうした本を執筆した会計士諸氏からは「内心、忸怩《じくじ》たるものがある」という声を聞く。また、二〇〇九年末にＩＦＲＳの新訳が出版された。翻訳関係者からは、「とても責任が持てない」「日本語にできない」といった声が聞こえてくる。解説者も翻訳関係者も、逐語紹介・逐語訳しかできないで悩んでいるのである。

ＩＦＲＳは、「各国における執行実態や市場慣行に関するインプットも十分ないまま、ＩＡＳＢのボードルーム（理事会）内で開発」（黒澤利武）されてきた。資産負債法、原則主義、実質優先主義、離脱規定、全面時価会計といった言葉は広く知られるようになってきたが、どこの国も経験したことのない理念、概念、思考によって実務を始めようというのであるから、基準の中味には各国の実務に馴染んでいないものや適用した後の世界がどうなるかがわからないものもある。

未知なる世界は必ずしも進歩ではない。暗黒の世界が待っているかもしれないのだ。それなのに、「ＩＦＲＳを拒否して、日本は鎖国するつもりか」といった声に押しつぶされて、会計学界も監査界も経済界も、何も問題がないかのように「沈黙」を守っている。

3 whistleblower

私には、この沈黙が「金」だとは思えない。とりわけ、特定の産業や企業とはしがらみのないはずの学者の多くが失語症に罹ったかのごとく口を閉ざしているのはどうしたことであろうか。日本の会計基準は、この一〇年間で急速にＩＦＲＳとのコンバージェンスが進められ、さらに現在もコンバージェンスを進めている。日本基準はすでに十分に国際的な水準を満たしており、ＥＵからは高品質な基準としての評価（同等性評価）を受けている。そこまでコンバージェンスを進めて高品質になった日本基準を捨ててＩＦＲＳに変更しても、少なくとも投資家にとってのメリットは少ない。むしろ、投資家は自らをＩＦＲＳに合わせて再教育しなければならず、大きな負担を感じるであろう。

新しい動きに対する追従なら誰でも言える。学者の重要な仕事の一つは、世間が迷妄的な動きに走ったり、行き先が違うバスに乗り込もうとしている時に、必要に応じて警鐘を鳴らすことではなかろうか。イギリスでは、こうした役割を whistleblower と呼んでいる。日本の会計界は今、強力な whistleblower を必要としているのではなかろうか。

4　会計基準はストライクゾーンか

右の本の中で「会計基準はストライクゾーン」かどうかを問題として取り上げたことがある。IFRS（国際会計基準）と日本の会計観の違いを理解するには、この話はうってつけなので、本章ではこれをテーマとしたい。

野球では、ピッチャーが高めいっぱいに投げても、低めいっぱいに投げても、ストライクはストライクである。何も、馬鹿正直にど真ん中にストレートを投げ込む必要はない。テニスのサーブでも、サービスコートに入れば、スライスだろうがスピンだろうが、センターにでもコーナーにでも、どこにサーブしてもよい。

野球にしろテニスにしろ、どのようなルールにもそうしたアローワンス（許容幅というより、選択幅）がある。その選択幅の中に、最適なピッチングゾーンとかサービスコース、最適なスピードといったものは決まっていない。真ん中のコースが正解でそれを多少ずれても許される、ということではない。レシーバーが前寄りのポジションを取っていれば深いサーブを、後寄りに立っていれば角度のついたサーブ、というように、どこに打ち込んでも、どのようなスピードでも自由に選択して構わない。他の誰かからクレームが付くと言うことはないのだ。

同じような許容幅があるものに、車の速度制限がある。この場合も同じことが言えるであろうか。高速道路のスピード制限は五〇キロ以上・一〇〇キロ以下というのが多い。その範囲内なら六〇キロで走行しても九〇キロで走行しても構わない。ここにもアローワンスがある。

ところが、誰もが経験するように、高速道路を自家用車が五〇キロかそこらで走るのは、かなり危険である。特に夜間やカーブのあるところでは追突される危険が大きい。しかし、坂道の走行や定員いっぱいに乗った軽自動車、特殊な車（重装備車など）、異常気象などのことを考えると、最低速度は五〇キロ程度にする必要がある。

最低速度の規制は、特殊な状況を考えて決められたものであるから、通常の車にとっては適切な速度ではない。通常は、自分が置かれた状況をよく見極めて、制限速度の範囲内で最適な速度を選択する。つまり、制限速度内であれば何キロで走行してもよい、というのではなく、各車それぞれにとって、また、その時々の状況によって選ぶべき最適な速度というものがある。それは、規則上の許容幅よりもはるかに狭い。自分が好きなスピードで走行してよいというのとは違う。

では、会計の基準は、単なるストライクゾーンと考えるべきなのであろうか、それとも各車が最適な速度で走行することを求めた速度制限のルールなのであろうか。

5　会計方法の選択は自由か

会計のルールには選択肢がたくさんある。減価償却を例に取れば、定額法、定率法、級数法、生産高比例法などがある。どれを採用するのもまったく企業の自由と考えるのは、会計基準をストライクゾーンと解釈するものであり、同じ建物でも、機能的減価の少ない工場には定額法、ひんぱんに改装などが必要なホテルやレストランには定率法を取るとか、車なら、乗用車は定率法、トラックは定額法を取ると決めるのは、速度制限と同じと解釈するものであろう。

最近の会計学のテキストには書いていないことが多いが、減価償却の方法には、本来、選択の条件がある。上に述べたように、工場とかトラックのように、機能的減価の発生が比較的少なく、メンテナンスの費用があまりかからない固定資産には、各期に計上される費用がフラットになる定額法が適していると考えられてきた。

定率法は、初期に多額の減価償却費が計上され、後期には償却費が小さくなる。ホテルや乗用車のような固定資産は、メンテナンスの費用が初期にはほとんどかからず、後期になると増えてくる。結局、こうした固定資産の場合、償却費とメンテナンス費を合計すれば、固定資産に関わる各期の期間費用は毎期フラットになると考えるのである。

棚卸資産の場合は、期中に何回かに分けて購入・製造されることが多い。購入日・製造日が違うと、購入原価・製造原価も違うことが多い。同じ物品を異なる原価で取得し、これを期中に販売・費消したとき、どの原価の物品が出庫され、どのときの物品が在庫として残っているかを判別することは必ずしも簡単ではない。物品の一個ごとに取得原価を付けておくことも考えられるが、同じドラム缶に入れてある液体や野積みの砕石には付けようがない。

そこで、会計（学）では、棚卸資産について、一定の「モノの流れ」を仮定して、販売・費消した部分と在庫として残る部分とに取得原価を配分することにしている。そのさい、商品や製品などの棚卸資産は、元来、モノの流れとコストの流れが一致することを想定して原価配分が行われてきたはずである。

6　モノの流れとコストの流れ

そう考えると、棚卸資産の原価配分法にも、それぞれ選択の条件がある。商品や原料の流れが仕入れた順に販売・費消される場合は「先入先出法」が適している。ほとんどの商品・製品はこうしたモノの流れ方をする。

石炭とか砂・砕石などのように腐敗も陳腐化もしない商品・製品は、しばしば野積みにされ、新しく仕入れた分をさらに上に積み上げることが多い。費消したり販売するときは、上に積まれた部分から庫出しする。モノは仕入れた順序と逆に流れる。こうしたケースでは、従来、「後入先出法」が適していると考えられた（この方法は、国際的に認められていないし、日本でもほとんど採用されていないことを理由に、適用できなくなった）。

石油やオイルのような液体は、同じタンクに貯蔵される場合は古い在庫と新しい仕入れ分が混ぜ合わさり、これを費消・販売するときは、新旧がミックスされて取り出される。こうした場合には、「平均法」が適している。

会計学では、棚卸資産の原価配分の方法（個別法、先入先出法、後入先出法、平均法など）については、モノの流れとコストの流れを一致させることによってその正当性・合理性を主張してきた（はずである）。ここでは、法（商法や会社法）や会計基準が棚卸資産の原価を配分する方法として、先入先出法などの方法を列挙して、その中からの選択適用を認めようとも、学としての会計では、実際のモノ（商品・製品）の流れに最も近似な方法を採用することが想定されていた（と思われる）。

7　日本では「ストライクゾーン」説

ところが、右に述べたように、最近の会計学テキストでは、そうしたことは書かれていない。企業の経理担当者に訊いても監査法人の会計士に訊いても、モノの流れとコストの流れを意識することはない、という。商品等が先入先出的に流れようが、後入先出的に流れようが、オイルのように平均的に流れようが、モノの流れとコストの流れを一致させるといった考えはないようである。許容される原価配分の方法であれば、無条件にどれを適用してもよいと考えているらしい。

しかし、会計学の考えからすれば、減価償却なら期間損益計算を乱さない方法、つまり、各期の期間費用がフラットになる方法を選択し、棚卸資産ならモノの流れとコストの流れが一致する方法を選択すべきなのである。残念ながら、今は、そうした会計の良識を離れて、自社が望む利益数値がでるとか税金が少なくなる利益数値になるとか、かなり不純な動機に突き動かされて、減価償却方法や棚卸資産の原価配分法を選択しているように見える。

8　イギリス会計の智恵

私が長年研究してきたイギリスの会計では、これまで会計基準を「ストライクゾーン」とは考えてこなかった。会社法や会計基準がいくつかの処理を許容していても、自分の会社に最適な、あるいは特定の資産を処理するのに最適な方法がある、と考えてきたのである。

イギリスの会計を特徴づけている「原則主義」「実質優先原則」「離脱規定」は、こうしたイギリスの会計観と不可分である。イギリスでは、会計基準に原則的な規定しか置かず、その適用にあたっては、経営者が自分の会社の実態を正しく表示する処理方法を自分の判断で選択する。もしかして会社法や会計基準の規定するとおりに会計処理すれば、自社の経営成績や財政状態の「真実かつ公正な概観」を確保できないと判断するときは、会社法や会計基準の規定を適用してはならず、自分が最も適切と考える方法を採用するのである。

イギリスが細則主義を取らない理由がここにある。こと細かいルールブックを作るよりも、規則の趣旨や目的を理解して、自分に最も適した方法を考えることを要求するのである。そこで選択される方法は、必ずしもルールブックを作ったとすれば列挙されるはずの方法とは限らない。

イギリスでは、会社法が禁止するものを会計基準が要求（許容）したり、会社法が要求するものを基準が禁止したりすることがある。明らかに会計基準が会社法に違反しているのである。こうした場合、わが国であれば強行法規たる会社法の規定が優先されて会計基準を修正することになろうが、イギリスでは必ずしもそうはならない。会計基準が会社法に違反していることを認めた上で、「真実かつ公正な概観」という会社法の最優先原則を盾に、会社法からの離脱を正当化するのである。

9 「継続適用」は免罪符にならない

イギリスの（そしてＩＦＲＳの）会計思考の根幹に流れるのは、コモン・ローの法思考である。この国では立法者も会計基準設定者も、成文化されるルールというものは必ずしも完全なものでも網羅的なものでもなく、状況と時代の変化によって不適切となることもあることを十分に認識している。したがって、規定を適用するにあたっては、個々の要件を現時点の当該状況に適用することが適切であるかどうか、もっと適切な方法がないかどうか、法が定める開示情報だけで十分かどうか、もし不十分とすればどういう追加情報を開示すべきか、などの点を「真実かつ公正な概観」という法の目的に照らして慎重に検討しなければならない。この国では、「継続適用」は免罪符にはならないのである。あくまでも、前期に採用した方法が当期においてもベストと認められた場合に、継続適用されるのである。

ところで、成文化された規則を順守することよりも会計報告の真実性や公正性の確保を重視するという法意識は、イギリスに固有のものというわけではない。こうした思考は、アメリカ、カナダ、オーストラリアなどのコモン・ロー諸国で広く共有されている（詳しくは、拙著『イギリスの会計制度』中央経済社、第六章を参照）。

ＩＦＲＳは、こうしたイギリスの会計観をベースとしたものである。右に紹介したように、この国では、会計基準をストライクゾーンとは見ていない。当然に、ＩＦＲＳもストライクゾーンではないのである。会計基準をストライクゾーンと考えてきた日本企業が、「ルールを適用するだけでは適切な会計にならない」といわれて、果たして、「適切な会計」を生み出すことができるであろうか。

第9章　世界の流れは「連単分離」

――なぜ日本だけＩＦＲＳを個別財務諸表に適用するのか

1　「虚構」の連結財務諸表
2　「切れば血が出る」個別財務諸表
3　日本の「連結」は「個別」の積み上げ？
4　企業会計審議会の「連結先行」論
5　「連結先行」は可能なのか
6　世界は「連単分離」
7　英文アニュアル・リポートも連結だけ
8　課税の決定権は国家にあり
9　ＩＦＲＳは連結のための会計基準

1　「虚構」の連結財務諸表

六年ほど前、日本企業が国際会計基準を導入するかどうかが俎上に上ったころ、私は、「国際基準を適用するのは、連結財務諸表だけにしよう」ということを提案した（『不思議の国の会計学』税務経理協会、二〇〇四年）。

もう少し詳しく書くと、私が提案したのは、諸外国からも信任され、わが国の経済界・産業界、さらには、企業決算に悪影響を与えない方法として、国際基準は積極的に採用するが、それを適用するのは国際的な活動をしている企業や国際的に資金調達している企業の「連結財務諸表」だけに限ろうというものであった。

教科書的なことを書くが、連結財務諸表は、親会社・子会社・孫会社という法律的には独立した別会社を、一つの経済実体（企業集団を一つの会社）と仮定して、あたかも一つの会社であるかのように財務諸表を作成したものであり、いわば「虚構の財務諸表」である。連結財務諸表の主体となる「会社」は存在しない。したがって、連結財務諸表の主体となる「会社」の「株式」は売られていない。株主がいないのであるから、連結財務諸表に書かれた利益を誰かに配当するということもできない。連結は、そうした意味で、企業集団の決算書というより、企業集団の財務情報といったほうが適切であろう。

私が提案したのは、どうしても国際会計基準を導入しなければならないのであれば、企業集団の財務情報を公開するための連結財務諸表には国際会計基準（ＩＦＲＳ）を適用し、個別（単体）ともいう。法律上独立した個々の会社）の財務諸表は、商法（現会社法）と日本基準に定められた伝統的な会計を適用するというものであった。

2 「切れば血が出る」個別財務諸表

そうすれば、ＩＦＲＳの清算会計的な時価会計、実現してもいない利益（その他包括利益）まで報告利益に含めるような資産負債アプローチ（期末の時価で資産と負債を評価して、純資産が増加すれば利益とする方式）は企業集団の財務諸表（連結財務諸表）だけに適用され、個々の会社（親会社も子会社も）は日本の会社法と会計基準を使って、実現した利益（キャッシュ・フローの裏付けのある、分配可能な利益）だけを報告する財務諸表を作成し、その財務諸表を元にして配当や納税額を決めることができる。

情報として開示する連結財務諸表と違い、個別財務諸表の数値は、配当額や納税額を決めるという「切れば血が出る」数値なのである。それは、それぞれの国に固有の法規制や実務慣行、さらに言えば、その国の利益観・資本観や政策的配慮を反映したものでなければならないはずである。

3 日本の「連結」は「個別」の積み上げ？

「国際会計基準は連結に適用」というのは、EUが採用する方法でもある。国際的な流れとも一致している。もともと多くの先進国では、財務諸表といえば「連結財務諸表」を指し、一般に公開している財務諸表も連結財務諸表だけというのが普通である。個々の企業（親会社を含めて）が作成する財務諸表は、その国の会社法や会計基準を適用して作成され株主総会に提出されるが、一般に公開されることはない。日本企業の英文アニュアル・レポートでも、連結財務諸表しか掲載していない。それは、諸外国の会計実務において個別財務諸表が公開されないからである。

ところで、私が「国際基準を適用するのは連結だけにしよう」と提案したところ、たくさんの実務家から「お前は実務を知らない」とおしかりを受けた。要点を述べると、連結財務諸表というのは、個別（単体）の財務諸表を作成して、それを集計して作成するものであるから、個別を日本基準で作成して連結を国際基準で作成するなどということは不可能だというものであった。

おしかりのとおり、私は実務を知らない。しかし、先進諸国が連結だけに国際基準を適用して公表していることは知っている。諸外国では可能で、日本では不可能というのはどういうことであろうか。不思議に思っていた。

そのころは日本企業にＩＦＲＳを強制適用することなど遠い世界の話であったから、議論はそれ以上盛り上がらなかった。

4　企業会計審議会の「連結先行」論

ところが、二〇〇九（平成二一）年一月に金融庁企業会計審議会企画調整部会から公表された「我が国における国際会計基準の取扱いについて」と題する中間報告（案）では、ＩＦＲＳを個別財務諸表と連結財務諸表の両方に適用するための準備を整えるのは時間がかかるので、当面はＩＦＲＳを連結に適用するための準備を先に進めるという「連結先行」論が打ち出された。

中間報告書（案）は、「連結先行」と個別財務諸表の取扱いについて、次のように述べている。

「今後のコンバージェンスを確実にするための実務上の工夫として、連結財務諸表と個別財務諸表の関係を少し緩め、連結財務諸表に係る会計基準については、情報提供機能の強化及び国際的な比較可能性の向上の観点から、我が国固有の商慣行や伝統的な会計実務に関連の深い個別財務諸表に先行して機動的に改訂する考え方（いわゆる「連結先行」の考え方）で対応していくことが考えられる。」

報告書（案）は、さらに、ＥＵではＩＦＲＳが強制適用されるのは連結財務諸表だけであり、個別財務諸表への適用は国によって異なること、また、アメリカでは連結財務諸表しか開示されない（個別財務諸表は公開されていない）ことなどを指摘したうえで、「したがって、国際的な比較可能性、資金調達の容易化、市場の競争力強化等の観点」からは、「少なくとも任意適用時においてＩＦＲＳを個別財務諸表に適用せず、連結財務諸表のみに適用することを認めることが適当であると考えられる」とした（なお、同年六月三〇日に企業会計審議会の名で公表された「中間報告」においても、同様の記述がある）。

日本公認会計士協会の増田宏一会長（当時）は、「連結財務諸表というのは個別財務諸表に基づいてもともと作られているわけであって、別の帳簿を使って別々に作るということは現行の実務ではあり得ない」（二〇〇八年一〇月二三日の、金融庁企業会計審議会企画調整部会での発言）、「連結財務諸表を作るということは、個別財務諸表がなくてできるわけではなく、普通は個別財務諸表を作ってから連結財務諸表を作るわけです。連結財務諸表をそのまますぐ作るわけではございません。これは実務を考えれば当然の話」（二〇〇九年一月二八日の、同部会での発言）と警告を繰り返してきた。私が接した多くの会計士も同じ意見であった。

5 「連結先行」は可能なのか

会計士諸氏が言うように連結財務諸表が個別財務諸表を集計して作るしかないというというのであれば「連結先行」というのは不可能ということになるといった批判もありうる。それについて、金融庁総務企画局企業開示課長（当時）の三井秀範氏は、「連結財務諸表の会計と個別財務諸表の会計との間の整合性が失われない範囲で前者の会計が後者の会計に先行して改訂されていくという基本的な考え方で対応される限り、連結財務諸表は個別財務諸表を『基礎として』作成されるものと解することに支障はないものと解される。」（『税経通信』二〇〇九年八月臨時増刊号）と述べている。

ＥＵでは上場会社七千社にＥＵバージョンのＩＦＲＳを強制適用しているが、個別財務諸表にＩＦＲＳを適用することは要求されていない。連結も単体も国際基準で対応しているのは、主要国ではイタリアだけである。もともと、ＩＦＲＳでは個別財務諸表を作成することを要求していない。そのために、ほとんどの国が個別を自国の基準で作成している。少し詳しく書く。

6　世界は「連単分離」

上場会社への適用については、すべてのEU加盟国が連結財務諸表にEU－IFRSを「強制適用」しているが、個別（単体）にまで強制適用しているのは、イタリアの他、キプロス、エストニア、ギリシャ、リトアニア、マルタといった小国で、個別にIFRSを適用することを認めていない国は、ドイツ、フランスといった会計先進国と、スペイン、オーストリア、ベルギー、ハンガリー、スウェーデン、スロバキアである。その他の国は、上場会社の個別財務諸表にEU－IFRSを適用することを「容認」している。つまり、個々の企業の判断を尊重するという姿勢である。

EUを構成する会計先進国に関して言えば、個別財務諸表にEU－IFRSを適用することを強制している国はない（日本は、まず、このことを知るべきである）。当然であろう。自国の課税権限や国家としての主権を放棄するようなことを主権を持った各国がするわけがない。EU諸国が連結財務諸表だけにEU－IFRSを適用するのは独立国家・主権国家として当然のことなのである。

逆に、個別財務諸表にIFRSを適用することを認めない主要国は、ドイツ、フランス両国である。ＩＡＳＢのおひざ元である英国は、ＩＦＲＳを適用することも自国基準でいくことも認めている。英国は、もともと、企業に最大限の自由を認める国である。だからこそ、この国には、「原則主義」「実質優先原則」「離脱規定」といった、経営者と会計士の専門家としての判断を尊重する会計観が育ったのである。そうした会計観がＩＦＲＳに注ぎ込まれているが、それを受け入れるだけの素地がない国がＩＦＲＳを適用しても、恐らくは形式だけの採用であり、そのスピリッツにまでは至らないであろう。

キプロス、エストニア、ギリシャ、リトアニア、マルタといった国々が個別にまでＩＦＲＳを強制適用するのは、それぞれの国に、独自の会計基準がないか、大きな産業や企業がないために独自の基準を必要としていないからであろう。

諸外国の例を見ていると、日本でいわれている「個別を作成しないと連結は作成できない」という話は、世界に通用する話ではないのではなかろうか。

7　英文アニュアル・リポートも連結だけ

連結財務諸表については、かなりの誤解がまかり通っているようである。連結「財務諸表」という表現からは、個別財務諸表と同じ「財務諸表」、つまり決算書だというイメージを与えている。しかし、個別財務諸表は、株主に利益を分配（配当）したり、確定決算主義を取る国では税金計算のベースとしたり、実質的な財産の変動・移転を決めるものである。株主を含めて投資家は、連結財務諸表を参考にしながら個別の企業に投資するのである。いくら連結財務諸表の数字が良くても、連結が対象とする「企業」は存在しないから、連結会社に投資することもできない。企業集団の株は売っていないのである。

日本企業が公表している英文のアニュアル・リポートでは、連結しか掲載していないし、多くの先進国は個別を公表していない。日本もいずれ、世界の実務に合わせて「連結」だけを公表することになるかもしれない（単体の財務諸表は株主総会に提出されるが公開されない）。そうなると、なぜ、公表もされない個別にＩＦＲＳを適用するのか、積極的な意味を見いだせない。日本には、このことに関して、世界とは違う何かがあるのであろうか。

右に紹介した三井企業開示課長（当時）は、「ＥＵでは、ＩＦＲＳを連結財務諸表にのみ強制しているため、連結財務諸表に係る会計基準と個別財務諸表に係る会計基準との間は分離されている印象がある。しかし、ＥＵのような複数の主権国家の連合体による域内単一市場の構築という特殊事情がない日本において、連結財務諸表に係る会計基準と個別財務諸表に係る会計基準とを異なるものとする積極的な理由はない。」（同上）という。この一文は、ＥＵ域内で統一的にＩＦＲＳを適用する理由としては説得力を持つが、域内の各国が個別財務諸表にＩＦＲＳを適用しない（自国基準を採用する）理由は説明していない。

ＥＵ諸国を含めて多くの国がＩＦＲＳを個別財務諸表に適用しないのは、別の理由からであると思われる。理由は二つある。

8　課税の決定権は国家にあり

一つは各国の課税決定権の問題である。企業決算は、配当や利益処分のような、出資した者が自分たちの意思で決める「私的自治」の話にとどまらず、課税という「公」の世界とも密接につながっている。自国の「課税の決定権」をも左右する会計基準の設定を、国家の権限が及ばない英米主導の民間団体（ＩＡＳＢ）に委ねるといったことを、主権を持った各国がするわけがない。ＥＵが、ＩＦＲＳを採用するにあたって連結だけに適用することにしているのは、国家として当然のことなのである。

このことについて徳賀芳弘教授も、「国民あるいは国内の利害関係者の合意でなく、国外で決められた方法で国内の配当・税金等が決定される（利害調整がなされる）のは国家主権という視点からも問題があるのではあるまいか。」（「国際財務報告基準への日本の対応――連単分離を論ずる枠組み――」『税経通信』二〇〇九年八月臨時増刊号）と危惧されている。

9　ＩＦＲＳは連結のための会計基準

もう一つの理由は、ＩＦＲＳは、個別財務諸表を作成することを要求していないということである。ＩＦＲＳが適用を想定しているのは、連結財務諸表だけである。逆から言えば、ＩＦＲＳは個別に適用することを想定していない。

ＩＦＲＳが個別財務諸表に適用することを想定してないのは、なぜか。それはＩＦＲＳが原則主義を採るのと同じ理由からである。経済力も産業も歴史も主義主張も違う国々にＩＦＲＳを適用するには「自由度の高い原則主義」を採らざるを得ない。そのＩＦＲＳを個別企業の決算に適用するとなると、課税や分配といった国の政策や国家権力を左右しかねないだけに世界基準など作れるわけがないのだ。

だからＩＦＲＳでは最初から個別に適用することを考えていない。適用することを想定していないＩＦＲＳを個別に適用するというのは、路地裏でスポーツカーを走らせるようなものである。路地が破壊されるか、スポーツカーが走れないか、どちらかであろう。

ＩＦＲＳはもともと個別に適用して配当を決めるとか税金を計算する基準として設定されていない。そうした事情を知っている欧州諸国が個別財務諸表にＩＦＲＳを適用しないのは当然であろう。
特定の会社の株主は、連結を見せられても自分が株主として受け取る配当が適切なのか十分なのかは判断できない。現在の株主にとっては、決算書としての個別財務諸表によって自分の権利が守られているかどうかを判断するであろう。個別には、連結と違う役割があり、その役割を果たすには個別を自国の会社法、自国の会計基準、自国の実務慣行によって作成する必要がある。わが国の「連結先行」論には、そうした視点が欠けている恨みがある。

私が言いたいのは、「連結先行」が可能かどうか、ということではない。個別財務諸表は、配当額の決定や課税基礎の提供のように、各国の法律制度や税制度と密接に関係しているものであるから、自国の法律と会計基準で作成するのがよい、ということである。簡単に言えば、「連単分離」である。

そうなると、ショックな話かもしれないが、徳賀教授が指摘されるように、「連単分離が可能であれば、個別の会計基準に関して、ここまでIFRSへのコンバージェンスに取り組む必要はなかった」（同上）ということになろう。

さて、世界は「連単分離」（連結にはIFRS、個別には自国基準を適用）という状況を確認した上でも、日本は「連結先行」、つまり、まずはIFRSを連結財務諸表に強制適用する環境を整備することを優先し、その後、個別財務諸表にもIFRSを適用するというのであろうか。

思えば、日本がＩＦＲＳを導入するべきかどうかを議論していたとき、「もしも導入しないということになれば日本は世界の孤児になる」といった悲壮感漂う発言や、「日本はＩＦＲＳを拒否して鎖国せよと言うのか」といった威勢のいい言葉が飛び交ったが、世界では連結財務諸表の話をしているときに、日本では個別財務諸表の話をしていたのではなかろうか。そうだとすると、日本は諸外国と違う土俵に上がる準備をしているようなものである。

第10章　なぜ、当期純利益を廃止するのか

――物づくりで稼げなくなった英米の「利益ねん出法」

1　当期純利益廃止論

2　有価証券は「利益の貯金箱」

3　「包括利益」を採る理由

4　リサイクリング

5　国際会計基準にはない「実現」のコンセプト

6　アメリカは「原価・実現主義」の国

7　純利益を「嫌う」本当の理由

8　経済システムを破壊する「包括利益」

1　当期純利益廃止論

これまで投資家の間で企業の業績を示す指標として最も高い評価を受けてきたのは、当期純利益の数値であった。当期純利益は、当期において実現した収益からこれを稼得するのに要した費用を控除して求めるために、「当期に実現した利益」、「キャッシュ・フローの裏付けをもった利益」、「分配可能な利益」という特長を持つとされてきた。

ところが、国際会計基準（ＩＦＲＳ、ＩＡＳ）を設定してきたＩＡＳＢは、損益計算書に表示する「利益」として「当期純利益」を廃止し、「包括利益」に一本化する方向でプロジェクトを進めてきた。それに合わせて、「損益計算書」を止めて「包括利益計算書」に衣替えするのだという。

包括利益には実現するかどうか不明な評価差益（「その他包括利益」）がたっぷり含まれている。確実な純利益を報告するのを止めて、確実な利益も不確実な利益もごちゃまぜにした包括利益を報告するというのである。一体、何を狙っているのだろうか。

2 有価証券は「利益の貯金箱」

純利益を廃止する理由として挙げられるのは、純利益計算の恣意《しい》性、操作性である。たとえば、含み益のある資産（有価証券でも不動産でも）をいつ売却するかによって利益の計上時期を恣意的に操作することができることが問題視されている。

確かに、有価証券の含み益などは「利益の貯金箱」みたいなもので、企業は当期純利益が少ないときに含みのある有価証券を売却・実現して純利益の不足を補ってきた。「利益の計上時期を恣意的に操作」するという指摘はあたっている。

しかし、企業が含み益を持つことは経営として健全なことであり、それをいつ実現するかは経営判断である。有価証券も不動産も、経営者にしてみれば売るとなれば最も有利に売却できる時点を探してベストな選択をするはずである。所有する株の価格が低迷しているときには売らず、株価が上昇したときに売る、それは経営者として当然の判断であろう。ＩＡＳＢは、そうした経営者の選択や経営努力を「利益操作を目的」としたものとして「利益の計算」から排除しようというのである。

3 「包括利益」を採る理由

ＩＡＳＢが「包括利益」を支持するのは、四つの理由からである。最初の一つは、右に述べたような「当期純利益の恣意的操作性」である。

第二の理由は、ＩＡＳＢを主導する英国の会計実務の影響である。英国では、一九九二年に公表された「ＦＲＳ三号　財務業績の報告」（邦訳は、田中・原『イギリス財務報告基準』中央経済社）において、「認識利得・損失計算書」を作成し、「特定の期間に認識したすべての利得と損失を明らかにすること」が要求された。たとえば、固定資産の再評価差額は、再評価を実施した会計期間の認識利得・損失計算書に直接計上することになった。いわば、これが伏線である。

第三の理由は、ＩＡＳＢの「概念フレームワーク」である。概念フレームワークは、会計基準を開発するときの準拠枠といわれ、「会計憲法」とも称される。この概念フレームワークにおいて、「包括利益」が定義されているのである。そこでは、包括利益とは期首と期末の貸借対照表に示される純資産の差額をいうとされる。期中に利益の配当や増減資などがあれば除かれる。これを算式で示すと、

資産　－　負債　＝　純資産

期末純資産　－　期首純資産　＝　包括利益

となる。

「包括利益」をこのように定義しても、その内容は決まらない。包括利益の内容を決めるのは、期首と期末の資産・負債の金額を決定する評価方法である。資産を取得原価で、負債を取引価額（負債の名目額）で決めることにすれば、包括利益は当期純利益と同額になる。期末の資産・負債を原価以外の評価額（たとえば、公正価値）を付すことになったときに貸借対照表の金額が変わり、その増減額（これを「その他包括利益」という）を説明する道具として使われるのが「包括利益」の概念である。

包括利益を計算式で示すと、

当期純利益　＋　その他包括利益　＝　包括利益

となる。

包括「利益」という名称が使われているが、「その他包括利益」は伝統的な会計の世界でいう「利益」つまり、「実現した利益」、「キャッシュ・フローの裏付けのある利益」、「分配可能な利益」とは異質なものである。当初、包括利益の概念は「概念フレームワーク」という思考の枠組みの中で「話題」にされた程度のものであったが、次の四番目の理由から、実際の財務諸表における開示（表示の仕方）にからんでＩＦＲＳの中心課題に躍り出てきた。

その、第四の理由である。ＩＡＳＢが包括利益を提案するのは、純利益を構成しないが包括利益には含まれる項目（たとえば、土地や有価証券の評価差額。伝統的な会計観では「未実現利益」とされる）が増加し、実現した利益、キャッシュ・フローの裏付けのある利益としての「当期純利益」と、実現しそうな利益も実現するかどうか不明な利益も含めた「包括利益」が大きく乖離《かいり》してきた問題を解決するためである。

「その他包括利益」には次のような項目が含まれる。たとえば、金融商品の評価差額（未実現損益。期末現在、実現可能な部分もある）、為替換算調整勘定（未実現損益。期末現在、実現不可能）、年金数理上の利得・損失（経営者の裁量が大きく働く可能性がある）などである。これらは、現段階においてその他包括利益を構成するとされる項目である。ＩＡＳＢは資産負債法を徹底して、資産も負債もすべて時価評価する「全面時価会計」を目論《もくろ》んでいるから、将来的には「その他包括利益」とされる項目はさらに増えることも考えられる。

4　リサイクリング

ＩＡＳＢは（ＦＡＳＢと連携して）、この包括利益（実現した、キャッシュ・フローの裏付けのある利益と、期末現在において実現するかどうか不明な利益も実現不可能な利益も合算した）

を、損益計算書の最終行（ボトムライン）に示す「包括利益計算書」への移行を計画している。そこで問題となるのは、「包括利益計算書」における「当期純利益」の表示である。

一つの計算書（包括利益計算書）の中に「当期純利益」（実現利益）と「その他包括利益」（未実現利益）が併記されるということになると、いったん「その他包括利益」として報告された評価損益（未実現損益）が、その後に売却などで「実現」したとき、それを計算書でどのように表示するかという問題が生じる。これを「リサイクリング」という。

リサイクリングとは、いったん「その他包括利益」として包括利益計算書に計上した評価益（未実現利益）を、売却によって実現したときに当期純利益に振り替えることを言う。たとえば、前期に取得した有価証券一〇〇を期末に時価評価して評価益三〇を「その他包括利益」として計上したとする。今年になってそれを一五〇で売却したとすると、すでに計上した三〇を当期純利益に振り替え、未計上の二〇と合わせて有価証券売却益を五〇として報告する、これがリサイクリングである。

リサイクリングをすれば、報告される「当期純利益」が「実現した利益」「キャッシュ・フローの裏付けのある利益」になり、これまでの財務報告で最も重視されていた業績指標が表示されることになる。包括利益計算書において当期純利益が報告される場合には、このリサイクリングは必須である。リサイクリングが認められなければ、当期純利益は意味をなさなくなるからである。

ところが、ＩＡＳＢは、純資産の増加分をもって利益とする「包括利益」の概念と、当期純利益の操作可能性を理由に、「当期純利益の廃止」と「リサイクリングの禁止」を提案したのである。包括利益計算書の中で示されるのは、包括利益だけとするのである。

そうした提案には、当期純利益を企業業績の最も重要な指標と位置付ける人たちや組織から、また、キャッシュ・フローの裏付けを利益（実現利益）の要件とみる人たち・組織から強く反対された。そのために、ＩＡＳＢは今のところ、（アメリカがＩＦＲＳの採用を決めるという二〇一一年までは）当期純利益を表示することとリサイクリングを認めることにしている。

しかし、桜井久勝教授が指摘するように、「（ＩＡＳＢは）将来的には当期純利益の表示を排除すべきとの見解を変えていないから、問題が先送りされたにすぎない」（「国際会計基準の導入が日本の会計基準に与える影響」『証券アナリストジャーナル』二〇〇九年四月）と見たほうがよい。

5　国際会計基準にはない「実現」のコンセプト

これまで会計の世界では「原価主義（資産は取得したときの対価をもって貸借対照表に記載す

る)」と「実現主義(収益は商品・製品が買い手に引き渡され、その対価を受け取ることが確実になったときに損益計算書に計上する)」という二つの原則が最も重要な基本原則とされてきた。

ところが、国際会計基準(IFRS)には「実現」のコンセプトも「実現主義」のコンセプトもないのである。IFRSの二五〇〇頁をめくっても、「realization」という言葉が見つからない。翻訳バージョンにも「実現」という言葉は出てこないのである。IASBの「概念フレームワーク」にもこのコンセプトは出てこない。

これまで世界の会計が最も重視してきた、会計にとって「命綱」ともいうべき「実現概念」をIASBが放棄した理由は明らかにされていない(少なくともIFRSや概念フレームワークには書かれていない)。考えうる理由としては「実現」が保守主義(費用・損失は早めに計上し、収益は確実になってから計上するという思考)をバックボーンとしていることではなかろうか。しかし、少なくとも前世紀の世界大恐慌以来、今日まで、会計の世界を支配してきたのは「保守主義」の思考であった。それはアメリカも同じである。

6　アメリカは「原価・実現主義」の国

時価主義の国のように思われているアメリカは、一九三〇年代以降、今日まで世界で最も厳格な「原価・実現主義」を貫いてきた国である。アメリカに時価会計の基準があるからといって時価会計が実践されてきたわけではない。この国の時価会計基準はS&L（小規模な貯蓄貸付組合）に対して「株のような時価変動の激しい資産を保有すると時価評価させるぞ」という脅かしの基準であったのである。そうした時価会計の基準ができるとS&Lなどは株などの資産を売却して、原価評価が認められている米国債を購入した。その段階で、アメリカの時価会計基準は適用する対象が無くなったのである（適用対象として残るのはデリバティブであった）。

適用対象が無くなった段階で時価基準を廃止しておけばよかったものを放置したことが今回、世界的規模の金融危機を招いた原因であった。ウォール街のグリーディーたちが、時価基準を悪用したのである。こうしたことについては、第1章で詳しく紹介した。

7　純利益を「嫌う」本当の理由

話を元に戻そう。なぜ、ＩＡＳＢ（とＦＡＳＢ）は当期純利益の表示を「嫌う」のであろうか。表向きの理由は、前述のように、当期純利益の操作可能性である。しかし、「その他包括利益」を構成する項目はどれも客観的に金額が決まるものではなく、むしろ、当期純利益の計算よりもはるかに恣意性が強く操作性も高い。さらにはフェア・バリュー（公正価値）を使うために操作される金額も天井知らずである。

たとえば、金融商品やデリバティブの評価においては市場の価格だけではなく、「経営者が合理的と考える金額」までもフェア・バリュー（時価）とすることが認められてきた。時価会計は、「マーク・ツー・マーケット」（市場価格を指標とする）と言いながら、実態は「マーク・ツー・マジック」だったというのである。

資産・負債の評価にはこうした大幅な自由を許容しておきながら、他方で当期純利益の操作性を非難するのは的外れどころか、そこに「隠された意図」があるからではなかろうか。当期純利益が操作可能だから表示を禁止するというのは口実に過ぎない。

では、何が「当期純利益廃止」に向かわせているのであろうか。ここから先は推理である。確たる根拠を示すことはできないが、資産負債アプローチ、評価損益の計上、フェア・バリュー、包括利益、こうした一連の流れから透けて見えるのは、「物づくり」による利益という、まっとうな稼ぎ（これこそ当期純利益）ができなくなった英米が、伝統的な経営・健全会計をあきらめ、会計を、自分たちに都合のよい「数字合わせゲーム」（アーサー・レビット元ＳＥＣ委員長の言）に変えようと躍起になっている姿である。

コンピュータ上の数字を少し変えるだけで巨万の富が転がり込んでくるとなれば、汗水流し知恵の限りを尽くして、夜に日を注いで「物づくり」に励むことはアジア諸国や欧州大陸諸国に任せておいて、自分たちはその果実をいかに合法的に（会計基準を使って）手にするかを考えればよいのである。

とはいえ、「物づくり」の利益は、キャッシュ・フローの裏付けのある堅実な儲けであることは誰もが知っている。「物づくり」では稼げなくなった英米企業は、当期純利益を表示して欲しくないのである。「当期純利益廃止論」の真のねらいはここにあるとみてよい。

8　経済システムを破壊する「包括利益」

ＩＡＳＢの計画では、当期純利益はいずれ廃止され、包括利益だけが報告されるようになる。そうなった世界をちょっとだけ垣間見てみたい。

包括利益だけが報告されるようになると、本業でどれだけ儲けたかということよりも証券市場や金利、為替がどう動いたかで企業の業績が大きく左右される。

そうなったら、誰も「物を作って」「知恵を絞って売り歩く」ことなどせずに、市場価格が動きそうな資産を保有し、期末近くになったら、みんなでさらに買い増す（これで、価格は上がり、その他包括利益が増える）のがビジネスになる。間違っても、値上がりしたからといって売ってはならない（皆が売れば値下がりして、その他包括利益が減るから）。

「物づくり」ができなくなった企業にとって、これほど都合のいい話はない。買って保有しているだけで利益を計上できるのである。利益を大きくしたければ、みんなでそろって買い増せばよい。

時価で評価される会計が支配すると、高品質の物を安く作って（仕入れて）これを高く販売するというモチベーションが働かなくなり、現行の経済システムが崩壊するおそれがあるのである（詳しくは、拙著『時価主義を考える（第三版）』中央経済社、第二章参照）。

第11章　会計の役割は変わったのか

——ＩＦＲＳの清算価値会計

1　なぜ世界中の会計基準を統一するのか

世界の会計が大きく変わり始めたのは二〇〇〇年ころからである。それまで会計制度・会計基準といえば、各国がその国独自の経済状況や企業環境、法律、証券市場の状況、税制などを反映して、独自の会計制度を作り、独自の会計基準を設定してきた。

会計先進国といわれるアメリカ・イギリス・日本では、直接金融を前提とした「投資家のための会計」「資金調達と資金運用結果を報告するための会計」が行われ、ドイツやフランスでは、経営者のための会計や国家のための会計（広い意味での「管理のための会計」）が行われてきた。

ところが大規模企業の活動やその血液ともいうべき資金は、国という枠を超えて、世界を一つの市場経済・資本市場として活発に動くようになり、会計もこれまでのような国ごとに違う制度・基準では新しい動向に対応できないと考えられてきた。

投資家は、これまでは主として自国の企業に投資（株や社債を購入）してきたが、世界を見渡せば、他の国や地域には、より投資効率がよいと考えられる企業や自分のポートフォリオに合う企業がある。そうなれば、投資家は自国の企業にこだわらず、他国の企業などに投資する機会をもちたいと考えるであろう。

そうした投資家にとって大きな障害は、投資したいと考える企業が、それぞれその国の会計基準に従って財務諸表（会計報告書）を作成しているために、簡単には比較できないということである。ある国の法律や会計基準に従って作成した財務諸表が、別の国の法律や会計基準に従って作成した財務諸表と大きく異なるとすれば、投資家は多大な努力なしには正しく比較することができないであろう。

2　コンバージェンスからアドプションへ

世界の会計基準を統一して、各国で作成する財務諸表を比較可能なものにしようという発想から「世界標準としての会計基準」が提案され、各国の会計基準を調和化しようとして「会計基準のハーモナイゼーション（調和化）」が模索され、最近ではそれを一層推し進めるための企画として国際的会計基準と各国基準のデコボコを均すための「コンバージェンス（収斂《しゅうれん》）」が推進されてきた。

現在は、欧州を中心にして（特に、EU各国が使う共通の会計基準として）開発されてきた「国際会計基準（IFRS《イファース》）」と各国の会計基準とのコンバージェンスから、各国がIFRSを自国の基準として採用する「アドプション（自国の企業への強制適用）」の段階に入ってきた。

現在、世界の一一〇を超える国・地域がＩＦＲＳを、何らかの形で自国企業に適用しているといわれている。適用の内容は国により異なり、オーストラリア・香港などのようにＩＦＲＳに書いてあるそのままに適用していると公言している国もあれば、ＥＵ諸国のように、ＩＦＲＳの一部を除外して（これを「カーブアウト」という）強制適用している国・地区もある。

3　東京合意（Tokyo Agreement）

日本は、二〇〇七年にＩＡＳＢと結んだ「東京合意」により、目下、日本基準とＩＦＲＳとの相違を解消するコンバージェンスを進めているところであり、二〇一一年までには「ＩＦＲＳを日本の上場企業に強制適用するかどうか」を決めるとしている。二〇一二年まで「強制適用するかどうか」の判断をしないのは、米国が二〇一一年までその判断をしないからである。

アメリカが「ＩＦＲＳを米国企業に強制適用する」と決めたなら、わが国は同じことを決めるしかない。アメリカも含めた世界の国々がＩＦＲＳを自国企業に適用すると決めたならば、日本には同じことを決めるしか選択肢はない。

ところが、アメリカは、そう簡単には「ＩＦＲＳを採用する」とは言わない。むしろ、現在のＩＦＲＳを米国色に染める（米国企業に有利なように変える）ことに腐心し、それができないならばＩＦＲＳを採用しない……といった姿勢をちらつかせている。

世界の会計基準は、各国の利害や思惑がからんでいるので、そうは簡単に統一することはできないのである。

4 「会計は政治」――欧米の常識

会計基準は、その国の国益や産業振興に役立つかどうかで内容が変わる。特に欧米では、「会計は政治」という認識から、国益を守る会計基準、産業振興に役立つ会計基準を定める傾向がある。会計基準には、そうした国益や産業振興に役立つ力があるということは、国際会計基準にもどこかの国の国益や産業振興に役立ったり、逆に、どこかの国の国益や産業振興を妨げる力もあるということである。自国の国益や産業振興に役立つこと、ときには、他国の国益や産業振興の邪魔をすること、これが会計基準のもう一つの役割なのである。

アメリカのブッシュ前大統領が議会で自国の会計基準を問題にして演説するのも、フランスのシラク前大統領やサルコジ大統領が特定の国際会計基準を問題視するのも、会計基準のあり方によって自国（自分）が有利になるように、不利にならないように画策しているのである。

「誰が会計基準を決めるのか」という話をするときに、避けて通れないのがアメリカの議員の政治力である。生臭い話になるが、アメリカで会計基準を実質的に支配してきたのはSECでもなくFASBでもなく、議会・議員だ。アメリカの政治家にとって会計規制は金づるである。「会計士業界の規制」や「企業の会計規制」を強化するぞというポーズを取るだけで巨額の政治献金が手に入るという。長年にわたり、会計・監査業界や産業界から甘い汁をたっぷり吸わせてもらってきた議員が、果たしてそう簡単に会計基準設定の権限を放棄して、自らの支配力が及ばないIASBに任せることができるであろうか。ロイターの報じるところでも「議員の間では、アメリカ独自の会計規制策定の権利を放棄することにためらいの声もある」という（REUTERS、二〇〇九・八・一八）。

5　原則主義は各国の実務を統一できるか

会計基準の設定における基本的な考え方として、「原則主義（プリンシプル・ベース）」と「細則主義（ルール・ベース）」がある。原則主義とは、会計基準を作るときに、細かなルールを決めずに、基本的な原理原則（プリンシプル）だけを定め、それを実務に適用する場合には、各企業が置かれている状況に応じて、設定された基準の趣旨に即して解釈する。原則主義では、成文化される会社法や会計基準は、守るべき最低限のルールであって、そこに書かれているルールを守っただけでは必ずしも法や基準の目的が達成できるわけではない、といった考え方をする。企業が置かれている状況に応じて、必要なその他のルールや細則を自ら作り出すことが必要であったり、まれなケースでは、成文化されている法や基準の規定から「離脱」することさえ要求されることがあるのである。

原則主義はイギリスでは伝統的な会計観であるのに対して、アメリカや日本の会計は細則主義を取ってきたために、原則主義にはなじみがない。

ＩＦＲＳが原則主義を採用するのは、ＩＡＳＢをイギリスがリードしてきたからだけではない。斎藤静樹教授が指摘するように「ＩＦＲＳも、国際的な汎用性をもつには原則主義に徹して各国制度との共存を図るほかはない」（『季刊会計基準』二〇〇七年六月）からであった。細かいルールを作れば、「総論賛成、各論反対」という国が増える。そこで、各国が賛成できる部分だけを切り取って基準とするしか、他に方法がなかったのである。

日本やアメリカは、「法や基準に書いてあることをすべて順守すれば財務報告の目的は達成される」といった理解をする。細則主義である。細則主義をとると、いきおい、法や基準には細かなことまで書かざるを得ない。日本の会計規範（会社法などの法令を含む）は、書物にして四、八〇〇頁程度（財務会計基準機構監修『企業会計規則集』税務研究会出版局、二〇〇七年）に収まっているが、同じ細則主義をとるアメリカのＵＳ－ＧＡＡＰは二万五、〇〇〇頁にもなるという。

その点、ＩＦＲＳは、書物にして二、五〇〇頁程度（薄手の紙なら一冊に収まる）にしかならない。日本語訳にしても、二、五〇〇頁程度（『国際財務報告基準（ＩＦＲＳ）二〇〇九』中央経済社）である。

6　増えるグレーの財務報告

現在、何らかの形でＩＦＲＳを採用・許容する国が一一〇にも上るという。その理由の一つは、ＩＦＲＳの原則主義にある。細かなことまで決められると、国ごとの経済・政治・宗教・歴史……が違うことから準拠・順守できないルールもでてくるであろうが、原則主義であれば、国ごとの特殊性を残すことができる。多くの国がＩＦＲＳを採用・許容するのは、こうした原則主義の「自由度の高さ」にある。

経理の自由度が高まれば、各企業は、企業が置かれた実態にそぐわない細かなルールに縛られることなく、自らが置かれた状況に合わせた財務報告ができるようになる。その反面、必ずしも適切とは言い難い、むしろグレーと言えるような財務報告が行われる可能性が高まるであろう。

実は、ＩＦＲＳには、そうしたグレー・不適切な会計を誘引する危険よりももっと根深い問題が潜んでいる。それはＩＦＲＳが目指す「清算価値会計」である。次にその話をする。

7　会計の専売特許――利益の計算

現代の経済社会において「会計」にしかできないことがある。それは「企業のトータルな利益を期間的に区切って計算すること」である。中世に発明された複式簿記が世界中で使われるようになったのは、複雑になった企業活動の成果をシステマティックに計算する技術が他にないからであった。

企業の利益を断片的に計算する方法はいろいろある。たとえば、固定資産（土地や建物）を売買して得た利益を計算するとか、お金を貸して受け取る利息を計算することなどは、それほど難しいことではない。複式簿記などという面倒なシステムを使わなくても計算できる。

しかし、現代の大規模企業のように、世界中に工場やら多数の機械を持ち、世界中から集めた大量の原材料を使って一年中休みなく複雑な製品を生産している場合には、利益を断片的に計算して合計しても企業活動全体の利益を計算したことにはならない。

特に、製造業では、何年も何十年にもわたって永続的に事業が営まれるために、利益を断片的に計算することさえ不可能である。そこで、企業全体の利益を、期間を区切って計算する統合的な計算システムが必要になる。そのシステムとして考案されたのが複式簿記であり、それをベースとした会計である。現在のところ、「企業のトータルな利益を期間的に区切って計算する」という仕事は、会計以外にうまくできる仕組みはない。「企業利益の計算は会計の専売特許」といえるであろう。

8 パーチェス法で利益を捻出する方法

ところが最近は、会計の仕事として、「利益の計算」に加えて、あるいは、利益の計算以上に、「財産を計算する機能」や「投資の意思決定に必要な情報を提供する機能」を重視する傾向が強くなってきた。特にアメリカにおいてそうした傾向が顕著である。アメリカで財産計算や投資情報が重視されるようになった背景には、M&A（企業の買収や合併）の流行や四半期報告がある。

かつては他企業の買収（取得）といえば、自社にない製品や製法を持っているとか大きな市場を持っている企業をターゲットにした。それが今では、バランス・シートに表れない資産、たとえば有力なブランド、大きな含みのある土地などを保有する企業を買収して、買収後に資産を切り売りして売却益を稼ぐような荒っぽい商法にとってかわっている。

M&Aをかけるとなるとどんな事業をやっている会社でもいい。その会社に含みがなければ、パーチェス法を適用するときに土地や建物を思い切り低評価しておけば、翌期にその低評価した資産を売却して売却益をひねり出せる。

9　三か月ごとのグッド・ニュース

アメリカでは三か月ごとに経営成果を計算・報告してきた。四半期報告である。この国では四半期情報に株価が敏感に反応する。そのために経営者は、四半期ごとに何らかのグッド・ニュースかサプライズを市場に流さなければならない、と考える。投資家も、四半期ごとの利益を見て株を売ったり買ったりする。

わずか四半期（三か月）かそこらでは本業の利益が大きく変動することはないし、四半期ごとに「前年同期よりも増益」「前四半期よりも増収」といったグッド・ニュースを報告できるわけはない。アメリカ企業が盛んにM&Aを繰り返すのは、簡単に利益をひねり出せるからである。

他企業を買収するには収益力情報（その企業が毎期どれだけの収益を上げてきたか）は要らない。どうせ買収した後は資産をバラバラにして切り売りするのだ。欲しい情報は、資産の売却価値である。アメリカでキャッシュ・フロー計算書が重視されるのも、キャッシュという、極めて流動性の高い資産の動きが企業財産の価値（清算価値）を知る有力な手掛かりになるとみられているからである。

こうした事情から、アメリカでは損益計算書（収益力）よりも貸借対照表（財産価値）を重視するようになってきた。その傾向は、国際会計基準にストレートに反映されている。

10　IFRSの清算価値会計

国際会計基準が目指している世界は、企業の資産・負債をバラバラに切り離して処分したときの価値、「即時処分価値」あるいは「清算価値」の計算・表示である。そこでは、本業のもうけを示す営業利益も今年のもうけを示す当期純利益も「邪魔もの」でしかない。一度減損処理して出した減損損失も資産を取り巻く状況が変われば「戻し入れ」（過年度に計上した損失を取り消して利益に戻し入れること）を行うのも、資産の処分価値が上昇したのであるから当然の処理ということになる。

「買い入れのれん」を償却しないのも、研究開発費のうち開発段階の支出（日本も米国も即時償却）を資産計上（無形資産）させるのも、企業が保有する資産の処分価値を表示させたいからである。国際会計基準が目指すのはそうした企業資産・負債の「処分価値会計」であり「清算価値会計」である。営業利益とか当期純利益といった「収益力情報」や、付加価値のような企業の

「社会的貢献度を示す情報」は、現在という「瞬間風速的な企業価値」を測定するには不要な、「ノイズ」となる情報だというのである。

11　ＩＡＳＢが想定する「投資家」

負債の時価評価には一般の経済感覚からはまったく説明のつかない現象（「負債時価評価のパラドックス」という）があることはよく知られているが、国際会計基準が目指す清算価値会計では、企業が抱える負債の決済価額（いくらで負債を返済できるか）でバランス・シートに乗せることが重要なのである。要するに、国際会計基準の世界では「負債時価評価のパラドックス」は存在しない。

国際会計基準審議会（ＩＡＳＢ）は、将来的には流動資産も固定資産（土地も工場も機械も）も、負債もすべて時価で評価する「全面時価会計」に移行することをゴールとしているようである。国際会計基準が「公正価値（フェア・バリュー）」を重視しているとか「公正価値会計」を目指しているようにいわれるが、そこでいう「公正価値」は「即時処分価値」であり「即時清算価値」に他ならない。

要するに、国際会計基準は、Ｍ＆Ａをかけようとする企業やファンドを「投資家」とみて、彼らが欲しがる情報を提供しようというのである。

そうなると、世界中の企業はＩＦＲＳを使って自社の「身売り価値」を計算しているようなものである。それに気がついた企業は、何が何でも買収されまいとして、自社の価値を高く表示する手を考えるのではなかろうか。ＩＦＲＳは、都合のいいことに「原則主義」であり細かなことは書いていない。ついでに、自社に不都合なときは「離脱規定」を利用できる。買収されたくない会社は、原則主義、離脱規定、そして何でもＯＫの「時価」を使って、自社の「買収価格」を「買収されない価格」に引き上げるであろう。

第12章　ＩＦＲＳの翻訳は世界統一できるのか

——翻訳におけるダイバージェンス

1　ＩＦＲＳは「賛美書」だらけ

わが国における国際会計基準の採用（上場会社への強制適用）が現実味を帯びてきたこともあって、書店には分厚いＩＦＲＳ関係の本やら入門書が山のように積まれている。私の研究室や書斎にも、ざっと数えただけでも五〇冊はある。これに英語バージョンを加えると八〇冊は下らない。

ただし、英語版も日本語版もほとんどすべてが解説書か啓蒙書である。日本語の解説書は、ＩＦＲＳが日本に導入されたら日本の企業会計がどれだけ激変するかを、これでもかとばかり煽りたてたものが多く、それをまともに受けていたら「煽られて慌てて焦りの中で本質を見失ったまま形式だけの対応」になりかねず「これでは、Ｊ－ＳＯＸの二の舞」（中島康晴『知らないではすまされない　マネジメントのためのＩＦＲＳ』日本経済新聞出版社、二〇一〇年）になってしまう。

啓蒙書の多くは「日本で始まったＩＦＲＳ時代はもはや後戻りすることはない」こと、だからできるだけ早く手を打っておくことを推奨する。ＩＦＲＳに対する批判とか問題点を指摘することはない。ＩＦＲＳの光の部分だけしか書かれていないので、ＩＦＲＳのアドプションに向けて日々対策・対応を練っている諸氏にとっては安心・得心の一書となるであろう。

2 departure は「出発」か

ところでわが国で出版されている解説書や啓蒙書は、もちろんのこと日本語で書かれているが、何冊か並べて読んでみると、同じ英語（英単語にしろ英文にしろ）に違った日本語を充てていることに気がつく。中には重要な用語にはカッコ書きで英語を示している本もあるが、ほとんど日本語だけで書かれている本もある。専門用語でさえ統一した訳語がないので、かなり誤解を招きそうである。

ＩＡＳ１に、departures（from the IFRSs）という用語がでてくる。いわゆる「離脱規定」である。多くの本や論文では「離脱」という日本語を充てているが、「逸脱」とか「離反」と訳しているものもある。何と「出発」（！）と訳している本をみつけたときは驚いた。

3 訳語が不安定なＩＦＲＳ

わが国でもＩＦＲＳの翻訳書が出版されている。その日本語訳であるが、オフィシャルとされるものだけでも、これまでに四種類ある（二〇〇一年版、二〇〇四年版、二〇〇七年版、二〇〇九年版とその改訂二〇一〇年版）。国際会計基準を設定していたのが国際会計基準委員会（IASC）であったころは、IASCへの参加が各国の会計士団体ということもあって、国際会計基準（当時はIAS）の翻訳も、わが国では日本公認会計士協会国際委員会が担当していた。この当時はIASがまだエスペラント語という扱いであったこともあって、翻訳書もあまり注目されなかったようである。

IASCが国際会計基準審議会（IASB）に衣替えするとともに、わが国の基準設定主体もパブリックセクターである企業会計審議会からプライベートセクターといわれる企業会計基準委員会（ASBJ）に変わり、国際会計基準の翻訳も同委員会が担当するようになった。上記の四冊の翻訳も、そうしたことを背景にして、翻訳者が変わってきたのである。

現在は「国際会計基準委員会財団（IASCF）と（わが国の）財務会計基準機構との間で翻訳の契約を結んで……企業会計基準委員会のスタッフがIFRSの個々の基準について翻訳し、スタッフを中心としたレビュー委員会でチェックを行い、実務の参考という位置付けで……二年に一度ぐらいの間隔で公表している」という（二〇〇八年一二月一六日の金融庁企業会計審議会企画調整部会における新井武広企業会計基準委員会常勤委員（現・副委員長）の発言）。

ASBJの西川郁生委員長はやや違った説明をしている。いわく、「IFRSの原文はあくまで英語であるが、翻訳版については、ＩＡＳＣＦが求める体制を敷いた翻訳が公式のものと認められており、翻訳レビュー委員会を設置して組織的に管理している」（「国際財務報告基準に関する企業会計基準委員会の今後の対応」『税経通信』二〇〇九年八月臨時増刊号）。

西川委員長は「公式の翻訳」だと言い、新井常勤委員は「実務の参考という位置づけ」だと言う。日本はまだＩＦＲＳとコンバージェンスを進めている段階であるから、公式訳も、「実務の参考」という位置づけでよいのかもしれない。

ところで、この四冊ともかなり訳文が違う。より読みやすくなったとかわかりやすくなったかと言うとそうでもない。無理やり前のバージョンと違う訳を付けようとしたのか、昔の訳のほうがよかった事例は少なくない。

4　英語版でも日本語版でも実務は同じはず

英語で書かれたＩＦＲＳを適用するのと、それを日本語（ドイツ語でもフランス語でも同じであるが）に翻訳したＩＦＲＳを適用するのと、（どちらが理解しやすいかは別にして）、実務上、つまり会計処理や報告においてまったく違いはない。いや、ＩＦＲＳの理念からして、違いがあってはならない。もしかして両者の適用において何らかの違いがあるとすれば、それは日本側がＩＦＲＳを誤訳したか誤解したか、あるいはＩＡＳＢが誤解を招くような英文で基準を設定したか……ではなかろうか。

要するに、英語バージョンを適用しようが日本語バージョンを適用しようが、一〇〇％同じ会計処理・会計報告でなければならないはずである。各国語に翻訳して適用するか英語バージョンを使うかは、「ＩＦＲＳの適用」ということではまったく関係がない話である。それはあたかも買い物の代金をポンドで払うか日本円で払うかを選択するようなものであって、換算（翻訳）に誤りがなければ、支払額はまったく同額になるのと同じである。

そう考えると、単なる「換算」の話にＩＡＳＣＦが口をはさむというのも妙だし、ＡＳＢＪが「公式の日本語訳」（換算比率）を出すというのもおかしな話である。

ＩＡＳＣＦが各国の翻訳について公式に関与するという現在の体制をとる限り、公式訳を適用した結果、英語版と違う実務が行われたとしてもＩＡＳＢは何も文句を言えまい。

5　英語圏でもＩＦＲＳの解釈はばらつく

もちろんそれは、表向きの、形式的な面での話である。実態はかなり違うであろう。ＩＦＲＳは英語で書かれているので「英語圏では何の問題もない」と言う人もいるが、「英語圏なら英語が通じる」というだけの話であり、「同じ言語を話す国々だから同じ解釈をする」とは限らない。日本の会社法や会計基準は日本語で書かれているが、日本人なら誰もが同じ解釈をするわけではないのと同じである。

ＩＦＲＳを実際に適用するとなると、同じ英語圏でも、細則主義に慣れ親しんできた米国と原則主義の英国（オーストラリアやニュージーランドなども）だけとってもオリジナル言語の解釈を巡って対立する可能性がある。翻訳となれば、さらに各国の解釈や適用の実態がばらつく可能性が高い。

そうしたことからすると、英語のＩＦＲＳをそのまま適用する英語圏でも解釈や実務がダイバージェンスする（ばらつく）ことは十分に考えられ、さらにＩＦＲＳを自国語に翻訳して適用する国々では、(1)翻訳の段階で、(2)翻訳されたＩＦＲＳを各企業が解釈する段階で、(3)さらにその翻訳バージョンを企業が適用する段階で、ダイバージェンスが起きるであろう。基準が英語で世界統一されても、実務まで世界統一される保証はないのである。

6　布団と翻訳は叩けばほこりが出る

昔から「布団と翻訳は叩けばほこりが出る」と言われてきた。どれだけ優秀な人たちが担当しても、外国語を日本語に翻訳することは至難である。

太宰治の作品に「和服を着た、白足袋《たび》の老人」がでてくる場面がある。日本人がこれを読めば、厳粛な雰囲気と長老が持つ威厳を感じるであろう。しかし、これを機械的に英訳すると、「white socks を履いた老人」ということになる。

日本では、白い靴下はスポーツのときに履く靴下か女子中高生のソックスくらいで、英米でも、white socks は青二才とか若造といった意味合いで使われる。「白い靴下を履いた老人」と訳したのでは、滑稽なだけで厳粛な雰囲気も威厳もぶち壊しであろう。

この太宰の作品を英訳した人は、この「白足袋」を「white gloves」(白い手袋)と訳したそうである。英米の社会で白い手袋をしている年配の姿を思い描けば、社会的地位が高いか、貴族の称号を持つような高貴な姿をイメージするのではなかろうか。翻訳者は、日本と英米の習慣や風俗の違いを十分に承知したうえで「白足袋」を、あえて「白手袋」と訳した。逐語訳では誤解を与えるからである(この話は、村上陽一郎『文明のなかの科学』青土社、一九九四年、による)。

しかし、法律や基準を翻訳するときに、ここまで完全な置き換えをすることが許されるであろうか。

7 「弱点」を「欠陥」と訳したらどうなるか

ごく最近でも、内部統制と監査の領域で英語の日本語訳を巡って大きな議論と実務上の混乱を招いたことがあった。

アメリカでの内部統制制度においては、企業の内部統制に「material weakness」があればこれを開示することになっている。わが国も「財務報告に重要な影響を及ぼす可能性の高い内部統制の不備」があればこれを「重要な欠陥」として開示することになっている。

この「重要な欠陥」は、英語の「material weakness」を訳したものであるが、「弱点」と「欠陥」では読者が受ける印象はまるで違うであろう。金融庁の「内部統制報告制度に関するQ＆A」では、「重要な欠陥」を「今後改善すべき重要な課題」をいうものとしている。実務の世界ではそうしたニュアンスが伝わらず、企業と監査法人との間で意見が対立するなど、かなりの混乱があったと聞く。

監査の領域でも、監査基準を改正して国際監査基準にある「継続企業の前提において重要なuncertainty が認められるとき」の対応を盛り込むにあたって、この uncertainty をどのように日本語表現するかで議論があったと聞く。

わが国の監査論では、uncertaintyは、「未確定事項」と訳すのが普通で、たとえば、決算日時点では勝訴するか敗訴になるかが未だ確定していないといった場合を指す。あるいは、「不確定事項」、たとえば、火災によって帳簿や書類が焼失し、その帳簿や書類に不正があったかどうかがわからず、そのために財務諸表が適正かどうかが確定できない場合に使ってきたという経緯がある。

監査基準の改訂においては、そうしたバック・グラウンドを持つ「uncertainty」を、これとは異なる「不確実性」という日本語を充てている。監査論の常識から言うと、「継続企業の前提において重要な未確定事項または不確定事項が認められるとき」とすれば、従来の監査実務との間で一貫しており、実務上の混乱を避けることができたのではないかと思われる。これを新しく「不確実性」と訳すことで、却ってこの用語の「不確実性」が増したのではないかと思われる。

翻訳とは、かくも難しい。国際会計基準の場合は法律に近いものであるから、右に紹介したような不適切な訳語や従来の用語法とは異なる訳語が充てられると、今後は国内問題に収まらず国際問題に発展しかねない。

8　翻訳は国家的事業

今は、民間団体のＡＳＢＪがＩＡＳＣＦと連携して日本語に翻訳する作業を進めているが、この仕事は、公的な責任を負うことのない民間団体がするようなものではないはずである。作業に求められる正確性やスピード、その翻訳が日本企業の決算に与える影響の大きさ、さらには万が一の誤訳に対する責任などを考えると、国家的な事業として取り組むべき課題といえる。ＡＳＢＪの協力を仰ぎつつも、責任を持った翻訳は、予算と執行権限を持った公的機関が行うべきであろう。

ＩＦＲＳを正式にアドプション（強制適用）するとなったら、新しい基準が公表されたときには遅滞なく翻訳が公表されていなければならないであろうし、その前段階としてのディスカッション・ペーパーや公開草案なども、日をおかずに「正確な日本語」で公表しなければならない。現在の体制のＡＳＢＪには荷が重い話であろう。

ＡＳＢＪは、これまで日本の会計基準の開発を担当してきた。日本がＩＦＲＳをアドプションすることになっても、当面は連結財務諸表に適用することを想定しているので、ＡＳＢＪには個別財務諸表に適用する基準の開発・改訂や適用指針・実務対応の作成といった国内向けの仕事や、新しく提案・設定されるＩＦＲＳの内容を検討したり日本の立場から提言したり、やるべきことは山ほどある。ＡＳＢＪにはこうした仕事に専念してもらうべきで、ＩＦＲＳの翻訳は協力者にとどまったほうがいい。

「基準を作る」という作業と「翻訳する」という作業は、能力的にまったく別のことと考えたほうがいい。翻訳には、会計の知識と英語力に加えて、きわめて高度の日本語能力を必要とする。会計と英語ができればＩＦＲＳの翻訳もできるというわけにはいかないのだ。

また、翻訳は、「白足袋」の話にみるように、何らかの解釈を伴うものである。解釈を伴うということは、翻訳の仕方によって伝えられる内容が変わることもあるということである。そうなると、ＩＦＲＳの翻訳に手を加えることによって、ＩＦＲＳが自国に与える影響を緩和することだって可能なのだ。そうしたことは、民間団体であるＡＳＢＪのすることではなかろう。

9　世界中の翻訳は同じ意味になるか

企業会計基準委員会常勤委員（現・副委員長）の新井武広氏は「日本語翻訳版が会計基準として使われるということになった場合には、英語原本と翻訳版で解釈の相違が生じる可能性があり、特に、本当はこうだという意見が英語で理解をしている方から出てきた場合にどうするかという問題」があること、さらに、これまでは日本語訳を「実務の参考というレベル」で公表してきたが、正式に適用される基準となると、その「デュー・プロセスをどうするか」も問題となると指摘している（上掲の企業会計審議会企画調整部会での発言）。

ＩＦＲＳの規定内容を世界中で同じように理解することを求めるのであれば、各国が英語バージョンをどのように自国語に翻訳しているかを検証する必要があろう。

中国がＩＦＲＳを自国語に翻訳して、これを中国版ＩＦＲＳにして適用するという。中国と日本は漢字の国であるから、会計の専門用語はほぼ同じ漢字が充てられてきた。ＩＦＲＳの中国語訳と日本語訳を比較対照すれば、もしかして、両国で解釈が違うとき、それが漢字の訳文に現れるであろう。

ＩＦＲＳを漢字に直したときに、日本と中国で違う漢字が充てられた場合、その事情が、日本と中国の「用語法の違い」であれば違う漢字が充てられることは当然であり、両国の企業も誤解することはないであろう。しかし、日本と中国でＩＦＲＳの解釈が異なり、その違いが翻訳の漢字に表れているとすると問題である。ことは、日本と中国という漢字圏の話ではおさまらない。

ＩＦＲＳは、英語で書かれていても、英語圏以外の国々では、実務への適用を考えて、ドイツ語に翻訳したり、フランス語に翻訳したり、スペイン語に翻訳したり、多国の言語に翻訳して、それを自国の企業に適用する。

ドイツ語を公用語としている国は、となりのフランス語やスペイン語を公用語としている国の翻訳と比べてみると、同じ解釈かどうかがわかるであろう。フランス語の国は、自国語の訳をドイツ語訳やスペイン語訳と照合するとよい。

10 「寝た子は起こさず」

今は、英語からドイツ語訳へ、英語からフランス語訳へ、という一方通行の作業であるが、それだけでは正規の英語版ＩＦＲＳが適切に各国語に訳されているかどうかがわかりにくい。ドイツ語版からフランス語に訳してみる、逆に、フランス語版をドイツ語に訳してみる、面倒ではあるが、そうした作業を繰り返して初めて、世界の諸国がＩＦＲＳをどのように理解しているのか、世界の国々が同じ解釈をしているのかどうかがわかる。

寡聞にして、そうした作業が進められているという話は聞いたことがない。もしかして、そうした作業をした結果、各国の理解・解釈がばらばらで、実務も国ごとに違うということが判明したら、ＩＦＲＳ騒ぎは、いったい何だったのであろうかということになりかねない。ＩＡＳＢも、今は、「寝た子は起こさず」を決め込んでいるようである。

第13章　国際標準は何のためにあるのか

1　ルールの統一により得られるもの
2　ルールの統一により失うもの
3　ルールの統一は進化を妨げる
4　ＥＵの「同等性評価」は大人の対応
5　アメリカの標準化国際戦略
6　国際標準は何のためにあるのか
7　ルールの背後にはモラルがある
8　ルールは誰のためにあるのか

1 ルールの統一により得られるもの

東京財団会長を務める加藤秀樹氏（シンクタンク「構想日本」代表）は、経済のグローバル化に伴いさまざまな基準の世界統一が進んでいることに関して、次のように述べている。

「ルールを統一化することは、企業の行動や商品の品質を画一的にすることにつながる。それは企業間の競争を、必然的に価格や規模をめぐるものに収斂させ、世界にはどの産業分野でも少数の大企業しか残らないという結果をもたらす。」（加藤秀樹「ルールは何のためにあるのか」『ビジネス法務』、二〇一〇年五月）

敷衍《ふえん》することなどは愚であることを承知で言うが、加藤氏は、前半で、国内・国際を問わず、ルール（規格といってもよい）を統一すれば企業はそのルールに縛られるためにどこの企業も同じような行動を取り、生産される製品も同じような規格のものがいくつもの企業から販売されることを指摘し、後半では、その結果、価格決定力を持つ企業か規模の大きい企業しか生き残れないことを指摘している。

価格決定力というのは、業界のマーケット・シェア（市場占拠率）が大きく、自由に製品・商品の価格を決めることができることを言い、同業他社はその企業が決める価格と同額かそれ以下でなければ勝負できない。ルール（規格）が統一されているために、独自性を打ち出すことも高品質で勝負することも困難で、弱小の企業は、大企業の下請けに甘んじるか業界から撤退するしかない。

私たちの多くは、自動車、ビール、カセット・テープ、携帯電話といった身近な製品でしかそうしたことを実感しないが、きっと、そうした製品に組み込まれている小さな部品も、原子力発電所のような巨大な製品も、何らかの統一ルールがあり、その統一ルールで潤う企業と、ルールが統一されたがゆえに独自性を売り物にできずに敗退する企業があるはずである。

唄の世界の言葉を借りれば「ナンバーワン」の企業だけが生き残れる世界である。「オンリーワン」を目指そうとしても、統一されたルールが邪魔するのである。

2　ルールの統一により失うもの

加藤秀樹氏は、この一文に続けて、次のように言う。

「これは経済学的に、あるいは一見、効率の良い状態に見えるが、社会環境の変化に弱く、不安定な態勢であることは、最近の金融や自動車産業を見ると容易にわかる。」

これほど明快な一文はないが、再び敷衍の愚を犯すことをお許しいただきたい。加藤氏は、こうしたことを言いたいのではなかろうか。

規格化が進めば、商品・製品（部品も）は画一化され、多様な商品・製品やサービスを受けることができなくなる。パソコンや携帯電話を見るまでもなく、規格化が進んだ結果、製品コストが下がるのはいいが、画一化した製品しか製造されないために、個々のニーズを無視した多機能・高機能な製品しか手にすることができない。パソコンも携帯も、どの機種にもてんこ盛りの機能がついているが、機能を減らすほうがコスト高になるのか、個々人に合った製品は少ない。

農産物も同じである。規格化された農産物は、全国各地の食生活の違いを無視して生産される。スーパーや八百屋に並ぶ農産物は、日本中のどこでも手に入るものばかりで、食生活に合った地物はむしろ手に入りにくい。私の住む三浦半島は三浦大根で有名だが、いまどき三浦大根を生産する農家は少なく、スーパーでも見かけることはほとんどない。

3　ルールの統一は進化を妨げる

これは、地域や文化の観点から弊害が多い。単一の規格しか持たないために、社会環境が変われればとたんに窮地に追い込まれることもある。規格化（ルールの統一）が完成すれば競争を繰り返すこともなくなるが、反面、進歩の芽を摘むことになりかねない。

世界中に一種類の車しかない状態を想像してみればよくわかる。一種類しかなければ乗り比べて優劣を比較することもできず、仮に問題や不具合があっても、「車とはそういうものだ」とあきらめて、その一種類の車でやり繰りするしかなくなる。進歩とか改善とかを工夫する必要もない。

このことは会計基準も同じである。今、世界中の会計基準をIFRSに一本化しようとしているが、世界中の企業がIFRSに準拠して財務諸表を作成するようになれば、IFRSが（IASBが喧伝するとおりに）「高品質」の基準なのかどうかを検証することもできない。

IFRSにいかなる不備があろうとも（会計基準が一つしかなければ、不備があることさえ気が付かないかもしれない）、想定していない事態が起きようとも、唯一の基準で対応するしかない。そうなると、世界の各企業の財務報告は「ルールどおりに行われている」が「企業の実態を表していない」ものになりかねない。

4　EUの「同等性評価」は大人の対応

EU（欧州連合）が、二〇〇五年に域内上場企業の連結財務諸表にEU版IFRS（EU－IFRS）を適用することを義務付けたが、それを契機として、域外の企業に対しても、EU資本市場で資金調達する場合にはEU－IFRSかそれと同等と認められる会計基準を適用することを求めた。各国の基準がEUの要求水準を満たしているかどうかを判定することを、「同等性評価」という。

ここで「同等性」とは、域外の国の会計基準に従って作成した連結財務諸表でも、類似した投資判断が可能な場合を指す。基準自体が同じでなくてもかまわない。日本もアメリカも、EUから「会計基準が同等である」との評価を受けている。

EUは、自分たちが使っているEU－IFRSも、日本の会計基準も、アメリカの会計基準（US－GAAP）も、それらを適用して作成した連結財務諸表からは類似した投資判断が可能なので、いずれの会計基準も「同等である」と認定したのである。

ここでは、それぞれの基準がまちまちであっても精粗に差があってもかまわないとした。会社法などの法規を含めても書物にして五、九〇〇頁の日本の基準と、二五、〇〇〇頁という詳細な規定をもつアメリカの基準と、二、五〇〇頁にしかならないEU－IFRSとでは、基準の内容や具体性、指標とされる数値などは相当違うであろう。

EUは、そうした表面的あるいは文章上の相違を問題とするのではなく、違った基準を適用しても「同等の投資判断」が可能かどうかを「ものさし」として各国の会計基準を評価したのである。

ＥＵの「同等性評価」は、他国の会計基準を採点しようというものであり、考えようによっては「傲慢」とも「不遜」とも言えるが、しかし、このＥＵの対応は、自分たちの会計基準（ＥＵ－ＩＦＲＳ）を外国企業に押し付けることをせず、外国で作られた会計基準を「尊重」するものであり、実に「大人」である。

ＥＵ方式を取れば、「同等」と評価される会計基準が世界にいくつも並存することになる。いずれかの会計基準に問題が発生すれば、他の基準を参考にして改善することもできるし、どの基準を適用した連結財務諸表がより投資判断に適切かということもわかるようになる。

先に紹介した加藤秀樹氏は言う。「グローバル化の中で最も大切なことは、『多様性の維持』だと思う。グローバル化が進んでいる分野ほど、ルール自体を、グローバル・ルールとローカル・ルールといった、複層的な構造の導入を真剣に考えるべき時代にきている」と。

5　アメリカの標準化国際戦略

話は少し逸《そ》れるが、アメリカの国際的標準化戦略の話を紹介する。一橋大学イノベーション研究センターの江藤学教授によれば、一九八〇年代から九〇年代にかけて、「ヨーロッパは域内各国にまたがる標準化活動を積極的に支援し、ヨーロッパを一体化させる戦略的標準化を進め」、

「アメリカはアメリカ標準の世界普及を戦略的に進めていた」という（江藤学「標準のビジネスインパクト——試験方法標準が変える競争」、一橋大学イノベーション研究センター編『一橋ビジネスレビュー』二〇〇九年WIN.）。

その間、日本はといえば「文化も人種も言葉も異なるヨーロッパが標準化に熱心なのは当然であり、世界一の大国であるアメリカが自国の標準を世界に普及させるのも当然」と考え、「標準の戦略的効果」を認識してこなかった。その背景には「標準さえ決まれば、最も早く、もっと安く、市場に製品を供給できるという製造力への自信」（江藤、同上）もあったという。

瞬間的に会計の話をすれば、今の日本の会計界も、企業会計基準委員会（ＡＳＢＪ）などの対応を除けば、産業界や会計界は受け身に徹していた感がある。会計の国際標準さえ決まれば、後はそれにあわせて日本的経営と日本的決算を続けることができる……といううぬぼれがあるのではなかろうか。何年後かには手痛いしっぺ返しを食らうことには思いが至らないらしい。

江藤教授の話に戻ると、その後、アメリカは戦略を変えたと言う。一九九五年にＷＴＯ（世界貿易機構）・ＴＢＴ（貿易の技術的障害に関する協定）が発効し、二〇〇一年に中国がＷＴＯに加入したことと並行して、「アメリカが自国標準の世界普及から、ＩＳＯ、ＩＥＣなどの国際標準獲得に大きく戦略を転換した」というのである。

これまたちょっとだけ会計の話をすると、アメリカもつい数年前までアメリカの会計基準（Ｕ

S－GAAP）が「世界で最も厳格かつ進歩的」であるという自負から、アメリカの資本市場に上場する外国企業にはUS－GAAPに準拠した財務諸表の作成を要求してきた。それがヨーロッパとイギリス連邦（コモン・ウエルス）諸国を中心に国際会計基準（IFRS）が幅広く採用されてきたことから、戦略を変えて、国際会計基準審議会（IASB、リードしているのはイギリス）の定めるIFRSという国際標準を「乗っ取る」戦略に転換したのである。

アメリカは米国会計基準を「デファクト・スタンダード（de fact standard）」とすることを断念して（本音はまだわからないが）、「デジュール・スタンダード（de jure standard）」になろうとしているIFRSを支配する戦略をとるようになったのである。

ここで「デファクト・スタンダード」とは、競争優位による標準化であり、ある意味では、力ずくの標準化といってもよい。他方、「デジュール・スタンダード」は法律や国際協定などによる標準化のことで、ある意味では話し合いによる標準化といってもよい。

6　国際標準は何のためにあるのか

それでは、国際標準は何のためにあるのであろうか。いや、国際標準は、「誰が」「何のために」作るのであろうか。

財団法人日本規格協会の原田節雄氏（本属はソニー）の話を聞こう。氏は自ら「ソニー最後の語り部」と称して、「富裕社会となった日本」の行く末を憂い、「国際標準化」の話を通して、日本が「ガラパゴス状態（国内の均衡を維持（談合）するだけで進化しない状態）」から抜け出す勇気と気概を持てと鼓舞する。氏の一言一言は重い。

原田氏は言う。「国際標準の基本的な目的は、利便性を念頭に置いた国境をまたぐ社会の構築」で、「標準という実体は、万人のために存在し、非排他的な存在だ。」と（原田節雄「民間企業の事業戦略と国際標準化の現実――JR東日本のSuicaに見る事例」、一橋大学イノベーション研究センター編『一橋ビジネスレビュー』二〇〇九年WIN.）。

しかし、標準化は言うほどきれいな話では終わらない。原田氏は、国際標準が「きれいごと」で終わらない話をいくつか紹介している。

一つ目――「始末が悪いことには、その標準を使う側ではなくて、その標準を策定する側は、常に排他的なビジネスを考えている。」

二つ目――「国際標準化ビジネスの世界にはさまざまな人が群がっているが、大きく分ければ『おカネを集めて使う人』と『生産と販売で稼ぐ人』の二種類になる。この二つの別世界に生きる人は、収益の手段がまったく違うので、相互理解が非常に難しい関係にある。」

三つ目――「技術を活用した国際標準化の成否は、技術の優劣よりも政治の巧拙で決まる。」

原田氏は国際標準化ビジネスの話をしているが、会計基準の国際標準化もこれとよく似た話で、一つ目の点では、今のＩＦＲＳはＩＡＳＢ（リードしているのはイギリス）とアメリカの覇権争いの渦中にあり、二つ目の点では、「物づくり」では稼げなくなった米英の「金融で稼ぐための会計基準」作りと「物づくり」を得意とするアジアやヨーロッパ諸国の「中長期的経営に役立つ会計基準」作りとが対立しており、三つ目の点では、昨今のＩＦＲＳを巡る英米と欧州との駆け引きをみていると「理論の優劣よりも政治の巧拙で決まる」というのが実態である。

原田氏は言う。「コンセンサスとは、複数の人間が醸成する総意のことだ。標準は総意の結晶だ。しかし、その総意が曲者だ。個性にあふれた複数の人間で構成される集団に、総意などあろうはずがない。コンセンサスとは、個人のエゴを政治交渉でロンダリングした結果の産物なのだ。」

現在の段階では、日本はＩＦＲＳとのコンバージェンスを進めている段階で、ＩＦＲＳをアドプション（強制適用）するまでにいたっていない。そのために、ＩＡＳＢは日本の言い分をある程度まで聞いてくれている。

たとえば、ＩＡＳＢ（とアメリカのＦＡＳＢ）は、損益計算書の「当期純利益」を廃止して「包括利益」に変えようとしている（理由は、第10章で述べた）が、日本などの反対が強いために今のところ当期純利益の表示を認めている。しかし、日本が、あるいはアメリカがＩＦＲＳをアドプションすることを決めたなら、日本との約束などは反故《ほご》にして当期純利益も営業利益も表示が禁止されると見たほうがよい（桜井久勝「国際会計基準の導入が日本の会計基準に与える影響」『証券アナリストジャーナル』二〇〇九年四月参照）。

原田氏は言う。「国際標準化は、各国のコンセンサスで成立する。ある面で、それは正しい。しかし、真実一路の日本型コンセンサスと変幻自在の欧米型コンセンサスでは勝負にならない。」

7　ルールの背後にはモラルがある

先の加藤秀樹氏は言う。「本来、ルールの背後には、モラルがある。これが大前提である。企業活動に限らず、社会全般にモラルが低下するルールで操ろうとする傾向が強まる。」と。

さらに言う。「法律は、所詮紙の上の文字に過ぎず、あらゆる事態を規定することはできない。そして、詳細に規定するほど窮屈になり、モラルも低下していく。」と。

会計基準も、ルールである以上、法律と同じところがあり、詳細に規定すればするほど窮屈になり、経営の実態を表さなくてもルールさえ守ればよいとする風潮が支配し、モラルが低下する。だからといって、ＩＦＲＳのように原則主義を採ると、モラルが低下した社会では自分勝手な解釈が横行しかねない。

モラルが機能している社会では、多くのルールを必要としない。多くのルールを必要とする社会ではモラルが必ずしも高くない。アメリカの会計界が二五、〇〇〇頁もの会計基準を必要としているのは、この国の経済界のモラルが低下している証拠であろう。

8　ルールは誰のためにあるのか

多くのルール（法律にしても、会計基準にしても）は、「強者から弱者を護るために」設けられている（はずである）。

道路交通法は交通の安全と円滑化を目的としており、そこには歩行者という弱者を運転者という強者から護る規定があちこちにちりばめられている。

よく知られるように、会社法は強者たる株主から弱者である債権者を護る、いわゆる「債権者保護」を目的としており、金融商品取引法は、強者たる経営者から弱者たる投資者を保護する、いわゆる「投資者保護」を目的としている。

では会計基準は、どうであろうか。会計基準も弱者を護るためにあるのであろうか。最近の世界のルールは「強者が勝つために」ゆがめられているような気がしてならない。

第2部

複眼思考の会計学

——単眼思考になった日本の会計——

「この世見据えて笑うほど
冷たい悟りもまだもてず」

中島みゆき「友情」より

第14章　単眼思考になった日本の会計

1　稲盛和夫さんの「ダブル・チェックの原則」

一二年ほど前に、稲盛和夫さん（京セラ、ＫＤＤＩの創業者。経営が行き詰った日本航空の立て直しを引き受けたことで、時の人となっている）が『稲盛和夫の実学　経営と会計』（日本経済新聞社刊、一九九八年）という本を出した。それほどボリュームのある本ではなかったが、実に含蓄があった。あの本で稲盛さんが「会計が分からんで経営ができるか」と言っているが、その会計というのは、本当に二つか三つくらいのことなのである。

しかし重要なことは、会計の知識とか技術ではない。稲盛さんは「ダブル・チェックの原則」と呼んでいる。一つのことをするのに、一人の社員に任せておくと、その人が、ときには罪を犯してしまうかもしれない、他人から疑いをもたれてしまうかもしれない、これは人（社員）に優しくないシステムだと言うのである。

もう一つ、稲盛さんは「経営にサイバネティックスを」ということを言っている。サイバネティックスは、第二次世界大戦の時、アメリカで生まれた技術であるが、その目的は「人間は間違う動物である」ということを前提にした「人間のミスを予防するシステム」を作ることにあったと言う。操作を間違えるということもあるし、金銭的な間違いを犯す、気のゆるみから間違いを犯すということもある。発注伝票に「八」と入力するところを「八八」と入れたり、「七六」と入力するところを「六七」と入力するミスもあるであろう。

2 「経営にサイバネティックスを」

サイバネティックスは、最初のスタートが、人間は間違いを犯すものだという考えであるから、そこからスタートすると、システムの中に、人間が間違えてもシステムが壊れないような工夫を組み込んでおかなければならない。

「フェール・セーフ」という考え方で、二重三重に安全弁を付けておいて、誰かが一つボタンを押し間違えたら、ボタンを押し間違えたということを警告する、なおかつ他人がそれを見て「おまえ、間違えているよ」と指摘する、いろいろと何重にも安全弁を設けて、やっとシステムは安全に作動するというものである。パソコンを使っていると、こちらがちゃんと指示を出しても「上書きしますか」とか「消去しますか」と確認してくる。これと同じである。こうした考えが、今では、経営や経理の中に組み込まれる必要がある。

よく知られているのは、核爆弾のボタンは一人の責任者に任せず、必ず、責任ある二人で押さないと有効にならないようにシステムが作られているという話である。そんな大それた、あってはならない話よりも、もう少し身近な例を挙げると、商品の仕入れや販売の契約にあたって上司の決裁を受けるとか（これが、目的の通りに機能しているかどうかは別の問題であるが）、一定額（数量）を超える取引をしようとしたり、ぞろ目発注（誤発注のおそれが高い）しようとするとコンピュータが「警告」「注意勧告」を発するように仕組んでおくとか、担当者がちょっとした勘違いをしても、誰かが（コンピュータの場合もある）「別の目でチェック」する、これがサイバネティックスの考えなのである。

3 「人に優しいシステム」

ただし、上司のチェックがお座なりであったり、担当者がコンピュータの警告を無視したのでは、ダブル・チェックにもならないし、サイバネティックスが活きない。

数年前に、みずほ証券（当時）の担当者が「ジェイコム株一株六一万円で売り」とすべきところを、「一円で六一万株売り」と発注してしまったために、四〇〇億円を超える損害が発生するという事件があった。このときも、コンピュータは異常を感知して警告を発していたのを担当者が無視したといわれている。不正や過ちを防ぐシステムを完備しても、それに魂を吹き込まなければ宝の持ち腐れになる。

稲盛さんが紹介しているのは、たとえば、会社の中にある自動販売機や公衆電話（今はないであろうが）から、毎日、経理課員が一〇円玉や一〇〇円玉を回収するような場合でも、一人でやっていたのでは、担当の社員がポケットにいれるかもしれない、間違うかもしれない、他人が疑うかもしれない。

それを常に二人で作業するようにする。二人で自販機の前に行って、鍵を開けて、お金がいくら入っているかを二人で計算して帳簿に付ける。常に、二人でチェックするのである。このやり方は、人（社員）を信用していないようでいて、実はそうではなく、最も人に優しいシステムだというのである。

中小規模の会社や大会社の支社・子会社などでは、経理担当者が一人というところも少なくない。支店や工場の経理も一人が多いであろう。それも、お金の出し入れだけではなく、原材料や部品の発注や出庫も、在庫の管理も、備品や事務用品の管理も、顧客情報の管理までも一人に任せていることも多いと思う。

これでは、「何も悪いことをしていないのに疑われる」仕事をさせているようなものである。担当者のちょっとした勘違いや不注意で発注ミスをすることもある。担当者一人に責任に押し付けるのは簡単であるが、再発を防止することはできない。

4 人に優しくない「一人残業」「土日出勤」

こうした部署・部門では、兼業でもいいから二人で作業ができるようにするのが「社員に優しい」システムだと、稲盛さんは言うのである。稲盛さんは、こうして二人で行うことを「ダブル・チェックの原則」と呼んでいる。

稲盛さんは、社員が着服したり横領したりすることができる環境は、人に優しくないと言う。不正や間違いを起こさないような環境を作ることが大事なのである。稲盛さんの考え方に従えば、「一人残業」や「土日出勤」は「危ない」し「疑われるおそれがある」から、極力、させないようにしたいものである。

また、会社の勤務時間では間に合わなかったからといって、書類作りなどの仕事を持ち帰って自宅でするというのも、リスクが大きいと言えよう。よく聞く話であるが、帰宅途中の電車に重要書類を置き忘れたとか、自宅のパソコンに取引先のデータを入れておいたところ、家族が使っていたウィニーなどを介して情報が漏洩《ろうえい》してしまったとか、事故は絶えない。こうした事故の責任を、ミスを犯した個人に負わせるのは、組織として無責任であろう。会社の仕事を持ち帰らせないのも、「人に優しい会社」の条件である。

「一人残業はさせない」、「土日出勤はさせない」、「仕事を自宅に持ち帰らせない」……すべて従業員に優しい工夫だと言えるであろう。こうしたことを考える経営者がたくさん出てくると、監査役の仕事も公認会計士の監査も、そうした経営者をできるだけサポートしようという気持ちになるのではないであろうか。

5 「複眼思考の会計学」

稲盛さんの言う「ダブル・チェックの原則」の話をした。ところでそのダブル・チェックであるが、同じ人が同じやりかたで二度チェックしても、それは「ダブル・チェック」にならない。誰もが経験することであるが、自分がやったことの間違いを見つけるのは難しくとも、他人のやったことの間違いはすぐに発見できる。であるから、「別の人」が「再チェック」したり「別のやり方」で再チェックすると、すぐに間違いを発見できることが多い。これが「ダブル・チェック」である。

私はこれを「複眼思考」と呼んでいる。本書のタイトル「複眼思考の会計学」は、もともと、簿記や会計には「ダブル・チェック」「クロス・チェック」のシステムがビルトインされているはずなのに、最近の日本の会計や監査が「単眼思考」「シングル・チェック」になってきたことに警鐘を鳴らしたいという想いを込めたものである。

担当者が一人しかいない場合なら、最初とは違った別のやり方でチェックするのが効果的である。銀行などに行くと、窓口係の人が現金を数えるのに、扇状に開いて数え、さらに、一枚一枚めくって数え、二つの方法の結果が一致するかどうかを確かめている。企業でも、たとえば、交通費は、仕訳帳の集計、支払伝票、領収書など、いくつものルートで確認できる。領収書を監査や税務調査のためにだけ取っておくというのはもったいない話である。

領収書を並べて見るだけでも、異常点をみつけることができる。同じ日に交通費の請求が重複しているとか、会合費の領収書に飲食店の電話番号が書いていない、社印が不鮮明だ、著名な会社の領収書だが当社とは取引がない……こんなときは要注意である。一部のはんこ屋さん（印章店）では、印影のはっきりしない会社印を売っているという話であるし（知り合いの税理士から見せて貰ったことがある）、また、金券ショップでは、有名会社の「本物の領収書」が売られているという。不届きな社員が会社の領収書を金券ショップに売っているらしい。

こうした領収書を使って社員が私腹を肥やしたり、会社が裏金を作ったり、不正の原因になるから、十分に注意する必要がある。ダブル・チェックは、会計や資産管理にとって、このように非常に重要な作業なのであるが、実は、日本では、監査の世界で活用されているとは言い難いところがある。次にその話をする。

6　日本の決算はセルフ・ジャッジのゴルフと同じ

日本企業の監査は、上場会社や会社法上の大会社でも、公認会計士（監査法人）によるシングル監査である。監督官庁のある業種（金融、鉄道、電力など）は、会計士の監査と監督官庁のチェックという二重のチェックを受ける形を取っているが、実態は、金融機関の監査では、「監査法人は社会正義などとは関係なく、金融行政のワクの中でしか動けない」（早房長治『だれが粉飾決算をつくるのか』廣済堂出版、二〇〇一年）という。形式はダブル監査であるが、実態はシングル監査なのである。

経営や経理を監督する官庁のない産業、つまりほとんどの製造業やサービス業の場合、企業外部からのチェックは会計士による監査だけである。数年前に日本の産業界を震撼させた「中央青山監査法人（後の、みすず監査法人）の解体」事件の背景には、こうしたシングル監査体制があった。

浜田康氏も言う。「会社の行動に問題があった場合に、（守備範囲は限定的とはいえ）第三者として会社を監視する立場にあるのは監査人（会計士）だけ」であると（浜田康『会計不正──会社の「常識」監査人の「論理」』日本経済新聞出版社、二〇〇八年）。現状では、証券取引等監視委員会も公認会計士・監査審査会も、一般企業の決算をモニタリングしたりチェックしたりすることはない。

ほとんどの企業は、その決算の内容について監査契約を結んだ監査法人のチェックを受けるだけである。しかも、日本企業は非常に短い時間の監査しか認めないので、「本店の会計をチェックする時間も十分ではない……支店の会計監査は省略せざるを得ない……海外支店や海外の関連会社は、いうまでもなくノーチェック」(早房長治、前出)だと言う。

つまり、わが国の外部監査(公認会計士監査)は、セルフ・ジャッジで回るゴルフのようなもので、同伴プレーヤー(監査人)さえ文句を言わなければスコアは自分で決められるところがあるのだ。

それは言い過ぎだという批判もあるであろう。そのことについては、次章で詳しく書くので読んでいただきたい。

7　エンロンを暴いた米国SECのチェック

日本が鏡とするアメリカには証券取引委員会(SEC)があって、すべての上場会社(一万五千社以上)のアニュアル・リポート(わが国の有価証券報告書に相当する)をチェックしているという。ただし、SECのチェックが入るのは、年間にして一五－二〇％である。個々の企業からすれば、五－六年に一度は、内部通報や芳しくない噂のある企業はもっと頻繁に、SECのチェックを受けていることになる。SECのチェックが入らなかったら、エンロン事件のような会計士を巻き込んだ粉飾は未だに露見しなかったのかもしれないのである。

日本には、今のところアメリカのSECに相当する機関はない。しかし、企業決算をシングル監査で済ませるわけにはいかない。そこで、現在の制度の中で期待されるのが、「監査役のチェック」であり、「内部監査人のチェック」である。「二人以上の人」が、「違う方法でチェック」する、これがダブル・チェックでありクロス・チェックである。

8　再び「ダブル・チェックの原則」

会計や簿記には、もともと、こうした「ダブル・チェック」、「クロス・チェック」のシステムが組み込まれている。その話をする。

複式簿記が世界中で使われるようになったのは、一つには、誰でも使える簡単な技術であること、途中で誰かと交替しても同じ操作が続けられること、そして誰が担当しても同じ結果が得られること、記帳の仕方や金額を間違えると簿記のシステムが「間違っている」ことを教えてくれる「自検機能」を備えていること、といった多くの特長に加えて、一つの事象（取引）や存在（資産・負債）を、常に二重に記録することから記録の正確性も二重に確認できるという特長があるからである。

簡単な例を挙げる。今、商品を仕入れたとする。子会社や工場でも、地元企業からの仕入れや部品や原料の調達をするであろう。そのとき、商品という現物は、発注担当者が発注伝票の通りの商品が入荷したかどうかを確認し、倉庫係に渡され倉庫に収められる。倉庫係も何がいくら入庫したかを確認し、記帳するはずである。在庫の出入庫を記録する方法として帳簿棚卸法を採用している場合でも棚卸計算法を採用している場合でも、入庫の記帳は行う（棚卸計算法では出庫の記帳は行わない）。

出荷（蔵出し）するときも、倉庫係は販売部門の出庫伝票を見ながら何をいくら出荷するかを確認する。販売担当者も、出庫伝票の通りに商品が届けられたかどうかを確認する。販売されれば、納品書と領収書が作成される。

「当期に販売した商品の数」は、売上伝票でも確認できるし、納品書や請求書の写しからでも確認できる。簿記の知識を使えば、

期首の在庫数　＋　当期仕入高　－　期末在庫数　＝　当期の販売数

という式からも確認できる。簿記の優れているところは、仕入れを担当する人、在庫を管理する

人、販売する人がそれぞれ別人であっても、販売高は、販売担当者、仕入れと在庫を管理する人とは別のやり方で、「当期に販売した商品の数」がわかることである。三人のうち誰かが計算を間違えたりすると、右の算式で計算した「販売数量」と納品書・請求書で確認した「販売数量」が一致しなくなるのである。従業員が在庫を横流ししても、仕入れてもいないのに仕入伝票を作成しても、架空売上げを計上しても、右の算式が成立しなくなる。

以上は、モノの動きである。お金の動きもある。商品を仕入れたときは代金を払うために、経理課の出納係に発注伝票の写しと仕入先からの納品書と請求書を渡して、支払って貰う。出納係は、通常、自社の銀行口座から仕入先の銀行口座に送金するであろう。仕入先からは納品書と領収書が送られてくる。

これだけ多くの人の手によって多くの書類が作成されるが、その書類はそれぞれ別々に集計すれば、右の算式の当期仕入高（数量、金額）や当期販売高（数量、金額）も別のやり方で確認することができる。売上伝票の合計は、その代金の回収形態（現金、売掛金、買掛金との相殺）からも確認することができる。

ここで大事なことは、一つの数値（金額でも数量でも）を確認するには、必ず、「別の方法」で、「人を代えて」行うことである。つまり、複式簿記もダブル・チェックの原則が働いているのである。であるから、一人の経理担当者の下に、発注伝票も、売上伝票も、納品書も、領収書も、請求書も、書類をすべて集めてしまうと、ダブル・チェックが機能しなくなるおそれがある。

9 単眼思考になった日本の会計・監査

右に述べたように、簿記や会計のシステムには、本来、「ダブル・チェック」「複眼思考」の技法がビルトインされている。それが、一人で作業するほうが早いとか、コンピュータに任せたほうが一度にデータ処理できるとか、決算のチェック（監査）を監査法人だけに任せるといった「単眼思考」「シングル・チェック」で済ませるようになってきた。

コストの面では安上がりかもしれないが、せっかく複式簿記や会計という優れた技法を使っているのであるから、「ダブル・チェック」「複眼思考」の技法を、企業経営や経理のミスや従業員の横領などを予防するために十分に活用したいところである。

第15章　会計不正から何を学んだか

1　会計不信から監査不信へ、さらに企業不信へ
2　九〇年代の会計不正から何を学んだか
3　会計不正を許す環境——不正に対する抑止力が働かない環境
4　粉飾決算と戦った男たち
5　会計不正の予防と早期発見（事前対応）
6　日本の監査はシングル監査

1　会計不信から監査不信へ、さらに企業不信へ

つい数年前まで、「金融ビッグバン」のキー・プレーヤーとして、「会計」は日本中から華々しい注目を集めた。

金融ビッグバンの謳《うた》い文句は、「フェア（公正な市場）、フリー（自由な市場）、グローバル（国際的な広がりを持った市場）」である。日本の金融市場を世界に開放し、「フェアで、フリーで、グローバルな市場」にしようというのであった。その一翼を担うのが会計改革だと理解された。それが、いわゆる「会計ビッグバン」である。

金融ビッグバンとそれを具体化するものとしての会計ビッグバンは、バブル崩壊後の長い経済停滞を打破するマジック・パワーを持つかのごとく経済界からも一般国民からも大歓迎された。書店には、新しい会計の動きを紹介した本が平積みにされ、これまで会計や経理に関心の無かった人たちも、大きな期待をもって「会計ビッグバン」を歓迎した。

ところが、その後の数年で、「会計」に対する世間の評価は大逆転するのである。何が起きたのか。

一つは、わが国を代表するような名門企業の中に、「失われた一〇年」の経済停滞に耐えきれ

なくなって、粉飾決算を続けたあげくに破綻するところがでてきたことである。代表的なのが、カネボウや加ト吉であろう。

もう一つは、わが国の新興企業の中に、米国企業の「不正な会計」によく似た手口を使って、企業のプレゼンスを高め、株価をつり上げようとして粉飾決算に走るところがでてきたことである。代表例が、時代の寵児であった堀江貴文氏が率いたライブドアであろう。

2　九〇年代の会計不正から何を学んだか

九〇年代の会計不正（主に、経営者による不正な会計。多くは、粉飾決算に結びつく）と最近の会計不正の違いは、「経営者の学習効果」と「監査を担当する会計士の責任感」にあるのではなかろうか。

九〇年代の度重なる会計不正事件で、経営者は、「粉飾決算をすると社会的に葬られるばかりか、損害賠償まで請求される」ということを学んだはずであり、公認会計士は「粉飾決算を見逃すと、プロとして仕事をしてこなかった」と指弾されるだけでなく、株主等から「損害賠償を請求される」こともあることを学んだはずである。少なくとも、多くの投資家や経済人は、経営者や公認会計士が、数々の事件を通して「襟を正す」ことを期待したはずである。

しかしながら、そうした学習効果は、一部の経営者や公認会計士にはなかったということが、カネボウやライブドアの事件によって明らかになった。

限られた一部の企業によるものだと考えられていた会計不正が、実は、日本の産業界・会計士業界全体に蔓延する不正だったのである。カネボウやライブドアの事件が、経済社会だけではなく、日本全体を揺るがしたのは、「会計不信」から「監査不信」へ、さらに、「企業不信」へと「不信の輪」を拡大したからである。

3　会計不正を許す環境――不正に対する抑止力が働かない環境

粉飾決算のような会計不正は、一次的には、経営者の責任感・倫理観が抑止力となるべきものであろう。会社内部の牽制・統制システム（内部統制システム）が有効に機能することや、会社法上の監査役・監査役会によるチェック機能も不正の抑止力となることが期待されている。

上場会社の場合には、公認会計士や監査法人による外部監査が、不正に対する抑止力として働くことが期待されるだけではなく、不正を発見するチェック・システムとして機能することが期待されている。

こうした多重のチェック・システムが用意されているにもかかわらず、

・不正が容易にできて、発見されにくい（内部統制に不備がある場合）
・罪悪感を払拭できる（他の会社もやっている。業界の慣行。会社のため）
・監査人の目をごまかせそうか、監査人を巻き込むことができる。

こうしたケースでは、内部統制システムも外部監査も十分機能しない（浜田康『不正を許さない監査――会計情報はどこまで信用できるか』日本経済新聞社、二〇〇二年）。

浜田康氏はいう。「不正には大なり小なり罪悪感が伴うものですが、その罪悪感を払拭するか、和らげるような要因があると、実行に結びつきやすいものです。たとえば、同業他社はみんな同じことをしているなどという情報は、ことの信憑性にかかわらず、罪悪感を消し去る最もありがちな要因です。さらに、不正が容易にできそうで、発見が難しいと思われる状況にある場合、第一歩は簡単に踏み出せてしまいます。内部統制のレベルが低い場合や監査人の能力不足が見透かされている場合などは、これに当たるでしょう。」（浜田、同上）。

さらに、浜田氏は、一歩、不正に足を踏み出してしまうと、不正を繰り返さざるをえないケースが多いことを指摘している（同上）。カネボウの粉飾事件でも、裁判をとおして、公認会計士が、カネボウの不正経理を黙認し、それを引き継ぐ「負の連鎖」があったことが浮き彫りになっている。「歴代の監査担当者が、以前の黙認を隠すため、さらに黙認を繰り返した」（朝日新聞、二〇〇六年八月九日夕刊）という。

4　粉飾決算と戦った男たち

岸見勇美氏の『ザ・監査法人――粉飾決算と戦った男たち』（光文社、二〇〇六年）が出版されたとき、私は大きな期待を持って本書をひもといた。日本にも、きっと、粉飾決算と戦った会計士たちがたくさんいるはずだと思うからである。

しかし、本書を最後の一頁まで読んで、結局、本書がはっきりと「粉飾決算と戦った男」として紹介しているのは、監査法人トーマツを創業した一人である、富田岩芳氏ただ一人であった。サブタイトルに、「粉飾決算と戦った男たち」とあるが、岸見氏が名指しで紹介したのが、富田氏一人というのは、多くの会計士は納得しないであろう。しかし、岸見氏の論述は、日本の世論を代表しているといってもよいであろう。

もちろん、隠れたところで、粉飾決算と戦ってきた男も女もいるはずである。企業の内にも外にもいるはずである。ライブドアの事件の後、同社の監査を担当した公認会計士の一人である田中慎一氏が『ライブドア監査人の告白――私はなぜ粉飾を止められなかったのか』（ダイヤモンド社、二〇〇六年）を出版した。本書を読むと、会計不正に直面した監査人の悩みや命がけの抵抗がひしひしと伝わってくる。

5　会計不正の予防と早期発見（事前対応）

「不正の連鎖」を断ち切ることが難しいとすれば、会計不正を行わせないような環境作りをすること、万が一、不正が行われたとしても、可能な限り早期に発見し、「連鎖」を断ち切るようにすることが重要である。

企業内部のチェック・システムとしては内部統制組織の確立や監査役（会）などの働きが、企業外部からのチェック・システムとしては公認会計士・監査法人による会計監査の機能回復と充実が、事前対応の要となろう。

内部統制については、ひとことだけ、浜田康氏の含蓄ある言葉「不正の行為者は、堅牢な内部統制の前では不正を躊躇《ちゅうちょ》する」（同上）を紹介するにとどめる。

外部監査についても、ここでは、最近の動向と新しく提案されてきたことを紹介するにとどめる。

日本公認会計士協会は、公認会計士・監査法人の自主規制機関として、これまでも、監査法人の監査内容などをチェック（品質管理）してきた。しかし、そのチェックは形式的なものにすぎず、その内容に踏み込む態勢になっておらず、その結果がカネボウの粉飾を見逃すだけではなく、粉飾に荷担したという批判がある。

会計士協会の藤沼亜起会長（当時）は、談話において、「監査法人の監査が満足できる水準かを管理するため、質をチェックする人数を大幅に増やしたい。」「会計士や企業関係者から電話や電子メールで監査に関する情報提供を受け付けるホットラインを開設する」（日本経済新聞、二〇〇五年九月一四日）ことを約束している。

約束されたホットラインは、協会のホームページの「監査ホットライン」として、二〇〇五年一一月に開設された。こうしたホットラインは、同じ時期に大手の監査法人も開設している。協会も、個々の監査法人も、「ご提供いただいた情報に対する個別の回答は（原則として）いたしません」という趣旨の注意事項を記載している。

こうしたことを書くのは、協会も監査法人も、すでに、腰が引けているからである。「やる気がない」といった批判を受けても仕方ないであろう。どんな批判的情報や内部告発（通報）にも、受けた側が何らかの回答をするのが、世間の常識というものであろう。「回答しません」というのは、「受け付けません」と、ほとんど同義語ではなかろうか。

金融庁公認会計士・監査審査会は、二〇〇四年の公認会計士法改正で、監査法人を監視するものとして発足した。日本公認会計士協会による自主規制と二段構えで監査の内容をチェックする仕組みを作ったといわれている。

しかし、審査会には、自ら監査法人に乗り込んでチェックするという権限はなく、日本公認会計士協会の報告を受けてからしか動けない。公認会計士協会の自主規制が機能しない限り審査会の権限を行使できないのである。

証券取引等監視委員会は、証券不祥事を受けて一九九二年に、金融庁の下に発足した。アメリカのSECを模したものといわれるが、SECのスタッフが四、〇〇〇名ほどなのに比して、わが国のスタッフは、二〇〇七年度で六〇九名、七分の一である。SECには行政処分権が与えられているが、わが国の委員会には、告発や行政処分の勧告などの権限しか与えられていない。

監査基準の設定・改訂を担当しているのは、企業会計審議会である。二〇〇二年には、一〇年ぶりという監査基準の大改訂が行われ、さらに、二〇〇五年にもリスク・アプローチを導入する監査基準の改訂と、監査に関する品質管理基準の設定が行われている。

こうした監査基準等の改訂に期待する声もある一方、監査基準の改訂・強化の効果に対して冷ややかな反応もある。早房長治氏は言う。日本では、「監査が正常な形で行われたことはほとんどなかった。……正常な企業監査、まともな監査とはどんなものなのか、という常識が日本では育っていない」（早房長治『だれが粉飾決算をつくるのか―― THE ACCOUNTANTS ARE GUILTY!』廣済堂出版、二〇〇一年）。

そういう経済社会であるから、たとえ、監査基準を改めても、日本企業は非常に短い監査時間しか認めていないので、基準通りの監査をすることができないおそれが高い（早房長治、同上）。監査を受ける企業が、基準通りの監査をするのに必要な時間、費用、作業を受け入れなければ、いかに高品質の監査基準であっても画餅に終わるおそれがあるのである。

6　日本の監査はシングル監査

日本の企業決算は、公認会計士・監査法人によるチェックが働かなければ、野放し状態といってもよい。もちろん、金融機関や電力、鉄道などの、監督官庁が経営や経理を規制している規制産業の場合には、いわゆる「監督会計」が行われており、形としては、監督官庁と公認会計士・監査法人との二重のチェックが行われている。

しかし、実態は、金融機関の監査では、「監査法人は社会正義などとは関係なく、金融行政のワクの中でしか動けない。」（早房長治、同上）のである。形式はダブル監査であるが、実態はシングル監査なのである。この場合、監査人による監査は、「お飾り」か「形式」に過ぎない。

経営や経理を監督する官庁のない産業、つまり、ほとんどの製造業、サービス業などでは、企業外部から決算のチェックをするのは、公認会計士・監査法人だけである。わが国では、よほどのことがない限り、公認会計士・監査法人以外の者のチェックが入ることはない。つまり、シングル監査なのである。
現状では、証券取引等監視委員会も公認会計士・監査審査会も、一般企業の決算をモニタリングすることはない。ほとんどの企業は、その決算内容を、ただ、その企業が監査契約した公認会計士・監査法人にチェックされるだけで、他のチェックを受けない。そうなると、企業と監査人の間で、「妥協」や「密約」が成立しても不思議はない。わが国の監査制度は、こうした「妥協」や「密約」を生みやすい。

ライブドアの経営陣と不正経理を巡って戦ってきた田中慎一氏は言う。「ビジネス社会に資本の論理が浸透し、誰もが市場の活力を享受できるようになっても、また、監査制度がさらに進化したとしても、試されているのは人間そのものだというのが、ときにむなしさを感じながら闘ってきたこの一年半で得た最大の教訓である。」(田中慎一『ライブドア監査人の告白――私はなぜ粉飾を止められなかったのか』ダイヤモンド社、二〇〇六年)と。

本章は、不正に対する事前対応や事後対応を検討することを目的とするものではない。粉飾決算などの会計不正が、財務情報の信頼性をいかに毀損するかという視点から、財務情報の信頼性を確保・向上するためには、会計不正に対していかなる対策・工夫が必要かを考える手がかりとして、カネボウ、ライブドア事件を契機に各界から提案された事案を紹介したに過ぎない。

粉飾決算は、「日本の風土病」(森岡孝二『粉飾決算』岩波書店〈岩波ブックレット〉)、二〇〇〇年）だとまでいわれている。われわれ、会計・監査に携わる者は、総力を挙げて、知恵を振り絞って、日本の会計と監査を正常化する責務がある。

本章では、具体的な提言を書くスペースがなかったが、後の章で、そうした提言・提案をして、議論のたたき台を提供したいと考える。

第16章 「会計の常識」と「しろうと分かり」

1 「退屈な」会計学
2 「使える」会計学
3 ジャーゴン
4 複式簿記の功罪
5 「資本金を持ってこい」
6 しろうと分かり
7 「法における常識」
8 負債時価評価のパラドックス
9 再び、「しろうと分かり」

1 「退屈な」会計学

「会計」とか「会計学」という言葉を聞いたとたんに耳をふさぐ人たちがいる。私は経済学部の教員であるが、「会計」というと経済学部の教員が決まって言う言葉がある。「あれはわからない」、「専門用語が多すぎて何を言っているのかわからない」……。

そうした教員に「では、学生時代に会計学を履修しなかったのか」と訊くと、けっこう真顔で「いや、簿記も会計も履修した、成績は優だった」などと言うのである。ウソも半分混じっているかもしれないが、経済学の世界では会計のことに関心がないということかもしれない。

ときには、「金儲けの技術なんか関心がない」とか「会計なんか学問じゃない」とでもいわんばかりの揶揄的な響きさえ感じることもある。経済学系の教員が「ここは経済学部なんだ。主旋律を演奏するのは経済学だ。会計とかマーケティングなんかは伴奏楽器にすぎない」などと陰口をたたいているという話を聞くこともある。

経済学者のオルメロッドは会計学を評して、「経済学よりもはるかに退屈な学問」(P.Ormerod, 斎藤精一郎訳『経済学は死んだ』ダイヤモンド社、一九九五年)と断じているし、木村剛氏も、「大学時代に履修した会計学の講義に一毛の興味も抱けなかった。会計嫌いの学生を養成するためにわざわざ設営されているのではないかと誤解させてしまうくらいに、見事なまでにツマラナイ講義だった。会計の授業に出る目的は麻雀のメンツ（仲間）を揃えるためだけだった」、と正直に述懐しているくらいである（木村剛『「会計戦略」の発想法』日本実業出版社、二〇〇三年）。

2 「使える」会計学

たしかに、会計学は経済学に比べて「退屈な」学問かもしれない。しかし、経済学よりははるかに「使える」学問であることは間違いない。木村剛氏も「日本経済復活のカギは『会計力』」と断言して憚らない。

今の大学生は「ギリシャ文字の並べ替え」（木村、同上）に興じている経済学が、どうやら使えない学問であることを肌で知っているらしく、どこの大学でもゼミ生を募集しても経済学系のゼミはほとんど人気（「にんき」と読んでもいいし、「ひとけ」と読んでもいい）がない。

経済学を教養として学ぶのであれば悪い学問ではない。しかし、「使える学問」として学ぼうとすると、いったい、大学を出た後、どの場面で学んだことを実践するのであろうか。あり得る道とすれば、経済官僚になるか、政治家になるか、エコノミストと呼ばれる人種になるか、大学の教員になるか……実に狭い。

それに比べると、大学で会計（学）を学んだ者には、専門職（公認会計士、税理士）から企業の経理部門、金融機関など、大学時代に学んだことを生かす世界が広い。企業が三〇〇万社あれば、三〇〇万の経理部門がある。大手の企業なら経理部門のスタッフは数十名から数百名もいるし、支店、支社、工場の経理スタッフもいる。

会計の知識は、自分が投資するときにも使える。官公庁では公会計が、非営利団体では非営利法人会計が、国ではマクロ経済を対象とした社会会計が行われている。簡単に言うと、お金のあるところと経済活動が行われているところには必ず会計があるのである。

3 ジャーゴン

そうはいっても、右に紹介した経済学部教員の言葉のように、会計には日常用語とかけ離れた意味で使う用語が多く、若干の基礎知識がないと理解しにくいところがある。借りるとか貸すという意味もないのに「借方」、「貸方」という用語が使われたり、「収益」と「利益」という似たような用語をまったく違う意味で使ったり、経済学や法律学で使う意味と異なる「資本」の概念を使ったり、お金でもないのに「資本金」とか「引当金」などというのはその典型であろう。

「収益」はグロス（総額）概念で、「利益」はネット（純額）概念だなどと言おうものなら、もっと混乱を招きかねない。一般社会では、収益と利益を区別することはあまりない。経営学や経済学の領域でも、利益を生む能力のことを「収益力」というし、株価を一株当たり利益で除した数値を「株価収益率」と呼ぶ。会計では、どちらも「利益力」、「株価利益率」と呼びたいところである。しかし、どうやら、収益と利益という用語を使い分けているのは、会計（と税）の世界だけかもしれない。会計の用語が古くさい表現を使うことも「歴史のある学問」というより「時代おくれ」を感じさせるのかもしれない。

しかし、そうしたことは何も会計学に限らない。私が大学の教室で初めて法律に接したとき、法律上の用語として、「善意」と「悪意」の違いを説明された。善意が「事情（一定の事実）を知らないこと」、悪意が「事情（一定の事実）を知っていること」の意味に使われると聞いたとき、法律（学）というのはずいぶん世間離れした、いや常識離れした学問なのかと驚いたものである。

経済学の講義でも、「限界効用逓減の法則」であるとか、「貨幣の流通速度」とか「市場の失敗」とか、日常の言葉として使うことがない、据わりの悪い表現をいろいろ教えられた。このときも、学問的な香りとか「新しい時代の学問」といったことを感じるよりも、正直に言ってこの学問に対する胡散《うさん》臭さを感じた。今の大学生は、この胡散臭さをそのまま正直に「使えない」と受け取っているようでもある。

言いたいことは、どんな学問にも、約束事があり、最低限の用語にはその世界でしか通用しない定義があるということである。こうした専門用語を「ジャーゴン（jargon）」といい、ときには、medical jargon とか legal jargon のように、あえて仲間以外の人たちにはわからないように、意図的にジャーゴン（仲間言葉）が使われることもある。

4　複式簿記の功罪

医療の世界に「インフォームド・コンセント」という慣行が広まってきた。医師が患者に十分に病状と治療の目的や選択肢を説明して、患者が納得・同意したうえで投薬・治療を行うというものである。

「セカンド・オピニオン」という、担当医以外の医師による診断や治療法に関する意見を求める患者サイドの権利も、少しずつ社会的な認知を得てきている。

裁判の世界では、「裁判員制度」が導入され、裁判所という「legal jargon」の世界に一般市民の感覚を取り込もうという動きもある。

会計（学）は、そうした世界の動きに同期化できていないのではなかろうか。会計の、会計たるゆえんも、五〇〇年も昔に考案された複式簿記システムをベースとしていることも、こうした点からみると、長所にも短所にもなる。

長所の最たるものは、一つの取引・経済現象を「複式」にとらえることにある。これによって、会計は、単なる財産の変動（増減、変化）という結果だけではなく、それを原因別に分類・集計することによって、財産計算と損益計算を、同時に、しかも、両者の計算結果が同じになるようにシステムを作った。

短所は、その裏返しで、一つの取引・経済事象を、一つではなく二つ（複式）に分けて記録することにある。会計の知識がある者には非常に便利であった「複式記録」が、会計の知識（二―三か月も勉強すれば身につく程度の知識であるが）が乏しいと、何を意味するのかがわからないだけではなく、完全に誤解してしまうこともある。

5 「資本金を持ってこい」

笑話のような実話を紹介する。役員会の席で財務部長がバランス・シートを配布したうえで、こう発言した。「当社は、当期に入ってから売掛金の回収が遅れるようになり、ここ数か月資金繰りがつかなくなってきています。当月末に支払期限がきます手形の支払い財源をどうするか、ぜひ、ご検討ください。」

この財務部長の発言に対してエンジニア出身の社長は、「財務部長、君が配布したバランス・シートによると、当社はまだ、資本金が残っているし、借入金なんかずいぶん使わずにいるようだから、月末の支払いはそれを使ったらどうかね。」

ちょっとでも会計の知識があれば、この社長が何を誤解しているかがわかるが、会計の知識がなければ、社長の提案はもっともだと考えるであろう。

会計では、現金、預金、資本金、借入金、積立金、引当金などのように、「金」で終わる用語がたくさんある。しかし、「お金」という意味で使うのは「現金」だけで、あとの用語は、そうした現金があるという意味ではなく、「金額」を意味している。

本書の読者には「釈迦に説法」であるが、借入金は、「返済すべき借金がいくら残っているか」という「金額」を示しているし、資本金というのは、お金ではなく、株主が会社にいくらの資金を出したかという金額を意味するものである。銀行から借りたお金や株主が出した資金は、商品を仕入れたり、トラックを買ったりして使っている。買った財産のうち、まだ会社に残っているものは、バランス・シートの左側（資産の側）に記載される。

この社長と同じように、「資本金を見せろ」とか「金庫から借入金を持ってこい」といったことを言う社長は後を絶たないという。社長の無知を笑うわけにはいかない。こうした誤解を生むのは、会計が「複式」記録を使っているからである。

6　しろうと分かり

日本では、しばしば、専門家に任せておけばよいとばかり、法律でも会計でも、その道の専門家が決めたことに異を唱えてはいけないといった雰囲気がある。法律の専門家が決めたことには会計サイドからは批判しない代わりに、会計サイドが決めたことには法律サイドは異を唱えないという風潮である。

そうした風潮は、法律や会計基準を決めるために開かれる「審議会」「委員会」などでの発言に現れる。法律問題を審議する会議では、会計サイドの委員は発言を控えるか、慎重な意見表明に終わる。会計問題を審議する会議では、法律学者はオブザーバーに徹するか、発言しても「専門が違うので」とか「会計のことはよくわかりませんが」といった自己防衛的な姿勢で、どうともとれるような発言をすることが多い。委員会に出席していたことを証明するために、出席簿にサインするようなものかもしれない。

7　「法における常識」

科学というものは、それぞれの専門領域におけるプロフェッショナルが、専門知識を活用して論理を組み立て、論理的な帰結としての結論（提言、法案、基準案などの形をとる）を出す。そのとき、いかなる科学でも、論理の組み立てはしろうとにはわからなくても、出てきた結論は誰にでもわかるものでなければならないはずである。

法律学の渡辺洋三教授は、次のように言う。

「法律専門家の仕事は、国民の……常識を論理的に構成することにあり、したがって、論理構成そのものは技術的に緻密で、素人の常識には分からなくても、その結論は、まったく素人の常識に一致するものになるであろうし、またそうならなければならない。」（渡辺洋三『法というものの考え方』岩波新書、一九五九年）

この本を読んだのはずいぶん昔であるが、当時、渡辺教授のこうした考えが法律家の間でどのように評価されているかを知りたくて、ある法律学者にその疑問を打ち明けたことがある。その法律学者は、コモン・ローの世界ではそれが常識だといって、ヴィノグラドフというイギリスの教授が書いた『法における常識』という一書を紹介してくれた。この本には、次のように書いてあった。

「法規範の細かい点は、複雑かつ技術的なものではあるが、法の世界における人間の心の動きは、常識に基礎を置くものであり、普通の知性と教育のある人が、この心の動きをたどることは決して困難ではない。」（P.Vinogradoff、末延・伊藤訳『法における常識』岩波文庫、一九七二年）

会計も、動態論とか貸借対照表能力とか、原価配分の原則とか引当金とか、しろうと分かりしない複雑な理論や技術がある。しかし、右の法律の常識と同じように、会計の論理構成はいくら複雑・緻密でも、しろうとにはさっぱりわからなくても、出てくる結論は誰が見ても理解・納得できるものでなければならないのである。

ところが、現実を見ずに「論理的な美しさ」とか「理論的整合性」などを頭の中だけで追い求めると、とんでもない結論を引き出すこともある。

8　負債時価評価のパラドックス

最近の金融危機に直面して、一部の米国企業が、普通人の経済感覚やしろうとの直感と合わない会計処理を行って話題となった。負債の時価評価による評価益の計上である。

世界的な金融危機の引き金となったのは、リーマン・ブラザーズの破綻であったが、リーマンは破綻まぢかになって、破綻を逆手に取ったとんでもない会計処理をしている。二〇〇七年度に九億ドル（九〇〇億円）、二〇〇八年度も第三 四半期までに二四億ドル（二、四〇〇億円）に上る「負債の評価益」を計上しているのだ。

アメリカの会計基準や国際会計基準では、金融資産だけではなく、金融債務の時価評価も認められている。自社が発行した社債などの金融債務は、自社に対する格付けによって時価（返済する金額）が変わる。自社の信用が低下すれば格付けが下がり、時価も下落する。外部に流通している自社の社債（金融債務）を買い戻す金額はそれだけ少なくて済むようになる。借金の返済額が減るのだから、その分を利益とする……というのである。

同じことは、シティグループ（二七億ドル）、バンク・オブ・アメリカ（二二億ドル）、ＪＰモルガン・スタンレイ（四億ドル）と、三社だけでも五、三〇〇億円もの「負債評価益」を計上している。日本では負債の時価評価は認められないが、米国基準を採用する野村ホールディングスは、二〇〇九年三月期に六〇〇億円の「負債時価評価益」を計上している。

多くの企業は、ＡＬＭ（資産負債管理）の手法を使って、短期資産と短期負債をマッチングさせ、長期債務に適合するように長期資産に投資するという財務戦略をとっている。それが、資産だけが時価評価され、負債サイドは名目額のままというのでは、せっかく取ったマッチングが意味をなさなくなる。それでは負債も時価評価すればよいのかというと、負債の時価評価は、通常の経済感覚や直感と合わないのである。

ある会社が、三年後に満期を迎える社債を発行して一、〇〇〇億円を調達したとしよう。発行価額は一口（額面一〇〇円）九七円で、総額九七〇億円が手に入ったとする。この発行時点での負債は九七〇億円、市場に出た社債の時価は一口九七円である。発行した直後に、この社債を市場で買い戻そうと思えば、一口九七円、総額で九七〇億円、つまり、社債を発行して手に入れたお金が全部必要になる。

ところが、発行した後、経営事情が悪化したことから会社の格付けが下がり、社債の時価が七〇円になったとしよう。ここで自社が発行した社債を市場で買い戻そうとすれば、七〇〇億円あればよい。二七〇億円は手元に残る。負債の時価会計では、発行時に九七〇億円であった負債を七〇〇億円として評価し、二七〇億円の評価差益がでる。

会社の信用が下落したにも関わらず、自社が発行した社債の時価下落分を利益として計上するというのは、通常の経済感覚とはかけ離れている。もしもそれが正しいというのであれば、格付けが下がれば下がるほど、会社が信用を失えば失うほど、負債の評価差益が大きくなり、会社が破綻する寸前には、自社の負債がほとんど利益に計上されるのである。

負債の時価評価は、私たちの経済感覚や直感とは合わない。こうした現象を「負債時価評価のパラドックス」という。

9　再び、「しろうと分かり」

少し極端な例を出したが、言いたいことは、いかに高度に専門的な論理展開や理論付けをしても、導き出した結論が「しろうと分かり」しないものは世界から受け入れられない、ということである。

会計は、街角のパン屋さん、レストランから、世界規模で活動する巨大企業まで、同じ用語、同じ技法を使っている。そうであればこそ、高度な会計教育を受けていなくても理解できる用語法を工夫し、少し学習すれば理解できる結論（ほとんどは、財務諸表によって表現される）を提示する必要がある。それこそ会計学者の仕事であろう。

（注）　ＩＡＳＢは、負債の評価益計上に対する批判が大きいことを受けて、二〇一〇年一〇月、「負債時価評価益」の計上を認めないことにした。しかし、アメリカの会計基準ではこの評価益の計上が認められているため、ＩＡＳＢとＦＡＳＢの意見が対立している。

第17章 会計「雑感」「雑念」

――モデルはアメリカにあり

1 Accounting Essay
2 時勢に寝返える
3 会計学は経済学を超えられるか
4 日本語の論文は読む価値がない？
5 モデルはアメリカにあり
6 「学会では通説を」「ゼミでは自説を」
7 学校教育の功罪――コピー文化の素

1　Accounting Essay

本書は、冒頭の「読者へのメッセージ」でも書いたように、『税経通信』（税務経理協会）という雑誌に連載した原稿を取り纏めたものである。連載の狙いは、昨今の会計問題を多面的な観点から検討してみたいということと、最近の日本の会計と監査が次第に単眼思考になってきたことに警鐘を鳴らしたいということにあった。連載のメインテーマとした「複眼思考」は、この二つの意味を込めたものである。

昨今の会計問題としては、これまでに、わが国の会計不正、アメリカの国際会計戦略、利益の発生と実現への疑問、会計基準の役割、ＩＦＲＳ適用における「連単分離」問題、ＩＦＲＳの「当期純利益廃止」論、会計士の増員問題、会計資格の多様化、税理士によるコンサル、監査役の役回りなど、非常に多岐にわたる問題を取り上げてきた。取り上げたい問題はまだまだ山ほどあるし、次々と新しい問題も発生している。

後者の問題については第14章「単眼思考になった日本の会計」において、簿記や会計のシステムには、本来、「ダブルチェック」「複眼思考の技法」がビルトインされているのであるが、最近の日本の会計では「単眼的思考」「シングル・チェック」で済ませていることを問題として取り上げている。この問題についてはさらに第30章で検討する。

ところで、連載を書きながらあれこれと頭に浮かんだ雑念・雑感をノートに書き留めてきた。その一部を紹介したい。どれもこれも「会計」と「会計学」にまつわる話ではあるが、一つのテーマとして書くほどの内容もボリュームもない。会計にまつわるエッセイか小話としてお読みいただきたい。

2　時勢に寝返える

司馬遼太郎氏の本を読んでいて、「時勢に寝返える」という表現に出会ったときほど、驚いたことはない（『司馬遼太郎が考えたこと三』新潮社）。今の、わが国の会計界にこれほどぴったり当てはまる表現は他にないと思えるからである。

わが家の近くに、横須賀市立不入斗《いりやまず》中学校があるが、ここは、山口百恵さんの母校である。山口百恵さんは「(その) 時代と寝た」と言われたくらい「時の人」であり「時代が山口百恵を必要とした」とも言われた。芸能人と同じ表現を使うのは礼を失するかもしれないが、わが国の時価主義論者の多くは、紛れもなく「時代と寝た」のである。「時流に乗った」などという生ぬるいものではなかった。

いつの時代にも「時代に寝返える」つまり「時代に迎合する」会計学者はいる。最たるのは時価主義に付和雷同した人たちであろう。少し前には内部統制ブームである。内部統制には「功」の面もあるが、果たしてその「功」が、掛けたコストに見合うメリットになっているかどうかは多くの企業が問題視している。

日本の企業は、定期的な配置転換・異動、転勤、大部屋勤務、協働・協同作業……などなど、相互に（無意識のうちに）牽制が効くソフトな内部統制システムが経営にビルトインされている。そうした企業文化の中に外来のハードな内部統制を取り込んだために、「組織運営の官僚化」「現場の委縮」「責任のなすりあい」「相互不干渉」といった「罪」の部分が経営の「重し」になってきている。

そして今、国際会計基準騒動である。世界中がＩＦＲＳを採用しているといった報道に踊らされ（採用していると宣言している国はあるが、本当にその国の企業がＩＦＲＳを採用しているかどうかは誰も確かめていない）、ＩＦＲＳを採用しないと日本は世界の孤児になるといった声（ＩＦＲＳを採用したからといって日本企業の決算が国際的に信任されるわけではない）に急かされ、「煽られ慌てて焦りの中で本質を見失ったまま形式だけの対応が横行し、その後にあるのは空虚たる形式の残骸のみ」「これではＪ－ＳＯＸの二の舞になってしまう」（中島康晴『知らないではすまされない　マネジメントのためのＩＦＲＳ』日本経済新聞出版社、二〇一〇年）。

司馬氏は言う。「日本人がもつ、どうにもならぬ特性のひとつは時流に対する過敏さということであるらしい」（同上）。日本人は、それが時流と見ると、見境なく、その尻馬に乗る性癖がある。少し前の、女子高生のルーズ・ソックス、茶髪と変わりがない。その点では、受けた教育や教養のレベルとかには関係がないらしい。

司馬氏も、日本人が時流に過敏なだけではないとして、言う。「それが時流だと感ずるや、なにが正義か、なにが美かなどの思考はすべて停止し、ひとのゆく方角にむかってなりふりかまわずに駆けだしてしまう」（同上）という軽薄な性格を持つ、と。

胸に手を当てて、わが身を振り返ってみると、思い当たる節がいくつもある。会計学界を見渡せば、学者集団とはいえ「時流過敏症」の多いことに驚く。

少し自分が属する会計学界のことを書く。辛口の内容かもしれないが、多分に自省の念も含まれていると思って読んでいただきたい。

3　会計学は経済学を超えられるか

経済学者のポール・オルメロッドは、『経済学は死んだ』（齋藤精一郎訳、ダイヤモンド社）の中で、「現代経済学は物理学と同じ地位を切望している」と言いつつ、「経済学の研究を社会的文脈の中で行うことは極めて重要であり、そうすれば経済学は好ましい効果をいかんなく発揮できる」と言う。その理由をオルメロッドは次のように説明する。

「普通、科学上の進歩は、観察した現象を理論的なモデルを作って説明しようとし、その理論と経験との関連を徹底的に検証することで、得られるものだ。モデルをうまく適用できる状況が多ければ多いほど、その理論の信頼性が高まり、ますます尊重される。ニュートンの重力の理論が圧倒的に輝いているのは、極めて広範囲の事象を説明できるからにほかならない。」

経済学者が物理学や数学にあこがれるからこそ、経済学者は数学を利用したいという誘惑に抵抗できないのである。オルメロッドは言う。「数学は、経済学者の瞑想に、科学的権威や厳格さといった適当な趣きを与えてくれるように見える。さらには、数学の利用は、専門家としてのきまり切った作業で作られた多くの仮説の意味を見えなくする、という微妙な面もある」と。

日本の会計学者は、まだそこまで行き着いていない。数学を利用するとか、物理学にあこがれるとか、それ以前の段階であろう。段階といっても、進化の過程ではなく、問題意識のレベルを言っているのであるが。

4　日本語の論文は読む価値がない？

日本の会計学者は、外国の学者や文献を引用したいという願望に克てないようである。この正月にも、日本を代表する国立大学の元教授から論文のコピーを送っていただいた。私にまでお送りくださったことに感謝しているが、この教授の論文では、いつものことではあるが、日本語で書かれた論文や著書はまったく引用・参照・紹介されていないのである。しかし、書かれている内容からすると、日本の多くの学者が取り上げているテーマでもある。

ことを荒立てずに解釈すれば、この教授は、日本語で書かれた論文や著書は読む価値がないとして、いっさい読まずに、外国文献には読む価値のあるものが多いので、参考にして論文を書いたということであろうか。

でも、私には、そうした考えは間違っているとしか考えられない。もし、この教授の研究姿勢が正しいのであれば、日本語で書かれた論文など読む価値がないのであるから、この教授自身が書いた論文や著書も読む価値がないことになる。なぜ、この教授は、私にまで論文のコピーを送ってきたのであろうか。きっとそれは、お前が書くような日本語の論文は読む価値がないから読まないが、私の書いた論文は価値があるから読みなさい、という意味ではなかろうか。この教授は、その自己矛盾に気が付いていないのである。

5　モデルはアメリカにあり

わが国では、何かにつけて「モデルはアメリカにあり」といった素朴な主張が多い。弁護士や会計士の数が足りないから増やそうとしたのも、アメリカがモデルであった。

会計の世界でも、多くの会計学者はアメリカ会計学者だと自認しているようである。しかし、そうした「アメリカ会計学者」にアメリカの会計制度や会計実務のことをお尋ねしても、私の知っている以上のことを教えてくれる学者はほとんどいない。彼らも、文献を読んで実際を知った気でいるに過ぎないのではなかろうか。彼らの多くは、アメリカの会計学は常に学問的にもっとも進んでおり、しかも、政治的な圧力によって曲げられるようなこともなく、いつも、理論的に正しく展開されていると、信じているようである。

もし、そのとおりであれば、会計基準を設定する主体がＡＩＣＰＡからＦＡＳＢに代わったりはしない。ＦＡＳＢが自主的に基準を設定することができるなどと気楽に考えている会計学者も多いようであるが、ＦＡＳＢは、ＳＥＣという政府機関の意向を無視した基準を設定できるわけではない。アメリカの有価証券時価評価基準などは、まさしく、ＳＥＣの意向を受けてＦＡＳＢ

が基準を設定した典型である。そうしたことをしっかり指摘している本もほとんどない。

ある会計関係の研究会での話を紹介する。研究報告をしたのは、某国立大学の教授であった。ある計算式と事例を示して、会計処理を説明するのであるが、私がどう計算しても答えが合わない。そこで「私が計算するとそうはならないのだが」とやんわりと聞いたところ、この教授は英語で書かれた本を振りかざしながら「アメリカの本にはそう書いてあるのです」と言う。この教授も「外国語で書いてあるものが正しく」「日本語で書いてあるものは怪しい」と考えているようである。この教授も日本語で書いた論文や本を出しているのが不思議でならない。きっと自己矛盾に気が付いていないのであろう。

あるとき、そんなことが同僚と話題になった。同僚のA氏いわく、「そうした先生は、きっと、ストレスなんかたまらないんでしょうね。」それを受けて、B氏いわく、「エネルギー保存の法則からすると、きっと、その教授のストレスは、他の教授に移転しているだけでしょうね。」納得の一言であった。ストレスは私に移転していたのである。

論文や本を書くときに、日本語の論文や著書をいっさい引用せず、外国文献だけをやたらたくさん紹介する学者は多い。日本語の翻訳書も紹介しないのである。アメリカ会計の研究者だけではなく、ドイツ会計の研究者にも多いようである。私は、そういう学者に聞きたい。先生が書いた論文も、日本語で書かれています。引用されたくないのでしょうか、と。

学会誌や会計に関する商業誌には多くの論文が掲載されているが、外国の、それもアメリカの文献を紹介した「だけ」のものが多いのには驚かされる。たまに「イギリスの」とか「ドイツの」「フランスの」といった形容詞が付いた論文もあるが、そうした形容詞が付いていない論文のほとんどは、日本のことを書いたものではなく、アメリカの会計を紹介したものである。

そうした事情は、論文だけではなく、本として出版されたものも同じである。『〇〇論』とか『〇〇会計論』という書名に惹かれて本を買っても、中身が『アメリカの』という形容詞を書き忘れた書物であることが多い。「羊頭狗肉」という言葉があるのを知らない……わけはないから、意図的なのであろう。会計学者だというのに、近代会計の真髄ともいえる「ディスクロージャーの精神」を学んでいないのであろうか。言葉が過ぎたらお許しいただきたい。

出版社の販売政策が影響しているのかもしれない。確かに、『フランスの……会計論』とか『アメリカの……会計論』という書名にしたのでは、まずは会計士試験などの受験者は買わないし、その国の会計に関心のない学者も買わない。そうした書名よりも国の名前を伏せて『連結財務諸表論』とか『財務会計論』として出版すればマーケットは大きくなる。私も正直に『イギリスの……』という書名を付けた本を何冊か出したが、さほど売れなかった。しかし、「羊頭狗肉」の非難をいただかなかったことは幸いである。

6 「学会では通説を」「ゼミでは自説を」

日本の会計学者が書く論文や著書を見てみるとよい。自分の意見や提言を書いてあるのは、ほとんどないに等しい。ほとんどは、外国文献を紹介する論文か、新しい制度や基準を解説するだけの論文か、自分の趣味としか思えない論文（きっとゼミの学生が強制的に読まされるだけで、学者は読まない）か、そのいずれかである。

そういえば、日本の学者（会計学に限らないようであるが）は「学会では通説」を述べ「学生の前では自説」を開陳する性癖があるという。何やら怪しげな「自説」をとうとうと聞かされる学生諸君の困惑した顔が目に浮かびそうである。

本題に戻る。外国文献を紹介した論文には、二つのグループがある。一つは、外国文献を丁寧に紹介したものであり、これにはたっぷりと引用注がついている。ひどいのになると、たった一頁に一〇〇！を超える引用注がついているのもある。平均して一行に、三か所もの引用注である。要するに、自分の意見はないが、私は〇〇語の翻訳ができるし外国文献をたくさん読んでいると言いたいのであろう（指摘するのは申し訳ないが、誤訳だらけなのはいただけない）。

ドイツ文学者の西尾幹二教授は「欧米に学んで一五〇年にもなんなんとするというのに、知識を学んで知識を得る方法、意見を学んで意見を述べ立てる態度だけはどうしても学ぶことができないでいるのがわが日本人であり、ことに日本の学者、教師、知識人である。」と嘆いている(『国民の歴史』産経新聞ニュースサービス)。同感である。

もう一つのグループは、外国文献を使いながら、それを自説であるかのように書くものである。こちらのほうが多いであろう。こちらには引用注がないことが多い。引用注をつけずに本を出版して、後で同学の者から「盗作ではないか」との指摘を受けて、あわてて本を回収したという話まで聞いたことがある。それも何度もある。

7 学校教育の功罪――コピー文化の素

思えば原因の一つが日本の学校教育にあるのではなかろうか。わが国では、小学校入学から大学卒業まで、教科書を丸暗記させて答案を書かせてきた。日本の学校教育では教科書を丸覚えして、それを試験の答案に忠実に再現できる者が優秀な生徒・学生として評価される。

そのことは大学入試でも国家試験でも同じである。日本の学校教育では、意地悪く言えば「盗作」「コピー」が推奨されている。教師の口癖は「どうして言った通りにできないの。ちゃんと教科書に書いてあるでしょ」。教科書に書いてあることに「疑いを入れる」などとんでもない愚考・愚行とされるのである。

そうした教育を小学校から大学まで一六年間も受けてきた。テキスト以外の本や論文を読んでも、書いてあることに異を唱えるとか疑ってかかるということは考えもしないのであろう。まして、それを書いたのが欧米の学者ともなれば「西洋人のやることはなんでも立派で、思想的模範とすべきだという……卑屈な思考形式」（西尾幹二、同上）に染まった日本の知識人には「疑う」などはもってのほかで、これを批判することは犯罪か何かのように思えるのであろうか。

学者を名乗る者が「疑う」ことを忘れたら、すでに、学者の仕事を放棄しているといってもいいのではなかろうか。科学は、自然科学にしろ社会科学にしろ、「好奇心」と「疑う心」を養分として発達してきた。日本の会計学は、この二つの養分を取り込むパイプが細くなりすぎたように思える。このパイプをもっともっと太くして、自分自身の会計観を持ち、日本の、世界の会計を見直してみる必要があるのではなかろうか。急いで書き足すが、これも自省の念にかられて書いている。妄言多謝。

第18章　経済も会計もナショナリズムで動く

1　「経済はナショナリズムで動く」
2　会計もナショナリズムで動く
3　EUの結束はナショナリズム
4　IASBの失敗?
5　アメリカのIASB戦略
6　産業資本主義と金融資本主義
7　国際会計基準は「バベルの塔」か
8　「ツルツルの廊下」
9　国際会計基準のマクロ政策
10　アドプションのリスク

1 「経済はナショナリズムで動く」

この小見出しは、「国益」「国策」という側面にスポットライトを当てた、中野剛志著『経済はナショナリズムで動く――国力の政治経済学』（ＰＨＰ研究所、二〇〇八年）の書名である。

この本の著者、中野剛志氏は、学者ではない。経済官僚である。官僚なら書いたもので評価されるというより、現状分析・提案・企画・政策といった経済政策の現場での仕事ぶりが評価の対象とされる。氏は、大学（東京大学教養学部にて国際関係論を専攻）卒業後、通商産業省（現・経済産業省）入省、二〇〇〇年より三年間、スコットランドのエディンバラ大学大学院にて政治思想を専攻、博士号（社会科学）を取得している。

二〇〇九年三月に私が経産省で講演したときに頂いた名刺によれば、経済産業省経済産業政策局産業構造課課長補佐である。学者顔負けの健筆家で、本書の前には、『国力論――経済ナショナリズムの系譜』（以文社、二〇〇八年）を、二〇〇九年四月には、『恐慌の黙示録――資本主義は生き残ることができるのか』（東洋経済新報社）を出版している。雑誌『表現者』に評論を連載中でもある。「異端の経済官僚」と評する人もいるが、書いている内容は極めて示唆的かつ建設的で、わが国への提言には賛同者も多いと聞く。

2　会計もナショナリズムで動く

私は、経済学者でもなく、政治学者でもない。しかし、本書の書名『経済はナショナリズムで動く』を新聞の広告欄で目にしたとたん、すぐに大学の書籍部に飛んでいった。書名の「経済」を「会計」に置き換えれば、日本の、いや、世界の会計動向をうまく説明できるし、日本会計界が目指すべき地平も明らかになると考えたからである。

「会計もナショナリズムで動く」のである。しかし、そうした認識に立つ会計学者は少ない。多くの学者は、もしかしたら一〇〇年に一度あるかないかという今世紀最大の「会計大革命」に直面しながら、時流に追随するばかりで、コンバージェンスについてもアドプションについても貝のごとく口を閉ざしている。それはきっと「経済も会計もインターナショナル（グローバル）で動く」という観念が先行して、日本の、各国の独自性を打ち出すのが「時代遅れ」「頑迷固陋」と評されるのを避けたいがためではなかろうか。

ならば、なおのこと、この一書は会計学者のモヤモヤを吹き飛ばしてくれる。本章は、この中野氏の書物を手がかりにして、日本の、そして世界の会計の在り方を考えることにしたい。

3　EUの結束はナショナリズム

中野氏も言う。ここ二〇年ほど「ナショナリズム」は死語かタブーに近い言葉であったのではなかろうか。「インターナショナル（国際）」が正しく、「ナショナル（国家）」は「経済無知」「時代遅れの迷信の産物」として、とりわけ構造改革論者がさげすんできた。

経済ナショナリズムの現象はグローバリゼーションへの反動とみなされがちであるが、中野氏によれば「実は九〇年代ですら、ナショナリズムが世界経済を動かしていたのであり、国民国家は後退などしていなかった」のであり、「国家が国民国家であるかぎり、あらゆる経済政策がナショナリズムによって動いている」のである。

中野氏は言う。「世界の潮流にしたがえば、グローバル化のなかで、（国家は）国民の生活を守り、世界で優位な地位を確保するため、国家の力を強化しなければならなかった。そして、諸外国はそうするように務めていた。」ところが、「日本は、それと逆のことを一〇年以上もやり続けた」と。

中野氏は言う。「グローバル化する世界経済において、各国は、政府の主導のもと、戦略的に国家の力を強化している」と。ＥＵでさえ、既存の国家の枠組みを超える動きの中で、なおも

「国家は強化される方向にあった」。

少し考えれば当たり前であることがわかる。「インターナショナル」や「グローバル」が世界を支配する前提として、国家・国民の存在・保全があり、国家・国民なくしては、「国際」も「世界」も砂上楼閣になる。こうしたことは、最近ではかなり極端な形であるが、中国の国際政治行動に表れている。

しかし、わが国では、この当たり前が通用しない。わが国では、まず「インターナショナル」や「グローバル」があって、わが国家・国民はそれに合わせて姿形や思考を変えていく。政治も「構造改革」といった子供だましのキャッチコピーしか持たないものだから、国民の生活や経済を守ることがなおざりにされ、国力は大きく衰退してしまった。

4 IASBの失敗？

会計の話にダブらせて考えてみると、この話は日本会計界にとって他人事ではないということがわかる。国際会計基準委員会（IASC）も、現在の国際会計基準審議会（IASB）も、最初から、世界中で使う会計基準を設定しようという意図はなかった。国際会計基準の当初の狙いは、ヨーロッパの市場統合に伴って域内の統一的な会計基準を整備することにあったが、「理念はともかく実利の面ではアメリカへの対抗力を高めることに狙いがあった」（斎藤静樹『季刊会計基準』、二〇〇七年六月）のである。「国際」の名を冠したのはアメリカに対抗する必要からであった。それが、欧州連合（EU）を超えて、コモン・ウエルス（英連邦）諸国にも浸透するにつれて、IASBはアメリカと日本という二大資本市場をも巻き込んだ基準作りを目指したのである。

おそらく、この戦略はEUにとって間違いであろう。アメリカを巻き込めば、いずれ、アメリカに「占領」される。「欧州における統一的会計基準」ということであれば、アメリカも一目置いた態度を取らざるを得ない。それが、アメリカも参加する国際基準となれば、近い将来、アメリカが支配・主導することは目に見えている。

5　アメリカのIASB戦略

すでにアメリカのFASBはIASBと「ノーウォーク合意」を取り付け、国際会計基準を自国色に染める戦略を採っている。アメリカは、自国の主張が通りそうもなければ、「世界の経済繁栄のため」とか「資本主義の徹底」などを御旗に、自分たちに都合のいいルールを押しつけてくるであろう。

それができないとなれば、アメリカは国際会計基準をアドプションすることはないはずである。金融庁総務企画局参事官を務めた黒澤利武氏はこの点を指摘して次のように言う。「仮に米国がIFRS採用を決断するとすれば、それは、米国が、会計村の大競争を見据え、そこで勝ち残れるとの算段ができた時だ……賢者は負ける喧嘩はしないのである」（黒澤利武「EUの同等性評価と今後の展望」『季刊会計基準』二〇〇八年九月）。

そう考えると、むしろEUは、ヨーロッパ会計基準に徹したほうが自分たちの利益を護るのに都合がいいのではなかろうか。

6　産業資本主義と金融資本主義

アメリカで「経済ナショナリズム」が台頭するようになった遠因の一つは、この国が「物づくり」では稼げなくなったことにある。かつて日本人が目にした「メード・イン・USA」は、自動車にしろ化粧品にしろ、万年筆でも時計でも何もかもが光り輝き、憧れと羨望の的であった。アメリカでは企業が稼ぐ利益の五割ほどを製造業が稼ぎだしていた。

ところが、今ではモノを作っても、弁護士が市民をせきたてて何でも訴える製造物責任（PL）訴訟の餌食になり、アジア企業との価格競争と日韓との品質競争に後れをとり、製造業による企業利益は三割を切るようになった。製造業の衰退とは逆に、金融業が繁栄して、企業利益の三割強を稼ぎ出している（日本は、製造業が稼ぐ利益は四割、金融業は一割という）。

製造業と金融業では利益の産み出し方が違う。製造業では、売れるモノを作ってそれを売り、その売上高から製造原価を支払って残りが出れば利益とするが、金融業は金を動かすことだけで儲けようとする。経済学の佐伯啓思教授は言う。「経済の主役はもともと生産物とその流通にあり」、「金融とは、あくまで、モノづくりやモノの交換を容易にし、効果的に行うための補助手段だったはず……」（「立ちすくむ現代No.14」『WEDGE』二〇〇九年八月）。

今のアメリカは、金融立国というが、内実は、運ぶモノ（主役）がないのに運輸業（脇役）だけが栄華を極めているような滑稽さがある。誰も売れる「モノ」を作らずに、金融立国だとばかり、金を貸し借りするだけで国の経済を成り立たせようというのだ。だから、自国内だけでは経済は成り立たない。世界を巻き込む必要があるのだ。それも、金を持っているか、エネルギーや食料などの資源のある国をターゲットにする。

米国の「グローバリゼーション」とは、要するに、自国の製造業が衰退したために、情報革命や金融の自由化を推進することによって「他国民の富」を合法的に収奪する「アメリカナイゼーション」であったのである。

7 国際会計基準は「バベルの塔」か

経済界でも「国ごとの資本主義は、グローバルな世界において競争し、もっとも優れたシステムへと進化論的に収斂する」という認識があった。グローバリゼーション（米国の国際的侵略）によるさまざまな問題が顕在化してくるのは、九〇年代後半からである。「国際金融市場の混乱、国際テロ活動、南北格差の拡大、各国固有の文化の破壊」（中野）などである。

こうした問題の顕在化に直面して、「欧米の優れた哲学者、政治経済学者、社会学者たちは、グローバリゼーションを厳しく批判しはじめ……資本主義の多様性、とくに日本やドイツのような共同体的な資本主義や、スウェーデンのような社会民主的な資本主義の価値を擁護した」という（中野）。

中野氏によれば、「欧米における資本主義の多様性の論争は、思想のレベルにおいては、ほぼ決着がついたと言ってよい。正しかったのは、『資本主義は国ごとの文化や社会的価値を基底にするものであり、またそうあるべきである』という主張のほうであった。」資本主義という政治経済の根底をなすシステムが、「世界に一つ」ではなく、国や地域ごとに「一つずつ」ある、あるべきであるというのである。

資本主義システムが国・地域ごとに「一つずつ」あるということになれば、万国共通の会計基準など「バベルの塔」というしかないのではなかろうか。中野氏の表現を借りれば、「国ごとの会計基準は、グローバルな世界において競争し、もっとも優れたシステムへと進化論的に収斂する」と考えるのはとんでもない誤解だということになる。ＩＦＲＳが世界中で「単一基準」として使われるようになれば、経済のグローバリゼーションと同様に、パンドラの箱を開けたようなさまざまな問題が飛び出してくるであろう。

シャーレの中に一種類だけの微生物を培養すれば、その微生物は死滅するという。日本政府が閣議決定（二〇〇七年）した「第三次生物多様性国家戦略」には、こう書いてある。「私たちは地域によって異なる伝統的な知識や文化を持ち、それらは豊かな生活には欠かせないものですが、多様な文化は各地の豊かな生物多様性に根ざしたものであり、地域ごとの固有の資産として必要不可欠なものといえます。」（前文）

会計基準もそうした多様性を保持してこそ、進化が期待できるのではなかろうか。

8　「ツルツルの廊下」

「転向」で話題をまいた中谷巌氏は、国と国との間の障害、摩擦をできるだけ取り除いた状態を「ツルツルの廊下」と呼ぶ。中谷氏は、世界を「ツルツルの廊下」にしてしまうと、各国の金融規制も水際の検疫体制も取れず、世界が高いリスクにさらされると指摘した上で、次のように言う。

「各国がそれぞれの価値観を反映した制度をもっていて、お互いに違う制度だということを理解しながら、それでもこの国に投資したいという人は、それぞれの国の制度をちゃんと勉強して投資をすればいいのではないでしょうか。それを一つの基準で全部まとめ、『ツルツルの廊下』にしなければならないという考え方は危険なように思います。」(「グローバル資本主義がもたらすもの」『企業会計』二〇〇九年八月)

9　国際会計基準のマクロ政策

九年ほど前に、私はこういうことを書いた。

「いま、アメリカはIAS(今はIFRS)をFASB色に染めることに腐心している。会計は、為政者にとって、強力な武器になる。そのことを最もよく知っているのは、アメリカの政治家であり、SEC(アメリカ証券取引委員会)である。ここでは、FASBは、SECのダミーに過ぎない。国際的な会計基準を作るときに、アメリカに有利になるような基準を設定することが為政者の、ＳＥＣの重要な仕事になる。……これからの会計基準の設定は、すぐれてＥＵとアメリカの綱引きになる。そのとき、アメリカは国家という枠組みで行動することは目に見えている。会計は、テクノロジーとして世界を席巻できても、カルチャーに根ざした相違や利害までも消し去ることはできないのである。」（『会計学の座標軸』税務経理協会、二〇〇一年）

同書の中で、国際会計基準に反映されるマクロ政策についても書いた。「マクロ政策」という言葉を使っているが、内容は「ナショナリズム」と同じ意味である。

「国際会計基準は、国家という枠を持たない基準です。しかし、国際会計基準といえども、マクロ的な視点を欠くことはできません。なぜなら、国際会計基準は、いくらマクロ政策から中立的に設定しようとも、その基準が各国で適用される以上、マクロ政策と無関係でいられないからです。そうであればこそ、国際会計基準は、自国のマクロ政策に貢献するような形のものにしようという誘引によって、つまり、各国の力関係によって歪められてもおかしくはありません。

現在の国際会計基準も、これから決められる国際会計基準も、各国の利害を下にした綱引きによって改正や設定が行われるようになるでしょう。当分の間は、アメリカとＥＵとの間で綱引きが行われ、いずれは、欧米とその他の地区との間で綱引きが行われ、さらには、文化を異にする地域間で、また、宗教を異にする地域間での綱引きが行われるようになるでしょう。」

一〇年近く前に書いたことは、今日現在でも、一字も変えずに発信したいことである。

10　アドプションのリスク

中野氏は「あとがき」にこう書いた。「この国（日本）は、構造改革論という世論が支配する『多数決の専制』、すなわち全体主義の状態におちいっているのではないか。良識に基づいて自由に議論するのを妨げる『空気』が、日本列島を覆い尽くしているのではないか。」

まったく同感である。私が長年主張してきた「時価会計批判」も、同じような「空気」によって圧殺されてきた。

私は常々、「会計基準は、個々の企業を規制するルールである以前に、国の産業振興や国益を高めるためのツール」だと主張してきた。世界の主要国は、「会計基準をどう決めるかは、優れて政治の仕事」という認識に立ち、まさにナショナリズムの立場から会計基準戦争を戦ってきた。ヨーロッパから生まれた国際会計基準（ＩＦＲＳ）もアメリカの財務会計基準（ＳＦＡＳ）も、ナショナリズムの産物なのである。

そのように理解すれば、現在、ＩＡＳＢとＦＡＳＢが「ノーウォーク合意」の下に統合を進めているＩＦＲＳがいかなる性格のものになるかが判然とするであろうし、それを日本がアドプション（強制適用）することが、日本にとっていかにリスキーなことかがわかるであろう。

第19章　公認会計士は、本当に足りないのか？

1　公認会計士試験は、「資格試験」か「就職試験」か
2　内部統制という神風
3　なぜ会計士を増やすのか
4　決算日を分散すれば、会計士は増やさなくてもいい
5　企業内会計士制度の創設を
6　「会計士試験を英語で！」を回避しよう
7　「国際公認会計士」を名乗る

1　公認会計士試験は、「資格試験」か「就職試験」か

公認会計士試験の合格者が、年を追うごとに増加している。少し前までは、年に六〇〇名か六五〇名であったのに、最近では、二〇〇六年度が三、一〇八名、二〇〇七年度が四、〇四一名と、五～六倍になっている。旧二次試験合格者が新試験を受験して合格した者が多数いる（二〇〇六年度：一、七三六名、二〇〇七年度：一、三四六名）ことを差し引いても、二倍から四倍である。

合格者を激増させるのは、会計士試験を「就職を約束した試験」から、「資格試験」に変えるためであるといった解説も聞くが、本当であろうか。

二〇〇三年に、一、二六二名の合格者を出したときは、そのうちの三分の一ほどが監査法人に就職できず、コンサルの会社や税理士事務所に就職したり、就職浪人を余儀なくされた者も少なくなかった。このときは、金融庁や日本公認会計士協会が各監査法人にもっと採用するように要請したが、景気の後退期であったこともあって、採用数を増やすことはなかった。私も、合格したゼミ生が就職先が見つからないと言ってきたときは、にわかには信じられなかった。やむをえず、一年間はコンサルの会社に勤めてもらい、翌年に大手監査法人を紹介したものである。

2　内部統制という神風

その後の数年は、合格者を増やしても、就職できないといったことはなかった。それは、「内部統制」という神風が吹いたからである。

日本の上場会社は、ほとんどが四月一日を期首としている。上場会社四、〇〇〇社のうち、七〇％に当たる二、七〇〇社が、二〇〇八年四月から内部統制監査が適用されたのである。適用される会社も大変であるが、監査対象会社の相談に乗り、その会社にあった内部統制システムを構築する手助けをした監査法人もてんてこ舞いであった。

監査法人にしてみれば、このところ不祥事が続き、世間の信頼を失っていただけに、内部統制で失地回復し、さらには、監査収入（これは大家さん的な、毎期決まった報酬）以外の、高額の臨時収入を得るまたとないチャンスである。

「猫の手も借りたい」くらいの忙しさであった。会計士試験に合格したばかりの者でも、スタッフとして顧問先の会社に連れて行けば、「有資格者」としての報酬を取ることができた。ここ数年の合格者は、引っ張りだこであったのである。

でも、昨年の合格者、今年の合格者はどうであろうか。どの会社も内部統制のシステムを完成させており、監査法人に依頼することは、内部統制に不備があったときの相談か、新しい事業や部門を設けるときに、その部門等での内部統制システムを構築する相談くらいであろう。会社としてみると、たいした人手はいらない。いきおい、監査法人の仕事も減る。

3 なぜ会計士を増やすのか

そんな状況の中で、なぜ、会計士試験の合格者を増やすのであろうか。それは、単に、就職試験から資格試験に移行するということではない。実は、会計士の数を増やせという、アメリカの要求があり、日本はその要求に沿ったことをしてきたのである（本山美彦『売られ続ける日本、買い漁るアメリカ』ビジネス社、二〇〇六年）。

なぜ、アメリカが日本の会計士を増やせといってきたのか。アメリカは、日本の企業決算と監査が信用できない、というのである。ふざけた国である。エンロンやワールドコムのような、とんでもない粉飾を許した国が、日本の決算や監査が「なっていない」と批判するのである。「鏡を見てみろ！信用できないのはおまえだ！」と言いたい。

アメリカが言うには、日本企業の決算と監査が信用できないのは、二つの理由からである。一つは、日本の会計基準が国際的な会計基準と違うということであった。

数年前まで、日本企業が作成する英文のアニュアル・リポートには、「この財務諸表は、日本の会計基準で作成されたものであって、必ずしも国際的な会計基準によって作成されたものではない。」という趣旨の警告文（レジェンド）を書かせられてきたことを想起されたい。最近では、日本が必死になって米国基準等を導入したことから、こうしたあからさまな日本企業に対するいやがらせは影をひそめた。

もう一つの理由は、日本には公認会計士が少ないので、日本企業の決算や監査が「ずさん」「手抜き」「企業側のいいなり」になるということである。この批判は、かなり当たっている。

アメリカでは、毎年、三万人ものCPA（公認会計士）が誕生する。合格者がすべて会計法人（監査法人）に就職することはなく、企業内の経理を担当する者も多数いる。アメリカでは、企業内で出世するのはMBA（経営学修士）を持っているか、弁護士、会計士の有資格者に限られるという。理系・エンジニアがトップにつく日本とは大違いである。

企業の内にも外にも会計の専門家がいる世界では、決算や監査も時間と人手を掛けて、念入りに行われる（と、期待できる）。ところが、日本では、企業内には会計の専門家がいないし、企業の外にも専門家（会計士）が少ない。いきおい、決算も監査も人手不足と時間不足の状態で行われることになる。「手抜き」、「企業のいいなり」といったアメリカの批判は、けっこう的を射ているのである。

そうしたアメリカの批判を真に受けて、日本は律儀に、会計士の試験を簡素化（三次まであった試験を一回にした）し、合格者を大量に出してきた。何とも知恵のない国だ。

4　決算日を分散すれば、会計士は増やさなくてもいい

会計士が足りないのではない。日本の企業が、こぞって三月末に決算をするから、瞬間的に会計士が不足するのである。だったら、日本の企業が決算日を分散すればよいではないか。

一月に決算をする会社、二月に決算する会社、三月にする会社、四月の会社……決算日をずらせば、現在の会計士の数で十分に間に合うはずである。

最近書いた本の中で、三月末に退職給付債務の見積りという仕事が集中するためにアクチュアリーの仕事が「ずさん」であるとか「計算間違いが多い」といった批判があることや、三月末の株価で有価証券の時価評価が行われることから、三月に株価操作が行われることを書いた（拙著『国際会計基準はどこへ行くのか』時事通信社、二〇一〇年）。こうした問題も、各社の決算期を分散することで解決することができる。

生保などのアクチュアリーを抱えているところも、一年中絶え間なくアクチュアリーの仕事が入るとなれば、それ専門の部門を置くとか、アクチュアリーを増員するとかの手を打って、丁寧

な仕事をするようになるであろう。また、一年中、決算期を迎える会社があるようになれば、株価操作などはやりたくてもできなくなるであろう。

決算期を分散すると企業間比較に障害が生じるという批判を受けそうである。たしかに今はどこの会社も三月決算なので期間比較が容易にできる。これも、業界ごとに決算期を統一すれば済むことである。どの業界にも端境期とか閑散期がある。閑散期に決算を行うようにすれば、決算の仕事にも十分な時間を割くことができるようになるはずである。

5 企業内会計士制度の創設を

今回の会計制度改革を進めたとき、会計士の増員によって会計の社会的インフラを増強することができるといったことも言われた。特に、わが国の場合、企業内に会計士資格を有する者がきわめて少ないことから、社内に会計の専門家を増やすためにも会計士の大量合格が必要だということも言われた。彼らの主張の論拠として使われたのが、英米の状況である。アメリカでもイギリスでも、企業は弁護士資格や会計士資格を持つ者を大量に採用する。日本も、これに倣えというのである。

企業内会計士の話は、会計士試験の合格者を多量に増やすと就職できなくなるという批判に対する回答としても使われた。つまり、これからは会計士試験の合格者を企業が採用するようにすれば、就職の問題も解決するというのである。会計士制度を検討した自民党の委員会でも、英米の状況がこうだから日本もそうすべきであるといった「親米的」といおうか、「属国的」な意見が開陳されている。

これらの主張や観測には、日本の実情に即していないという甘さがある。日本の企業は、ほぼ間違いなく、有資格者は採用しない。法務部などに弁護士資格を持つ者を配している企業はあるが、経理部に公認会計士や税理士を配している企業はほとんどない。英米のように一般企業が大量の公認会計士を採用することなど、日本ではありえないことである。

会計士資格を持っていれば、独立開業・転職の可能性が高い。仮に有資格者を採用することがあっても、いつ辞めるかわからないという危惧から重要なポストには就かせないとか機密性の高い仕事はさせないといった話も聞く。

企業サイドから社内に会計の専門家をおきたいという強い要望があるのであれば（あるいは、国家戦略として、会計のインフラ整備のために企業内に専門家をおくという施策がとられるのであれば）、「企業内会計士」制度を創設すればよい。どの企業にも企業内会計士の資格を持つ者が多数在籍するようになれば、独立したり転職したりすることの心配もなくなるであろう。

試験科目も、企業内部の専門家として必要な知識や判断力を問うものとすればよい。たとえば、財務会計よりも管理会計を重視するとか、内部監査、コンピュータ監査、内部統制、財務論などを試験科目とする。現在の会計士試験科目である民法、統計学、経済学などは企業内会計士には不要であろう。

6 「会計士試験を英語で！」を回避しよう

会計士の問題としては、数を増やしてアメリカの要求に応えるといった話よりも、もっと喫緊のことがある。それは、いずれアメリカが「(日本の) 会計士試験を英語でやる」と言い出すであろうということである。数年前に出版した『不思議の国の会計学――アメリカと日本』(税務経理協会、二〇〇四年) の「はしがき (読者へのメッセージ)」で、私は次のように書いた。少し長いがお読みいただきたい。

「一〇年後でしょうか、二〇年後でしょうか、日本の公認会計士試験は英語で行われるようになります。ウソだなんて思わないでください。必ずそうなります。

会計基準をめぐる国際的な駆け引きを見ていますと、近い将来、日本語による公認会計士試験に合格しても、ソニーやトヨタといった国際企業の監査を担当することはできなくなるでしょう。日本の会計士試験は、日本の法律や基準をベースとしたローカルな試験とみなされ、日本国内でしか活動しない企業や国内でしか資金調達しない企業の監査を担当する資格になるかも知れないのです。

国際的な会計士試験の出題範囲は『国際会計基準』とコモン・ロー、受験するには国際機関（という形を取った英米の組織）から『一定の教育レベルに達している』という認定を受けた大学で、『英語による会計学の講義』を受講して一定の単位を取得することが必要になるでしょう。」

お読みになって、「ウソだ！」と思われるであろうか。以下を読んで判断していただきたい。

今は、会計基準と監査基準を国際的に統一する段階であるが、これが一段落して世界中がアメリカ型あるいは英米型の会計基準を採用するようになれば、必ずや「公認会計士資格の国際統一」の話がでてくる。もちろん、アメリカからである。

会計基準と監査基準を国際的に統一しても、それを各国の企業が適正に適用しているかどうか、結果として作成された財務諸表が、国際会計基準の観点から見て企業の経営成績と財政状態を適正に表示しているかどうか、そうした重要な判定をするのは、現在のところ、各国の試験によって資格を得た公認会計士である。

企業の生き死にまでも決めるほどに重要な判断を下す会計士の資格が、教育内容も試験科目も国によってバラバラであっては、その判断もばらつきかねない。現在の状況では、ある国の試験を通って資格を得た会計士が「適正」と判断した財務諸表であっても、別の国で教育を受け、資格を得た会計士から見ると「問題あり」ということになってもおかしくはない。

そこで、近い将来に、英米はじめ英語圏の国々が結託して「会計士の試験も国際統一するべきである」と言ってくるのは目に見えている。そうなると、試験は、国際語である「英語」で、日本の会社法に代えて「コモン・ロー」、財務会計論に代えて「国際会計基準」、監査論に代えて「国際監査基準」などで行われることになろう。

日本人が、これからコモン・ロー、国際会計基準、国際監査基準……を勉強してそうした試験に合格するには、英語の壁だけではなく、適切な教材、能力のある教員、就職先など、幾多の障害がある。その点では、英米人には障害らしい障害はない。となると、日本の会計士試験を英語で受験して資格を取る外国人（多くは英米の資格を持っている者）が増える可能性が高い。いずれ、英米生まれの日本の公認会計士がこの国の監査を支配する時代が来るかもしれない。

いや、アメリカはそんなまどろっこしいことよりも、もっと手っ取り早いことを要求してくるかもしれない。関岡英之氏が『拒否できない日本』の中で、こんな警鐘を鳴らしている。

「いずれ……アメリカの弁護士資格を日本でも認めろなどと要求してくるのは時間の問題であろう。」（関岡英之『拒否できない日本――アメリカの日本改造が進んでいる』文春新書、二〇〇四年）

この一文の「弁護士」を「会計士」に置き換えると、日本会計界の近未来が透けて見えてきそうである。

7　「国際公認会計士」を名乗る

そうはならないように、日本は早く手を打っておく必要がある。そうかといって、日本の会計士試験科目に、国際会計や英米法の科目を追加するのは、受験者に酷である。そこで、資格を取得した後に一定の研修と（あまり難しくない）試験を実施して、合格者に「国際公認会計士」を名乗らせるのである。

試験科目は、「英米法（コモン・ロー）」、「国際会計基準」、「国際監査基準」などと選択科目として英米の試験科目を一部導入する。要は、日本が主導権を握って、「国際公認会計士」の資格を創設するのである。ほかの国々も、自国の試験に合格した者に一定の研修と試験を課して国際公認会計士を名乗らせればよい。この資格を取らない会計士は、その国でしか資金調達しないローカルな企業の監査を担当する。

試験は、各国の言語でする。日本は、「日本語」でする。英語では行わないという戦略が重要である。権謀術数に長けた英米を相手にした戦いであるから、日本は、もっともっと知恵と汗を出さなければならない。

第20章　原価の情報力と時価の情報力

1 「時価会計時代の黄昏」

ジャーナリストの東谷暁さんが、『フジサンケイビジネスアイ』（二〇〇八年五月二七日）に、「時価会計時代の黄昏」と題してこんな記事を書いている。

「あれほど日本では賛美されてきた時価会計が、いまや国際的に見直しを迫られようとしている。……G7で、国際会計基準審議会に、時価会計の凍結要請が出たのを皮切りに、IMFが提出した『国際金融安定性報告』でも時価会計の危険性と検討の必要性が述べられていた。」

世界でもっとも権威があるといわれる経済誌「*The Economists*」（二〇〇八年五月一七日）にも、こんな話が載っている。

KPMGという世界でも最大規模の会計法人のパートナー、ビル・マイケルが言うのである。

「ひっきりなしに組み合わせを変えたりやたらと付随的な条項や追加の条件をつけたりしたデリバティブの時価を決めることは、どんなときでも至難である。」と。彼は、こんな喩えをしている。

「一台のポルシェを時価評価するのに比べると、ポルシェを構成する四千もの部品を時価評価するのは難しい。しかも、部品の価格を合計しても、決してポルシェ一台の価格には一致しないのだ。」

マイケルが言いたいのは、デリバティブの部分部分を構成する要素を評価するのは至難であるのに、それをやったところでトータルとしてのデリバティブの価値を評価したことにはならない、ということではなかろうか。デリバティブは、時価会計の対象の中でも、一番不透明で、ほとんど監査が不能な領域といえる（拙著『国際会計基準はどこへ行くのか』時事通信社、二〇一〇年を参照）。

また、同誌は、欧州大銀行のトップが「時価（会計）はビッグミステークだ」とする発言を伝えている。

サブプライムを契機とする今回のクレジット・クランチの原因が時価会計にあるとする識者は多い。証券化を繰り返した債務担保証券には値を付けようにも取引がなく、取引がないから値を付けられず、その結果、原資産の住宅とは無関係に、時価がスパイラル的に下落する。デリバティブや金融商品と時価会計は整合性がない。

時価会計の真相が明らかになるにつれて、これを拒否する声が高くなってきたのである。ことあるごとに言ってきたが、「時価会計は失敗の歴史」なのである。

2　日本の会計はハイブリッド

わが国は、時価主義会計の国なのか、原価主義会計の国なのか、そう問われたら、どう答えたらよいであろうか。

時価主義を徹底するなら、多くの無形資産や繰延資産がオンバランスされることはないであろうし、有形固定資産の減価償却や先入先出法とか平均法といった棚卸資産の原価配分の方法も不要になり、会計学のテキストは、「保有する資産と返済すべき負債をすべて時価で評価し、差額としての純資産が増加すればその期間の利益、減少すれば損失」といった程度の記述で終わるであろう。要は、会計は、学問的にも実務的にも不要になり、期首と期末の資産・負債を時価評価する技術にとって代わられることになる。

国際会計基準の時代になれば、どこの国からも「会計」は姿を消し、「資産負債の時価評価」がプロの仕事になるであろう。

資産・負債の時価をどのようにして求めるか、といったことは、会計の問題ではない。その方面にはそれぞれの専門家（証券アナリスト、不動産鑑定士、アクチュアリーなど）がいる。その方面の教育を受けたこともない会計学者や会計士には出る幕はないであろう。

時価主義は、期末の資産・負債を計算するだけになるから、会計のテキストも要らないし、期中の記録も要らない。

原価主義を徹底するなら有価証券や土地の再評価差額がバランス・シートに顔をだすといった説明のつかない事態にはならない。有価証券や土地に評価損が出れば、時価会計では、資本の部（純資産の部）から差し引かれるが、そうすると、評価損が出れば出るほど自己資本が小さくなり、ＲＯＥ（株主資本利益率）が上昇することになる。この不思議を、いったい、どうやって説明するのであろうか。

わが国の今の会計は、かっこよく言えば、原価主義と時価主義の「ハイブリッド会計」、有り様に言えば、「場当たり的会計」である。原価主義と時価主義の「いいとこ取り」をしているわけではない。原価主義を基調としていながら、外国、特にアメリカが自国に発生した経済不正問題の「火消し基準」として時価を取り入れたところを、アメリカに遅れるなとばかり時価主義に変えているだけである。要するに、日本の会計基準には会計観に首尾一貫性がないのである。

時価会計の真相が明らかになり、また、時価会計に対する反省の声が高まってきたとはいえ、それが単なる時代の流れだと考えたり、原価主義会計がいかなる点で優れているかを認識せずに原価主義に戻っても、いつかまた、「困ったときは時価会計」とばかり、時価会計礼賛が会計界を支配しないとは限らない。

振り子が時価会計から原価会計に戻りきらない前に、時価会計と原価会計の棚卸しをしておくことが必要ではなかろうか。

本章では、そうした棚卸しの第一歩として、原価の情報力と時価の情報力を、情報利用者の立場から考えてみたい。

3　アメリカは厳格な原価主義の国

最初に言っておきたいのは、世界の主要国で、時価を積極的に使っているのは、イギリスとオランダだけである。この両国は、昔から、会計の世界で時価を使うことを当たり前のように考えてきた。ただし、時価を使うのは、バランス・シートだけであり、損益を計算するときは、伝統的な原価主義（収益に関しては実現主義）を使うのである。つまり、「貸借対照表　時価主義」「損益計算書　原価主義」なのである。だから、この両国では、未実現利益が計上されることはない。

ほかの会計先進国は、どこも、原価主義を使っている。新聞等の報道や一部の学者が書く論文では、アメリカは時価主義の国の代表のようにいわれているが、実は、この国は大恐慌以来、実に七〇年以上も、厳格な取得原価主義を貫徹してきたのである。

日本もアメリカに倣って、これまで厳格な原価主義を貫いてきたのである。わが国の場合、「取得原価」主義という表現にとらわれて、無償（または低廉）で取得した資産の簿価をゼロ（低廉取得の場合は、その原価）とする時代もあった（現金を贈与されたときにはゼロとはできないことから、今は、贈与による資産は「取得原価」ではなく、「時価」で資産計上する）。それほどに、厳格な取得原価主義会計が取られてきたのである。

アメリカが時価主義の国だと言っても、この国で時価評価されるのは、資産サイドの有価証券、デリバティブ、負債サイドの社債と退職給付債務だけである。一般企業は有価証券を保有することはない。したがって、時価評価されるのは、資産サイドでは、デリバティブくらいである（デリバティブが時価評価に向かない（時価を測定できない）のは、右のポルシェの例でよくわかるであろう）。アメリカは、決して時価主義の国ではないのである。

4　原価の情報力

会計情報（財務情報）は、企業の収益力や財務安全性（支払い能力）を判断するための基礎的なデータである。ところが、原価をベースとする会計情報と時価をベースとした会計情報とでは、情報力・伝達する情報の内容に大きな違いがある。

会計情報の利用者は、果たして、どちらの情報を求めているのであろうか。少し前には時価か原価かの議論らしきものがあったが、そのほとんどは時価論者の時価礼賛で、時価が何を伝えるものかという話しか語られなかった。時価が伝えられない情報とは何か、原価が何を伝えるものか、といった話はでてこなかった。

以下、原価の情報力（情報内容）と時価の情報力を比較してみたい。要するに、原価から何を知りうるか、何を知り得ないか、時価から何を知りうるか、何を知り得ないか、を考えることにする。

原価をベースとした会計情報には、その企業のよき経験も悪しき経験も反映されるが、いまだ行われていないことや未決のことは反映されない。原価は、あくまでも、その企業に固有のデータであり、その企業が経験したことの履歴である。したがって、原価によって測定された収益力とかキャッシュ・フロー創出能力とかは、その企業に固有の能力を示しているといえる。

ただし、原価は単に過去を物語るだけではなく、その企業の計画や意図、すなわち将来を物語ってもいる。トヨタ自動車の原価主義による財務諸表を見るとしよう。この財務諸表からは、トヨタの過去だけではなく、将来も読み取れるのである。

歴史が意味を持つのは、それが現在を知る手がかりを与えてくれたり、あるいは、将来を照らし出す力があるからである。イチローの数年間にわたる打率をみれば、今年の、来年の打率を、高い確率を持って知ることができる。三割打者が（けがもなく）突然に一割しか打てなくなることも考えにくいし、一割しか打てなかった打者が突然三割打者に変身することもない。

原価をベースとした会計情報も、一種の履歴であり、企業の財務に関する履歴を知ることができれば、その企業の将来（たとえば、売上げや利益の動向、次期の資本利益率や総資産回転率、売上高利益率、付加価値などの予測）を読むこともできる。特定の企業が置かれている現状やその将来を洞察するには、何よりもその企業に関わるそれまでの歴史情報を読む必要があるのである。

少し具体的な話をする。

たとえば、ある企業が期中に余裕資金を運用するためにA社の株を一株につき七、五〇〇円で一〇〇万株取得したとする。株価は期末までに八、〇〇〇円になったが売却せずに保有し続けたとしよう。売買目的の有価証券を期末まで保有したとすれば、それは企業が期末までの価格では売却したくなかったからか、売りたくても希望する価格では売れなかったか、いずれかであろう。

企業が売買目的の有価証券を売らずに期末まで保有し続けているというとき、原価主義では、その売らなかったという事実から、その企業がいかなる利益政策・財務政策をとっているかを読み取ることができるであろう。

原価主義なら、株価が上昇しても、評価益を計上しない。「余裕資金の運用なので、この価格

（八、〇〇〇円）よりも高くなったら売る」「当面の資金繰りには困っていないので、A社の株は、もう少し値が上がってから売る」という意思表示かもしれないし、「A社の株はもっと上がるはずだ」といった経営者の判断を反映しているかもしれない。財務情報の利用者は、あらゆる経済環境や企業情報を総動員して、この企業の経営者が何を考えているかを探ることができる。

時価主義では、売っても売らなくても期間利益には変わりがない。売っても売らなくても利益が同じなら、企業は売却という面倒なことはしないであろう。余裕資金の運用であるから、同じ額の運用益が計上できるのであれば、売却して証券会社に売買手数料を支払うのは無駄である。売れば株価を引き下げるデメリットがあるが、売らずにいて評価益を出すだけなら株価にも影響を与えない。ならば、保有し続けて評価益を計上するのがよいと考えるであろう。これでは、企業がどういう利益政策をとっているのか、いかなる財務政策をとっているかがわからない。

歴史を学ぶたくさんの人がいる。歴史に関心を持つたくさんの人たちは、単に過去の出来事を知りたいというのではなく、過去を知ることによって、現在の己を知り、さらに将来を洞察する最高の材料になる、と信じているのではなかろうか。過去の情報が、現在を知り、かつ、将来を知る有力な手がかりになるからこそ、実生活において「履歴書」や「成績証明書」が重視され、どこの大学で学んだか、どんな資格を持っているか……といった履歴情報（過去情報）が大事にされるのであろう。

「歴史は繰り返す」というではないか。右にも書いたが、「時価主義は、失敗の歴史」である。時価論者はおそらく会計の歴史を学んでいないのではなかろうか。

もちろん、現在の実力・現在持っている資格といった現在情報・時価情報が役に立つことは否定できない。ところが、恐ろしいのは、時価情報・現在情報だけが公開される世界では、超一流の仕事をしてきた人でも、過去の情報（昔の過失や犯罪）ですべてがひっくり返されることもあることである。政治の世界でも、何かの大臣になった後、自分の過去をひっくり返されて、大臣を辞任するケースは後を絶たない。

決算書が現在情報・時価情報で作成されるのであれば、これから述べるような情報のメリットもあるが、時価・現在情報は過去のミステークを覆い隠す一面があることを忘れてはならない。

5　時価の情報力

すでに述べたように、原価による会計情報は、財を所有している特定の企業に関する収益力やキャッシュ・フロー創出能力などを物語るものであった。

それに対して、時価をベースとした会計情報は、特定の企業ではなく、平均的な能力の企業を想定した一般的な収益力、キャッシュ・フロー創出能力を物語るにすぎないように思える。それも、今日明日といった、きわめて短期的な可能性しか示さない。

また、そこでは歴史のある会社、業界の中での名門会社も、昨日今日できた新興企業も同一の能力・可能性を持つものとして扱われ、また、経営者による意思決定が済んだことも、未だ将来の扱いが決まっていないことも、すべて行為済み・決定済みのことと仮定して、いわば、経営者の意思が関与しない、中性的な扱いをすることになる。

たとえば、トヨタ自動車と同じ財務構造を持つ企業をもう一社作ることは可能である。資産の構成も負債の構成もまったく同じにして、同じだけの従業員を雇うことにしよう。ところで、その模倣のトヨタが本物のトヨタと同じ売上げと利益を計上する会社になれるであろうか。

時価主義では、資産や負債の評価や利益の計算にあたって、その企業に固有の資産運用能力とか生産性などを考慮しない。そのために、二つのトヨタ、本物のトヨタとコピーのトヨタを時価評価すれば、まったく同じ財務諸表ができることになる。

二つのトヨタの財務諸表を見せられた投資家は、二つのトヨタの能力差をどうやって判断したらよいであろうか。コピーのトヨタが「トヨタ」になるかどうかは、時価情報からはうかがい知ることができないのである。過去の情報・原価情報を分析して初めて、その会社の固有の能力や将来性を知ることができるのである。

たとえば、ある会社が余裕資金の運用のために当期首にアサヒビールの株を一株につき二、〇〇〇円で取得し、期末まで売らずにいたら二、三〇〇円になっていたとしよう。時価主義では、貸借対照表価額を二、三〇〇円とし、差額の三〇〇円を利益とする。時価主義による処理が意味するところは、誰でもアサヒビール株に投資していたら当期に一株につき三〇〇円の利益を計上できたはずである、といった平均的な収益力を示し、貸借対照表は、期末に売っていたら誰でも二、三〇〇円で売れたという一般的・平均的かつ当座的な投資能力を示す（実際に各社が保有株を期末に集中的に売却すれば、株は大暴落するが、時価会計では、どれだけ大量の株でも、時価で売れるという現実離れした仮定をおいている）。その会社の経営者や運用担当者が努力すれば二、五〇〇円とか三、〇〇〇円で売れたかもしれないといった、個別企業の能力は表現されない。

6 「原価」は会計の専売特許

原価と時価を論じるとき、しばしば、原価と時価を併記したらどうかとか、原価で財務諸表を作成して時価情報を添付する案とか、逆に、時価で財務諸表を作成して原価情報を添付する案などが提案されてきた。

ここで重要なことは、会計に関する専門知識がなければ作成できない情報と、会計の知識がなくても一定のデータを与えれば、誰でも、あるいは、会計以外の専門家なら作成できる情報という、二種類の情報があることを理解しておくことである。

ほとんどの時価情報は、一定のデータを与えれば企業外部者でも作成できる。たとえば、所有する株式の銘柄と株数を与えれば、株式の時価総額は電卓があれば誰にでも計算できる。正常な在庫（陳腐化や流行遅れ、傷などがないもの）であれば、在庫一覧と問屋・メーカーの情報だけで、誰でも時価を把握できる。

ところが、それ以外の時価情報は職業会計人では作成できない。そんなことを私が言うと摩擦の元になるので、ここでは、アメリカ会計学会の会長を務めた井尻教授に語ってもらおう。

井尻教授は、時価情報への需要が多いからといってそれをすぐに財務諸表の本体に入れるべきであると考えるのは間違いであるとして、「アカウンタント（会計専門家）にそういう評価や予測をやる能力があるのか」「職業人としてのトレーニングのどこからそういう能力が生まれてくるのか」という疑問を発し、会計士に時価を算定（検証）させるのは、「内科の医者に手術をやらせるようなもの」だと手厳しく批判している（井尻雄士「二一世紀の評価論とその周辺の展望」、中野勲・山地秀俊編著『二一世紀の会計評価論』勁草書房、一九九八年、所収）。

ここで井尻教授が危惧するのは、債券・長期負債・デリバティブ・土地などの評価であろう。たとえば、外国債の時価などは証券会社の専門家でも手に負えないというし、国内企業が発行する社債は、ほとんど取引がないために証券会社によって時価とする金額が大きく違うという。長期の負債（たとえば、退職給付債務）を時価評価するにはアクチュアリー（年金や保険の数理計算を専門とする有資格者）の資格と経験を持たない者には手が出せない。土地の時価は、不動産鑑定士に頼るしかない（それが、当の不動産鑑定士によれば、土地には時価がない・時価はわからないというのが業界の共通認識だというのである）。

時価による財務諸表は、土地や長期の負債を除けば、その情報の大部分を素人でも作成できるし、素人でも監査できる。残りの部分は、会計専門家では信頼できる情報を作成することはできないし、監査もおぼつかない。時価会計の世界では、会計学や会計士の出番はないということになりそうである。時価会計は、誰でもできる「足し算・掛け算」と、会計専門家では手が出ない「評価論」の世界なのである。

要するに、原価主義の財務諸表は「会計の専門家でなければ作成できない財務諸表」であり、時価会計の財務諸表は「会計の知識がない人でも作成できる財務諸表」でしかない。そのいずれかを「財務諸表」とするかを会計サイドから検討するなどということは、会計の自殺行為であろう。

原価による財務諸表に時価情報を添付するべきだという主張には反対するつもりはないが、時価情報が会計のオリジナルな情報ではないことを考えると、極端なことをいえば、財務諸表において時価情報を開示するのは、必ずしも会計の仕事であるわけではない。

時価情報を開示することと、時価で貸借対照表に記載しその損益を計上することは、まったく次元が違う話である。時価情報を開示することは、単なる情報を公開することであり、それによって企業の損益計算や配当・課税といった経済行為に結びつくことはない。だから、時価情報を公開するかどうかは、本来的には、会計の関知するところではないのである。

時価評価は、ちがう。時価評価すれば、貸借対照表の金額を変え、損益を変えるのであるから、まさしく会計の話である。「時価情報の提供（公開）」と「時価評価」との間には、天と地ほどの相違がある。

7　財務諸表は、「会計の産物」か、「財務論のニーズ」か

アメリカでも日本でも、時価情報の提供（財務論、投資の理論）と時価評価（会計の理論）の間にある大きなギャップを埋める努力をせずに、「時価情報の提供」から一気に「時価評価」へとジャンプしてしまっているのである。投資家が投資意思決定をするのに必要としているから時価情報を提供すべしという財務論・投資理論の主張が、そのまま、投資家が必要としているから時価評価すべしという会計の主張に姿を変えているだけである。そこには、会計の論理がまるで働いていない。

われわれは、トータルな会計情報（財務諸表）として何を伝えるか、投資家は、トータルな会計情報から何を読み取ろうとしているか、だけではなく、個々の会計情報によって何を投資家に伝えるか、利用者は、個々の会計情報から何を読み取ることができるか、ここを考える必要があるのではなかろうか。

時価と原価が入り乱れるハイブリッドな財務諸表は、何とも説明のつかない収益力や財務状態を示している。このことを、理論の面からも実務の面からも問題にするべき時期がきたように思う。

第21章　会計資格の多様化を図る

——会計の社会的インフラを強化しよう

1　「国際公認会計士」
2　税理士は会計の専門職か
3　「中小企業の会計指針」を活用するには
4　限定免許——歯科医師を医師に
5　公認会計士にも限定免許制度を
6　多彩、多様な人材を会計界に
7　書き足りないこと

1 「国際公認会計士」

第19章「公認会計士は、本当に足りないのか？」において、「企業内会計士制度の創設」と「国際公認会計士資格の創設」を提言した。

前者は、公認会計士の就職問題にからんだ提言であった。公認会計士を大量に増員すると就職が困難になるといった批判に対しては、英米のように企業が会計士を採用すればよいということが言われているが、日本の企業は有資格者を雇用しない。

理由として、有資格者を採用しても、いつ独立・転職して辞めるかわからないからだということを書いた。そこで、国家戦略として会計のインフラ整備のために企業内に専門職をおくという施策をとるのであれば、監査を担当しない（担当する資格のない）「企業内会計士」を制度化すればよいのではないかという提言であった。

後者は、公認会計士の有資格者に、さらに新しい資格を取らせて「国際公認会計士」を名乗らせようというものであった。会計基準と監査基準のコンバージェンス（収斂）は世界中の国々・地域で進められている。

会計基準と監査基準の国際的統一が一段落すれば、いずれアメリカから「公認会計士資格の国際統一」の話が出てくるであろう。そうなれば、試験は英語で、法律はコモン・ローで、財務会計論ではなく英語の国際会計基準で、ということになる。そうなる前に、日本が先手を打って、すでに資格を持っている会計士に一定の研修と（日本語での）試験を課して、「国際公認会計士」を名乗らせるのである。この話は、きっと、ドイツ、フランス、中国、韓国……英語を母国語としない国々の支持を得られるに違いない。それぞれの国が、母国語で試験を行う、英語では行わないという戦略は、多くの国々がまねることになろう。

本章は、これらの提言に加えて、会計資格を多様化して、会計の社会的インフラを増強しようという提案を行うものである。

2　税理士は会計の専門職か

会計の専門職といえば、わが国には公認会計士と税理士がいる。というよりは、この二つの専門職しかない。この二つの資格で、極度に複雑化・多様化した今日の経済社会に対応しているのである。

ところで、税理士を会計専門職と呼ぶには、税理士自身に違和感があるようである。ある講演会の席でのことである。主催したのは、ある大学の卒業生で組織する税理士・会計士の会（多くの大学では、「会計人会」という名前でＯＢ組織を作っている）であった。出席者のほとんどは税理士であった。

講演の冒頭、私が「先生方は、会計の専門家ですから」と前置きして、最近の国際会計やら日本の会計改革について話をした。講演が終わってから、ある出席者が私に言うのである。

「先生は、私どもを会計の専門家といいますが、どちらかというと税の専門家といってもらう方がいいのですが。」

他の出席者にも訊いてみたが、似たような反応であった。多くの税理士諸氏は、自身を会計専門職とは考えていないのかもしれない。

これは、意識の問題である。税理士資格を取得するには、簿記論と財務諸表論という会計科目に合格しなければならない。この二科目は、公認会計士試験にも（名称が異なるが）ある。しかも、この二科目の試験は、公認会計士試験の問題よりもボリュームがあり、かつ、難しい。したがって、税理士資格を取得したときには、専門的な会計知識を有しているのである。

それが、税理士としての仕事を続けている内に、次第に税務をベースとした経理に傾き、会計から遠ざかるのである。益金や損金の算入・不算入、税法固有の繰延資産、リース取引の税務処理などなど、課税所得の計算に必要なことは、ほとんどすべてが税法や通達に書いてある。これらを読めば、企業会計原則とか新会計基準とかを勉強せずとも、仕事はできる。

3　「中小企業の会計指針」を活用するには

最近、「中小企業の会計に関する指針」が制定され、これに準拠して財務諸表を作成する企業には、銀行などが優遇金利を適用しているということも聞く。しかし、「会計指針」を採用している企業の数はそれほど多くはない。

税理士が中小企業の経理顧問をしているからといっても、中小企業の経理は企業会計というよりも税務をベースとした経理である。「中小企業の会計に関する指針」は、そうした税務ベースの経理という実態を打破して、中小企業にも企業会計の発想と技法を取り入れようとして制定されたものである。

しかし、「会計指針」は「多くの中小企業にとって、高度かつ複雑、経営者が理解しにくい、会計処理の選択の幅が限定的である、中小企業の商慣行や会計慣行の実態に必ずしも即していない部分がある」などの指摘がなされてきた（中小企業庁・中小企業の会計に関する研究会　中間報告書、二〇一〇年九月）。

そうしたことから中小企業庁では二〇一〇年二月に「中小企業の会計に関する研究会」を設置し、「中小企業の実態に即した会計のあり方」を検討し、同年九月に中間報告を出している。そこでは、中小企業の会計の基本的な考え方としては、次のようなものが望ましいとされている。

① 経営者が理解でき自社の経営状況を適切に把握できる、「経営者に役立つ会計」

② 金融機関や取引先等の信用を獲得するために必要かつ十分な情報を提供する、「利害関係者と繋がる会計」

③ 実務における会計慣行を最大限考慮し、税務との親和性を保つことのできる、「実務に配慮した会計」

④ 中小企業に過重な負担を課さない、中小企業の身の丈に合った、「実行可能な会計」

新しい中小企業向けの会計基準（以下、新基準ということにする）はまだ発表されていないが、④でいう「使える会計基準」が制定されることを期待してやまない。

税法に従って作成した財務諸表からは、企業の、真の経営成績とか財務状態を把握することは難しい。中小企業も経営分析を行って、自社の体力測定（健康診断）、問題点の発見・解決を図る必要がある。さらには、決算書を通じて、金融機関や取引先の信用を勝ち取ることも必要である。

それらの目的のためには、わが身の健康診断ができるような財務諸表を作成することが欠かせない。「中小企業の会計指針」や「新基準」はここで重要な役割を担うであろう。銀行だけが喜ぶ会計指針・新会計基準であってはもったいない。

中小企業が「会計指針」や「新基準」に従った経理をするとなると、まずは、税理士の意識改革（それほど大げさなことではないかもしれないが）が必要であろう。なぜなら、右記のように、税理士諸氏に会計専門職であるという意識が希薄であるとすれば、税理士自らが企業会計を意識した経理指導をしなければならなくなるからである。

税理士が会計専門職としての仕事をするようになれば（現在、そうした意識で仕事をしている税理士もたくさんいるであろうが）、税理士から公認会計士への道を拓くことができるようになるであろう。税理士としての豊富な経験を生かせば、公認会計士としての職務にも幅ができる。日本公認会計士協会が制作した広報誌「Dream, and Go」やデモビデオ「あなたの夢は何ですか？　未来、一八歳の監査法人体験」でも、公認会計士の三つの基本業務として、「監査」、「コンサルティング」と並んで「税務」を掲げている。税は、会計士にとっても重要な職域なのである。

中小企業が「会計指針」等に従った経理をするには、経理スタッフという壁がある。社内に経理知識のある人材が不足しているのである。

今回の会計士制度改革においては、公認会計士の増員によって会計の社会的インフラを増強することが目的の一つとされていた。しかし、わが国の場合、上場会社等の監査を主たる職務とする公認会計士を増員するよりも、会計のインフラとしては、中小企業向けの会計専門職を増やすほうが速効性が高い。

たとえば、「中小企業の会計指針」あるいは「新基準」を内容とした会計専門職試験を創設することも考えられる。仮に、「中小企業会計士」とか「中小企業経理士」と呼んでおこう。現在の簿記検定でいえば、一級と二級の間くらいのレベルと内容が想定される。

ただし、ここでも、以下に述べる「限定免許」あるいは「一部合格による資格取得」の考えを導入して、会計学・商業簿記の科目（科目の名称は別に考えるとして）に合格すれば、商業・流通・サービス業などの会計資格を与え、さらに製造業の会計資格を取得する場合には、原価計算・工業簿記の試験を課す、という方式が考えられる。

現在、日商簿記検定一級に合格しても特段の資格（税理士の受験資格は別として）は取れない。二級までは受験者がたくさんいても、一級になると急に減るのは、ただ単に難しいからだけではない。難関の試験に受かっても表だったメリットがないからである。名刺に書くわけにもいかない。

「名刺に書ける」、「有資格者と呼ばれる」、企業の内部で「スペシャリストとして扱われる」、そういう資格制度を創設することは、会計の社会的インフラ作りに有効であろう。

4 限定免許——歯科医師を医師に

話は、すこし飛ぶ。

医師不足が深刻になってきている。特に、僻地の医師、産科、小児科、救急などの医師が足りないという。政府もようやく大学医学部の定員増を認めた。しかし、定員を増やしても、医学部を卒業するのに六年、国家資格を取得して臨床研修などを受けるのに数年かかる。一人前の医師を育てるのに一〇年かかるのである。

厚生労働省の「安心と希望の医療確保ビジョン具体化に関する検討会」では、二〇〇九年度から医学部定員を年間四〇〇 - 五〇〇名ずつ増員することを提言するという（日本経済新聞、二〇〇八年八月二五日）。医師を一人増やすのに、二〇二〇年まで待たなければならないのである。それまで、出産を待てとか、病気になるな、ということであろうか。

そうした状況のなか、同志社大学の八田英二学長は、歯科医師の活用を訴えている。いわく「今打ち出すべき対策は潜在的な医師の予備軍を積極的に取り込んでいくことではないでしょうか。考えられるのが医師に比べて多すぎるとされる歯科医の活用です。歯学部の学生は医学部同様、六年間大学で勉強します。基礎医学についてはほぼ同じような内容を学びます。」（日本経済新聞、二〇〇八年八月一八日、インタビュー領空侵犯「医師不足に歯科医の活用を」)。

八田学長の提案は、けっして突飛なものではない。何も歯科医に産科や耳鼻科を担当させるといった話ではないのだ。歯科医は麻酔の扱いにも慣れており歯科口腔外科では全身麻酔をかけることもある。そこで、一定の研修を経て「麻酔科医としての限定免許」(同上)を与えてはどうか、というのである。歯科医師は供給過剰といわれているのに対して、麻酔科医は大幅に不足しているのである。救急医療の分野でも活用が期待できる。

5 公認会計士にも限定免許制度を

会計の資格でも、こうした「限定免許」「近接領域の人材活用」という発想は必要だと考える。たとえば、上の税理士であるが、企業会計の経験と知識を十分に持った税理士には、一定の研修なり試験を経て、公認会計士の資格を与えることが考えられる。公認会計士であるから監査を担当することもある。しかし、ここは、たとえば、監査スタッフの責任者(監査報告書のサインをする会計士)にはなれないけれど、監査スタッフの一員になれるといった限定をつけるのである。

公認会計士にも、限定免許があってもよい。司法試験も会計士試験も、試験制度を改革して、多様な人材を業界に取り込もうとしているが、実を結んでいるとはいいがたい。

わが国の場合、資格の取得にあたって実務経験を問わない。問わないというより、実務経験者が合格できない。企業において何年も経理や法務の経験を積んだとしても、年齢と試験のハードルが高すぎて、受験すらできない。もったいないではないか。実務経験が豊富な人材を会計専門職にする工夫があってよい。

最近企業の人から聞いた話では、監査にくるスタッフの中に新米の会計士がいると（内部統制の制度化で人手が不足しているために、最近は新米の会計士がたくさん混じっているらしい）、会社側が新米の会計士を「教育」せざるを得ないという。会社のことや業界のことを何も知らないために、一から教えるのだという。「金（報酬）を払って教えているようなものだ」と言って企業の人は苦笑いしている。

たとえば、製薬会社には製薬業界の会計慣行なり在庫管理のやりかたがある。不動産業には不動産業の、運送業には運送業の、それぞれ違った会計慣行や決算のやりかたがある。監査をするにも、業界ごとに見るべきところが違うであろう。保険、銀行、証券といった金融業では保険業法、銀行法、金融商品取引法といった業法を知らないと決算も監査もできない。

保険経理や銀行経理に詳しい人材が監査法人にいればよいが、多くの場合、監査法人の中にアクチュアリー（保険数理の専門家）はいないし、保険経理や銀行経理の経験者もいない。保険経理や銀行経理の専門知識を有する人材を、会計士業界に取り込むことができれば、迅速かつ適切な監査ができる。会社から「(会社寄りの)教育」を受けることも必要ない。

企業で会計の実務経験を積んだ人材を会計士界に、企業で税務の経験を積んだ人材を税理士界に、それぞれ取り込むルートを開発する必要があるのではなかろうか。

そのためには、公認会計士も税理士も、限定免許を導入するとよい。会計士であれば、当面、かつての会計士補のように監査補助者としてスタートし、経験を積んでから、公認会計士協会などが一定の試験を課してフルの資格を与えるというのでもよい。

また、税務をしない(できない)公認会計士資格があってもよいであろう。資格を取った後で税務をすることになったときに改めて租税法の試験を受ければよいではないか(今の租税法で十分かどうかの議論は、ここではしない)。右に書いたような、監査責任者にならない公認会計士資格があってもよい。

6　多彩、多様な人材を会計界に

自動車にもバイクにも限定免許がある。右の歯科医師の話もある。いずれの話も、一定の仕事(車やバイクの運転、麻酔科医)をこなすだけの技能と知識があれば、責任を持ってその仕事をやり遂げることができる、そうであれば、その仕事を邪魔する必要はない、むしろ、積極的にその仕事をするように制度を作る、ということである。

私も車が好きで、最初に乗ったのがオートマチック車（トルクコンバータがついている車）であった。その後、マニュアル車に乗り換え、次はまたオートマチック車、次はマニュアル車……買い換えるごとに変えてきた。しかし、この一〇数年、クラッチのある車には乗っていない。車検のときの代車も旅行先でのレンタカーも、マニュアル車はない。

教えている学生に聞いても、ほとんどが限定免許である。将来、マニュアル車を運転する必要が生じたときに、限定解除の試験を受ければよいことである。

会計資格にも、この「限定免許」と「限定解除」という柔軟な対応を取り入れれば、もっと多用な経験を持つ人材を取り込める。

7　書き足りないこと

本章では、会計資格の多様化を提案しているが、狙いは、次の三点であった。

①　日本における会計インフラの整備

②　有能・優秀な人材を会計界に（会計士業界だけではなく、企業の経理担当に）

③　会計知識の共有による相互理解を

ここでは、書く余裕がなかったが、次のようなことも議論・検討したいと考えている。

① シニア会計士（監査法人をリタイヤした人材）の活用——上場会社に、会計士の有資格者を雇用することを義務づけるというのはどうか。これが法制化されれば、会計士試験合格者の就職難も多少は緩和されよう。

② 公会計、環境会計に特化した会計士制度を創設する

③ 建設業会計士資格を

④ 簿記検定——準一級の創設

⑤ 会計士試験科目の見直しを（試験科目と実務が乖離している）

⑥ 税理士試験の内容の見直しを（試験委員経験者や実務経験豊富な税理士でも時間内に解けない問題は、それこそ「問題だ」）

⑦ 複数資格の取得を——たとえば、会計士がアクチュアリー資格を、アクチュアリーが会計士資格を

第22章　利益は発生するか（1）
——発生主義と実現主義の誤解

1　ウエットな会計学の世界
2　大人の会計学の世界
3　付加価値も利益も発生しない
4　利益は発生も実現もしない？
5　ジョージ・オー・メイの実現に関する解釈
6　メイのいう実現主義の根拠
7　発生主義は保守主義の適用か

1　ウエットな会計学の世界

一〇年以上前に、『産業経理』（産業経理協会）という雑誌に、「利益の社会的認知――利益はいつ実現するか――」という論文を寄稿した（一九九八年七月）。その後、かなり加筆修正した同じ趣旨の原稿を、拙著『原点復帰の会計学（初版）』（税務経理協会、一九九九年）に「利益は発生するか――未実現利益の怪」と題して掲載した。

多くの会計学者にとって意表を突かれた内容であったのか、それとも著者の独断的空回りであったのか知らないが、反響は少なかった。ただ、他人をほめることをめったにしない恩師筋の一人から、「あの論文は面白かったよ」と言われたことは、二つの意味で忘れられない。

偉い先生に目を通していただいたという感慨と、若輩とは言え学者を志している教員（当時、私はすでに教授であり、早稲田大学から博士号を取得していた）が書いた論文を評して、「面白い」とは何事か、という憤慨が入り混じった複雑な気持ちを抱いた。

その後、しばらくしてから、別の偉い会計学者から言われたのは、「田中さん、あの先生はあなたに嫉妬しているのだよ。自分で書けないことを田中さんに書かれてしまったからね。」という、思いもかけない一言であった。それほど大それたことを書いたつもりはないが、そのころは、自分が専門としてきた会計の世界には理論らしい理論がないのではないかという疑問が頭から離れず、収益の認識についても、「発生した収益を実現するまで計上しない」という会計常識におぼろげながら不信感を抱いていた。発生主義というのは、会計学の中の天動説ではないかという気がしていたのである。それをストレートに書いたことが、わが恩師筋の先生はお気に召さなかったらしい。

2　大人の会計学の世界

後から思ったことであるが、その大先生が書いたテキストにも、「利益が発生することは認識できても、それを客観的に測定できないから、実現するまで待って計上する」といった趣旨のことが書いてあった。

それが、今も昔も会計学の通説であるし、テキストというものはその時代の通論・通説を体系化し、可能な限り首尾一貫するように叙述するのが仕事であり、テキストの中で論争するようなことはしないのが普通である。とはいえ、自分が書いたテキストの内容に、弟子筋の若造が異論を唱えたとでも思ったのであろうか。

北海道生まれの私は、自分の考えをオブラートに包んで、やんわりと伝えるといった芸当はできない。考えていることを、できるだけ誤解のないようにストレートに伝えようとする。

しかし、世の中は道産子だけで構成されているわけではないし、道産子の流儀が通じる世界は広くはない。会計の世界では、オブラートを何枚も重ねて、「相手を傷つけない」ように、できれば「相手が気がつかない」ように、遠まわしに書くのが礼儀なのかもしれない。

きっと、それが「大人の世界」なのであろうか。そうした「大人のマナー」を知らない道産子が、会計学の常識中の常識ともいえる「発生主義」「実現主義」に異を唱えたのである。日本の会計学を双肩に背負ってきたと自負する大先生にしてみれば、「ろくに会計学を知らない若造が何を言うか」ということであったと思われる。

ここで一〇年前の論文を蒸し返すのは、「会計学の常識中の常識」、「現代会計の理論的立脚基盤」ともいうべき、会計上の「発生」と「実現」の意味を再確認することによって、国際会計の世界が進もうとしている「包括利益」概念や「全面時価会計」、工事収益の計上基準の変更（工事完成基準から工事進行基準へ）といった、「発生主義会計の強化」ともとれる動きが、「誤解の上に築かれた実務・理論」であることを明らかにしたいからである。

これは、正直に言って大それた企てである。

3　付加価値も利益も発生しない

あるとき、大学の「経営分析」の講義をしていて、付加価値の説明をしていたときのことである。黒板に、Aさんが山で山菜を採ってきた図を描いて、その山菜をBさんに千円で売った話をした。Aさんは、他から何も買わずに山菜を採取してBさんに千円で売ったのであるから、Aさんが新たにこの世に生み出した価値、つまり付加価値は千円だという説明をしながら、ふと、この山菜が売れなかったらこの付加価値はどうなるのだろうか、どう学生に説明したらよいのか、黒板の前でしばらく立ち往生したことがあった。

企業の付加価値を「分配」という面から分解すると、人件費、金融費用、税金、利益などである。つまり、企業が利益（ここでは、純利益というより粗利益）を稼ぐということは、付加価値を生み出すということである。Aさんの話で言うと、Aさんが採取した山菜をBさんが買ってくれたから、Aさんは千円の儲けがでたのであり、この千円がAさんの生み出した付加価値である。不幸にして山菜を誰も買ってくれなかった場合は、Aさんの儲け（粗利益）はない。とすると、誰も買ってくれなかった場合は、Aさんの付加価値もないことになる。

確かにAさんは、この世に新しい価値をもたらそう（売ろう）として山菜を取ってきた。採取した段階では、Ａさんは山菜が売れるという期待を持っていたであろうし、売れたらこの世に付加価値をもたらすことになったはずである。しかし、不幸にして売れなかったら、採ってきた山菜は腐るだけであり、利益も付加価値も「実現しない」。なぜだろうか。

4　利益は発生も実現もしない？

こうした考え・疑問に思いが至ったとき、おぼろげながら、「利益は発生しない」のではないかと考えるようになってきた。「作れば売れる」製品もあるであろうが、売れる見込みで生産したところ需給関係が悪化して在庫の山を築いたという話は掃いて捨てるほどある。

永　六輔さんが書いた『商人（あきんど）』（岩波新書、一九九八年）という本の中に、「あきんど」の言葉として、「つくるのは、努力すれば誰でもできますが、売るとなると、才覚がありませんとね」というのが紹介されている。作るのは簡単でも売るのは難しいとなると、今の会計常識でいえば、「利益を発生させるのは簡単」だけど、それを「実現させるのは難しい」ということになりそうである。

売ることを考えずに作っていいのであれば、そして作れば作るほど利益が発生するのなら、こんな楽なことはない、誰でもすぐに億万長者になれそうである。でも、売ることを考えないとしたら、「発生したはずの利益」を実現する手段がないかもしれない。

会計では、発生しているけど実現していない収益（利益）を「未実現収益（利益）」と呼んできた。「実現していない収益」が存在するというのであれば、「沸いていないお湯」も「書きあがっていない本」もあることにならないであろうか。お湯は沸いているものを言うのであって、「沸いていないお湯」では形容矛盾であろう。

5 ジョージ・オー・メイの実現に関する解釈

イギリス生まれで勅許会計士、アメリカに帰化して公認会計士となったジョージ・オー・メイ（George O. May）は、同国の「会計制度と会計学の発達に寄与した先駆者」（『会計学大辞典（第四版）』中央経済社）とされる人物である。氏は、その主著『財務会計――経験の蒸留――（*Financial Accounting : A Distillation of Experience*）』（原著は一九四三年刊、翻訳は、木村重義訳、同文舘、一九七〇年）の中で、収益や利益の発生と実現に関して次のように述べている。何気ない文章ながら、何度も読み直してみたくなるほど含蓄のある一文である。

「所得（収益または利益と置き換えてよい――引用者）を何期かの短い期間に配分しようとすると、非常に大きな困難に直面せざるを得ない。その点では確かに、所得の期間配分に関して慣行として行われている処理が本当に必要かどうかが問題である。また、そうした慣行のなかには、めったに事実と一致しないものがある、ということを知る必要がある。

「明らかに、一生懸命行った製造と販売の過程が、(いろいろな製造や販売の段階を経て、最終的に)利益をあげる価格で製品を引き渡した段階でクライマックスに達するとすれば、(本来、利益とは、製造の各段階や販売の段階で徐々に発生するものであって)販売や引き渡しが行われた期間に帰属させるというのは、慣行としてでなければ、行いえない。会計ではこうした期間帰属を行ってきたが、こうした慣行が正当化されるのは、こうした慣行が実際に役立っていることを証明できるときだけである。

どうして、事実に反するルールが、実際には有用で信頼できる結果をもたらすのか、それはつぎのように説明できる。通常の営業においては、その始まりから終わりまで、どの瞬間においても、利益を生み出す作業が行われている。もしもその作業がまったくむらがなく行われているとすれば、それぞれのユニットの作業が完成した割合に応じて利益を期間配分するのも、すべての利益を一つの時点でまとめて計上するのも、結果は同じになるであろう。」

メイは、ここで、利益を生み出す作業がむらなく行われるような場合を想定して、利益を「発生主義」で計上するのも「実現主義」で計上するのも結果は同じになることを指摘している。そのうえで、メイは次のように言う。

「ここから、ただちにいろいろな結論が浮かんでくる。こうした慣行は、第一に、生産物の流れがきわめて均一な場合には、いろいろな目的に有効であろうということであり、第二に、短い期間に適用するよりも期間を長くとったほうがより一般的に有効であろうということであり、第三に、（生産や販売が）最終的に完了する時期やその数量が不規則な場合には、目的によっては、この慣行を適用することが可能かどうか、おおいに疑問が残るということ、である。かくして、このルール（収益に関する実現主義）は、標準的な製品をかなり安定した生産速度で、少しずつ製造している事業体に対してはほぼ完全に有効である。一般的にあまり有効でないと考えられる場合、つまり、計算される利益の数値が一般的にいって意味が小さいと考えられるのは、軍艦のような大きな製品を作っている会社や、建設を請け負っている業者の場合である。」（木村訳。ここでは、訳文を多少アレンジして紹介している）。

6　メイのいう実現主義の根拠

メイが言わんとするところを私なりに敷衍《ふえん》すれば、こうである。

利益は企業活動の各段階で累積的に発生する（会計で「発生」というときは、英語の「accrue」、つまり、「利益などが（自然に増大して）生じる」という意味で使ってきた）。原材料を仕入れ、これを貯蔵し、製造工程に投入、何段階もの工程を経て製品となり、さらに梱包され、売買契約が成立して出荷・引き渡され、検品を受けた後、代金の回収が行われる。利益はこうしたいろいろな段階で、少しずつ発生し、雪だるまのように累積して、最終的に販売価格に結実するのである。

ところが、現実の会計処理は、そうした発生という事実に即して、発生するたびに発生分の利益を計上するというのではない。製品が企業外部に販売される一時点に、すべての利益をまとめて帰属させるのである。

こうした処理は事実に即していない。事実に即していない処理が、なぜ認められるのか。それは、「生産物の流れが均一」という条件を満たしているケースであれば、事実に即した処理をしてもすべての利益を販売時点にまとめて計上しても、結果が同じになるからである。

メイは、これ以上のことは言っていない。そこで、もう少しわかりやすくするために、メイの説くところを数字を使って説明する。

毎日、一万単位の標準的な製品(たとえば、電池とかインスタント・ラーメン)を生産しているとしよう。月に三〇万単位、年に三六〇万単位を生産している。この製品は、ほぼ同じペースで、つまり日に一万単位、月に三〇万単位売れるとする。メイの言う、「生産物の流れが均一」という条件を満たしている。

生産物が、生産過程と販売過程で同じように流れるとすれば、生産と販売の間に、たとえば一か月のタイムラグがあるとすると、四月に製造した製品三〇万単位が五月に販売され、五月に製造した製品が六月に販売される。五月をとってみると、生産は三〇万単位、販売も三〇万単位である。五月に販売された三〇万単位の製品は、実際には四月に製造されたものであるが、これを仮に五月に製造した三〇万単位を同じ五月に販売したものとして利益を計算しても、結果は同じである。

四月に製造した製品三〇万単位を、利益の発生に即して（発生主義によって）計上すれば、四月の利益は三〇万単位の売上げに含まれる利益である。四月の利益を販売基準（実現主義）で計上しても、同じ三〇万単位の売上げに含まれる利益である。

このように、生産と販売がほぼ均一に行われる場合には、利益を発生に即して計上しても、販売時にまとめて計上しても、結果は同じになる。利益を発生に即して計上する場合に予想される計算の複雑さや不確実性に比べると、販売時にまとめて計上する方法は計算も容易かつ確実である。

メイはこうして実現主義を正当化する。発生主義を採用することは、現実には非常に大きな困難を伴うが、実現主義によってこうした困難を回避し、結果もほぼ同じにできるというのである。

7　発生主義は保守主義の適用か

この一文に初めて接したのは、まだ私が大学院の学生の頃であった。それまで、実現主義という基準は保守主義を適用したものだと思い込んでいたので、実現主義というと、「発生主義という理想的な利益の測定方法」から一歩後退した保守的な方法といった程度の消極的なイメージしかなかった。メイのこうした積極的な解釈を知って大きな感銘を受けたことを覚えている。

しかし、今考えてみると、実現主義に関する伝統的な解釈（実現主義は保守主義の適用形態の一つとする）も、ここに紹介したメイの解釈も、本当は間違っているのではなかろうか。

伝統的な解釈でも、メイと同じく、利益（アメリカでは所得という）は企業活動のあらゆる段階で累積的に発生すると考えている。米国財務会計基準審議会（ＦＡＳＢ）が誕生するまで、アメリカの近代会計理論の形成を一手に引き受けてきた観のあるアメリカ会計学会（ＡＡＡ）の、一九四一年会計原則も、「収益は、生産プロセスの進行に伴い発生する」としている。

ただ、そうは言っても、多くの場合、発生段階の利益、累積しつつある利益を客観的に測定することが極めて難しいので、販売によって対価（販売によって受け取る代金の額）が確定してから、つまり、収益の金額とその請求権が確立してから利益を計上するというのである。

収益とか利益というものは、そういうふうに段階的・累積的に発生するものなのであろうか。実は、院生のときにメイの「実現主義に関する積極的な解釈」に感動しながらも、その後、先に述べたように、付加価値の話（売れると信じて製造しても売れないことがあると、創造したはずの付加価値が消えてしまう）に思いが及んで、「利益は発生するのか」という素朴な疑問がいつも頭の片隅にあった。

その疑問をストレートに、学界にぶつけたのが、『産業経理』に掲載した論文であり、『原点復帰の会計学』に収録した論文であった。

小論を発表してから一〇年以上も経つが、なにほどの議論も沸き起こらず、誰からも反論されなかったのは、「意表を突かれた学界人」が無視を決め込んだのか、私の独断的空論であったからなのか、それは知らない。

しかし、ことは「会計学界人の嫉妬」で収まる話ではない。なぜなら、冒頭に書いたように、今、世界の会計が、「誤解の上に築かれた会計実務・理論」をベースに、「包括利益」概念や「全面時価会計」、工事収益の計上基準の変更（工事完成基準から工事進行基準へ）といった、「発生主義会計の強化」ともとれる動きを示しているからである。

次章は、「発生主義の誤解」を引きずったまま、いや、そうした誤解をうまく利用して、自分に都合のいい会計理論を組み立てようとする国際会計基準の問題を取り上げる。

第23章　利益は発生するか(2)

――「毛虫」と「蝶々」は同数か

1　「利益」は自明のものか
2　利益概念は合意できるか
3　利益とキャッシュ・フロー
4　アメリカとイギリスの利益観
5　「生まれた毛虫」と「飛び立った蝶」は同数か
6　「未実現の利益」は存在しない
7　利益は累積（発生）しない

前章で「利益は発生するか(1)——発生主義と実現主義の誤解」を書いた。その続きである。

1 「利益」は自明のものか

「利益」が「発生」するかどうかとか、利益がいつ「実現」するかといった議論をする前に、「利益とは何か」を検討する必要があろう。

多くの人(会計学者も経済学者も、さらには課税当局も含めて)は、「利益」を自明の概念と考えている(考えてきた)のではなかろうか。例を挙げる。一〇〇円で仕入れた商品を一五〇円で販売すれば、五〇円の粗《あら》利益(諸経費を差し引く前の利益)が出る……というのが、通論・通説であろう。

ここで、販売した商品の(販売時点での)仕入れ値が一二〇円に上がっていたとすれば、二つの考え方ができる。一つは、販売した商品の実際の仕入原価は一〇〇円であったのだから、販売益は五〇円とする考えである。もう一つは、この商品を一五〇円で販売した後、同じ商品を仕入れるには一二〇円かかる。利益を五〇円として計算して配当・納税すると、次の商品を仕入れることができなくなるので、経営を続けるには原価を一二〇円、利益は三〇円とする必要がある、という考え方である(この考え方は、再仕入れ価格が八〇円になるような価格下落期を想定していない。八〇円を原価として七〇円の利益を計上すれば、投下資本一〇〇円のうち二〇円が回収されなくなる)。

前者は、一つ一つの取引から得られる利益を「投下資本(買値)」と「回収資本(売値)」の差額として計算するものであり、後者は、事業の継続を維持することを目的としたときの利益(処分しても事業の継続に支障をきたさない)を計算するものである。前者を「名目資本維持(会計)」と呼び、後者を「実物(実体)資本維持(会計)」と呼ぶこともある。

最近では、第三の考え方が、国際会計基準やアメリカの会計基準で採用されている。それは、収益(売価)と費用(仕入れ値)といったフロー(資金やコストが企業内から企業外へ、あるいはその逆へ流れる量)ではなく、ストック(企業に残る資産から負債を差し引いた期末の純資産の量)の増加をもって利益とする考え方である。

前二者(売上高から仕入れ費用を差し引いて利益を計算する方法と、売上高から再仕入れに必要なコストを差し引いて利益を計算する方法)は、企業を流れるフロー(収益、費用)を比較して利益を計算するのに対して、後者は、期首にあった純資産が期末までにどれだけ増加したかを計算して、利益とするものである。

2　利益概念は合意できるか

利益を計算するということでは、どちらが正しく、どちらが間違いということではない。第5章に、こんなことを書いた。

「資本市場に参加する者の多くが、資本とは何か、何を資本とするか、資産とは何か、何を資産とするか、利益とは何か、何を利益とするか、資産の価格変動分を損益として見るか、損益と見ないか、利益はいつ実現したと考えるか、利益はどこまで配分してよいとするか、などなどについて合意して初めて、会計の計算結果を多くの人が納得するのである。決して、資本も資産も利益も自明のことではなく、会計だけで決められることでもない。」

「医の世界にインフォームド・コンセント（十分な説明と同意）という慣行が広まってきたのと同様に、会計の世界でも、規制を受ける経営者がその規制の意味や効果を十分に納得してこそ規制を当然のこととして受け入れる。そうした会計のインフォームド・コンセントが必要である。規制を求める側（会計士、行政、投資家）の要求を、規制を受ける側（経営者）が納得しない限り、規制の実効はあがらない。その効果を高めるには、ゲームに参加する者すべてが、ルールについて合意する必要がある。」

右に紹介したように、商品を販売するという単純な取引でも、「投下資本の回収余剰としての利益」という考えと、「事業継続のためのコストを差し引いた上の利益」という二つの考えがある。どちらにも、それなりの理論的根拠があるとすれば、その時代、その社会が、いずれかを選択しなければならない。そこでは、より多くの支持を得た考え方が、その時代、その社会において採用されるであろう。

会計の中心概念であるはずの「利益の概念」でさえ、社会の合意の高さで決まるのである。そこでは、理論とか論理といった「学者が頭の中でこねくり回した」ものよりも、経営者や投資家が肌で感じる「実感」「直感」が、より広く受け入れられることもある。

3 利益とキャッシュ・フロー

たとえば、「得した」とか「損した」という感覚は生活の至る所にあるが、それらを会計上の損益（あるいは、税務上の損益でも）とするかどうかは単純には決められない。

子供の頃、親戚からお年玉やお小遣いを貰えば、誰しも「得した」と感じたであろう。駐車違反の罰金を取られれば「損した」と感じるかもしれない。こうした事例では、キャッシュ・フローが付いてくるので、現金が入ってくれば「得した」「儲けた」、出ていけば「損した」という実感とキャッシュの増減が一致して、会計や税金計算に反映されてもおかしくはない。

では、仕入れた商品の値（売値）が上がりそうなので売らずにいたら、値が上がった、というケースはどうであろうか。この商品を高くなった値段で売れば、売却益にはキャッシュ・フローが付いてくる。売らずにそのまま持っていても、値上がりすれば、どこか「儲けた」ような気がするであろう。ただし、この場合には、儲けにキャッシュ・フローが付いてこない。

マンションを買おうとして物件を探していたが、市況が悪いので値下がりすることを期待して買わずにいたところ、期待どおりマンションの価格が下がったとしよう。五千万円で売っていたマンションが四千万円で買えるようになったとしたら、買い手は「一千万円、儲けた」ような気になる。しかし、この一千万円の儲けは、他のモノを買うために使うとか、貯金するといったことには使えない。なぜなら、この「儲け」には、キャッシュのインフローが伴わないからである。

右に紹介した第三の考え方を「資産負債アプローチ」と呼ぶ。国際会計基準やアメリカの会計基準が採用する利益観である。古くは「純財産増加説」と呼んだ。この方式によって計算した利益にはキャッシュ・フローが付いてこない。これからはわが国の企業（上場会社）も、国際会計基準（ＩＦＲＳ）が適用されることになりそうな動きがあるが、国際会計基準で計算した利益（包括利益）には、これまでの日本企業が計算してきた「キャッシュ・フローに裏付けられた利益（実現した利益）」と違い、キャッシュの裏付けのない利益（「発生した」とされる利益）が紛れ込む。

キャッシュ・フローの裏付けのある利益の場合は、それを対外処分（配当や納税）しても資金繰りの問題は生じないが、キャッシュの裏付けのない利益を対外処分するには、まず、そのための資金（キャッシュ）をどこからか調達しなければならない。うまく資金を調達できなければ、大きな利益を報告しても、配当や納税ができないという事態が生じる。国際会計基準によって計算した「包括利益」とは、かくも実態がないのである。

では、なぜ、アメリカや国際会計基準はこうした利益観をとるのであろうか。その根本的な理由は、アメリカの歴史にある。以下、イギリスのそれと対比しながら、アメリカの利益観・資本観を明らかにしたい。

4　アメリカとイギリスの利益観

アメリカとイギリスは兄弟のような国であるが、両国民の利益観・資本観はまるで違う。その原因の一つは、山桝忠恕教授によれば、資本の蓄積度や実物資本観に求められる。

英米でもわが国でも、損益項目は二つの基準で分類する。すなわち、損益の発生源泉別分類と発生頻度別分類である。前者は、正常な企業活動から発生したものかそれ以外の活動の結果かによる分類であり、後者は、反復的・循環的に発生するものかめったに発生しないものかによる分類である。

イギリスでは、伝統的に、正常な企業活動の範囲内において規則的・反復的に発生する損益こそ本来の損益であり、正常な企業活動の範囲外でめったに発生しないものは、本来の損益ではないと考えてきた。異常損益項目を期首の留保利益または積立金に直接賦課（加減）するという、かつての「積立金会計（reserve accounting）」は、こうしたイギリス特有の利益観の現れであったとみることができる。

こうしたイギリス人の利益観・資本観を、アメリカ人のそれと比較して、山桝教授は次のようにいう。

「おしなべてイギリスの会計人たちは、資本をもって利益を産むことに利用されるもの、つまり、果樹のようなものであるとみるとともに、他方の利益については、元本を傷めずにそれから分離できるものであるとして、それを果実にたとえようとする。これにたいしてアメリカの会計人たちは、資本をもってそれ自体増大するものであるとし、しかもその増大というのは、その原因のいかんにかかわらず、すべてそれを利益であると解釈しがちな傾向にある。」

「イギリス人は、ひろくひとの貧富の度合を判定する場合に、年々規則的に確保することのできる年収、つまり収入の恒常的な流れこそを問題とするのにたいして、アメリカ人は、つねに

そのひとの所有ないし支配下にあるドルの量こそを重視しようとする」（山桝忠恕『近代会計理論』国元書房、一九六三年）

イギリス人の利益観は、この国がまだ農業国であった一五世紀においてすでに広く浸透していたといわれ、この国で所得といえば、季節の周期に伴い規則的に得られる収穫こそがそれであったという（山桝、同上）。こうした利益観は、現在の日本でも共有されている。日本は農業国から「物づくり」の工業国に移っているが、農業国も工業国も、同じ利益観をもっている。つまり、こうした国々では「儲け」とか「利益」というものは、汗水流して、時間を掛けて、自分（経営者）と従業員の努力と工夫と智恵とを結晶させて手に入れるものであり、土地のような農工業の元本ともいうべき資産を転売して投機利潤を手にするものではない。

イギリスの歴史に比べると、アメリカの歴史は短い。その短い歴史の中で、いくたびか「にわか景気」や不況を経験し、さらに天候の順・不順によって農作物のでき具合が年ごとに大きく変わった。したがって、この国では多くの事業が常に投機的な性格をもっていたといえる。

土地の所有を例にすると、イギリス的な、土地を元本として規則的な収入を得るということよりも、それを転売して投機利潤を得ることに関心が向けられたことが少なくない。ここでは、所得の循環性とか規則性ということはあまり問題にならない。イギリス人はストックを前提としたフローをもって利益・所得と考えがちなのに対して、アメリカ人はストックの増減・多寡を重視するのである。

もともと、イギリスの損益計算では損益の循環性や規則性が重視され、アメリカの会計ではキャピタルゲイン（資産の価値の増加、資産の売却益）が利益とされる背景には、こうした両国の歴史的・経済的な事情があるのである。

アメリカとイギリスという兄弟のような国々でさえも、これだけ利益観や資本観が違うのである。今日でいうと、イギリスの伝統的な会計観は「物づくり」の会計にふさわしく、アメリカの会計観は「投機事業」の会計に向いている。

さて、そのアメリカの会計観であるが、上述したように、資産の時価が上昇するとその評価益（「発生した」と考える利益）をも利益として計上するものである。この考え方が今、国際会計基準にも取り込まれている。ここで計上される利益は、「発生した」けれどまだ「実現していない」利益というのではない。実現そのものを問題にしないのである。その理由については次章で述べる。

「発生した利益」は、必ずしもキャッシュ・フローの裏付けがあるわけではない。評価益は売るまで（つまり、実現するまで）キャッシュ・インフローはない。そうした不確実な利益概念をベースに財産の対外処分（配当、納税）をすれば、たちまち資金繰りに困窮する企業が続出するであろう。

本章が問題にしているのは、「利益は発生するか」である。世界の会計が、「利益は発生する」という（私見からすると）誤解の上に「包括利益」概念や「全面時価会計」といった「発生主義会計の強化」とも取れる動きを示しているときこそ、「発生主義の誤解」を解いておきたいと考える。

5 「生まれた毛虫」と「飛び立った蝶」は同数か

世界中に、今はまだ世に認められていない画家や小説家がいる。数えきれないほど、たくさんいる。彼ら・彼女らは、毎日毎日、大作・傑作に取り組んでいる。彼らの作品は、今、収益なり利益なりが段階的・累積的に発生しているのだろうか。もちろん、その中には、世界的な名声を博する画家・小説家が出てくるかもしれない。しかし、ほとんどは、無名のまま、画集も出せず、短編集も出せずに、一生を終えるのではなかろうか。同じように「毛虫」として生まれても、毛虫のまま鳥に喰われるものもいれば、蝶となって羽ばたくものもいる。利益は、毛虫なのだろうか、蝶なのだろうか。

伝統的な実現主義の解釈も、（1）で紹介したジョージ・オー・メイの解釈も、毛虫が生まれたらいずれ蝶になるのだから、「毛虫は数えるのが難しいけど、蝶になったときは数えやすいので、蝶になったときに毛虫の数を数えよう」というものである。

しかし、毛虫と蝶は、同じ数にはならない。同様に、発生したと考えられる利益と実現したと認められる利益は同じではないのである。発生したと期待する利益が、実際には実現しないこともありうるのだ。収益・利益の発生は、観念的な期待にすぎない。伝統的な会計やメイが説くように、利益が製品の加工段階で累積的に発生するものであるとすれば、その製品が不幸にして売れなかったときに、「発生した利益」がなぜ消えてなくなるのかを、うまく説明することができるであろうか。

6 「未実現の利益」は存在しない

伝統的な会計学のテキストでは、商品・製品の利益は販売時点（引き渡し時点）で実現すると説明されている。同時に、発生した利益は、販売されるまでは未実現の利益であると説明されている。

しかし、利益は本来、実現したものをいうのであって、「未実現の利益」などというのは存在しないはずである。（1）でも述べたように、「実現していない利益」が存在するというのであれば、「沸いていないお湯」とか「書き上がっていない本」も存在することにならないであろうか。

「お湯」は、沸いたものをいうのであり、「本」は書き上がったものをいう。「沸いていないお湯」では、「丸い三角」と同様、形容矛盾であろう。

これ以上の多言を要しないであろうが、身近な例をもう一つ挙げよう。野球の試合は普通九回の裏を終わらなければ、勝ち負けは決まらない。たとえ八回までに大差を付けて勝っていたとしても、これを未実現の勝利、もうすぐ本物になる勝利、といえるであろうか。確かに、九回が終わって勝ちが決まれば、一回から八回の努力が累積して九回に勝利が実現したようにも見える。

では、八回まで勝っていて九回に逆転して負けたときはどう解釈するのであろうか。勝利をものにするには八回までのゲームをこなさなければならないのは事実である。しかし、その一回から八回までの努力が、本当に勝利に貢献してきたとは、逆転負けのゲームでは説明できない。

7　利益は累積（発生）しない

以上の話から容易にわかるように、利益は累積することはないのである。したがって、未実現の利益（発生したけれどもまだ実現していない利益）などは、ない。あるのは「実現した利益」つまり「利益」である。

右の、毛虫と蝶々の話に戻れば、毛虫は毛虫であり「未実現の蝶々」ではないのである。「蝶々になったそのときから蝶々」なのである。利益は実現したものをいうのであり、蝶々は飛び立った蝶々をいうのである。「未実現利益」も「蝶になる前の蝶々」も、ない。

第24章　利益は発生するか（3）

——利益はフローか、ストックか

1　評価益は発生するのか
2　利益はフローかストックか
3　財産法は「利益の発見法」
4　「経済学的利益概念」は狐火
5　経済学でも「所得はフロー」
6　会計は「損益計算論」か「資産評価論」か
7　評価益も「消えてなくなる」
8　国際会計基準の「包括利益」

1　評価益は発生するのか

前章では、物づくりの場合を想定して「利益は発生しない」ことを書いた。有価証券や土地のような価格変動のある資産の場合は、製造のプロセスがないので、伝統的な会計（取得原価主義会計）では、各期末の貸借対照表では取得原価（減価償却後）で記載し、これを売却したときに、売却損益を計上してきた。

最近では、有価証券のような金融資産は時価会計の対象となり、さらに、国際会計基準では、金融資産ばかりか、期末に保有する商・製品などの棚卸資産や土地・建物のような固定資産をも時価評価の対象とすることを目論んでいる。では、こうした「資産の評価損益」は、「発生」するのであろうか。本章では、この問題を取り上げる。

2　利益はフローかストックか

会計では、企業利益を期間に区切って計算する方法として二つの方法があると説明してきた。

①　財産法——期首の純財産と期末の純財産を比較して増加した分を利益とする方法。増資や

減資は計算から除く。純財産増加説ともいう。

期末純資産　－　期首純資産　＝　当期純利益

② 損益法――期中の総収益から総費用を差し引いて残りがあればこれを利益とする方法。

当期の総収益　－　当期の総費用　＝　当期純利益

私は、教室で財産法と損益法を説明するとき、パチンコの台を例に使っている。四〇〇円を出して一〇〇個の玉を借りたとする。パチンコの台には二つのカウンターを付けておく。一つは、打った玉の数を数えるカウンターで、もう一つは出てきた玉の数を数えるカウンターである。

一時間ほどゲームを楽しんだとしよう。打った玉の数を数えるカウンターから、この一時間に玉を二、〇〇〇個打ったということがわかったとする。出てくる玉の数を数えるカウンターを見ると二、二〇〇個出てきたことがわかるとする。打った玉が二、〇〇〇個で出てきた玉が二、二〇〇個ということは、二〇〇個増えているはずである。このようにインフロー（出てきた玉）とアウトフロー（打った玉）を比較して、どれだけ財産が増えたかを計算するのが損益法である。

流入量二、二〇〇個　－　流出量二、〇〇〇個　＝　増加量（利益）二〇〇個

最初の玉は一〇〇個であった。ゲームを終えてから手許にある玉を数えると三〇〇個あったとする。最初に比べると二〇〇個増えている。このように、初めの時点と終わりの時点のストック（有り高）を比較して、増加していればそれを利益とするのが財産法である。

終わりの時の有り高三〇〇個　－　最初の有り高一〇〇個　＝　増加量二〇〇個

3　財産法は「利益の発見法」

財産法は、実際の財産というストックの増加を確認してこれを利益とするのであるから、計算は確実であり、利益の存在を目で確かめることができる。

他方、損益法は、一定期間に生じた収益と費用というフロー（流量）同士を比較して、アウトフローよりもインフローが大きいので財産の増加があったはずだとするのであるから、利益の存在を観念的・抽象的にしか確認できない。

加えて、損益法では、二つのカウンターが共に正常に作動していないと、正しい利益の計算ができない。たとえば、打つ玉のカウンター（費用のカウンター）が実際よりも少なくカウントすれば利益は過大に計算されるし、出てきた玉を数えるカウンター（収益のカウンター）が実際よりも多くカウントしても利益は過大に計算される。損益法では、カウンターの精度が重要なのである。

では、財産法の方が優れているのであろうか。財産法では、期中にどのような営業活動が行われたか、財務活動は効率的であったか、資産の管理は適切であったかなどは本質的な問題とされない。したがって期中の取引の記録（パチンコの例でいえばカウンターの目盛り）がなくても損益の計算ができる。ますます便利な方法のように思えるかもしれない。

しかし、財産法では、実は利益を「計算」しているのではなく、利益を「発見」しているに過ぎない。この方法は、期首と期末の財産（純資産）を比べて、期末の財産が大きければ差額が利益だとするのであるから、いわゆる「どんぶり勘定」と同じである。朝、営業を始めるときに釣り銭としてどんぶりにいれておいたお金が、夕方、営業を終えるときにいくら増えているかで儲けを計算するようなものである。この方法からは、利益がいかなる活動から生まれたのか、活動量はどのくらいであったのか、活動は効率的であったのか、といったことは知り得ない。

4　「経済学的利益概念」は狐火

利益に関する議論では、わが国の会計はこの四〇年ほど、商法・会社法の利益概念（債権者保護を目的とした分配可能額）の中で細々と息をしてきた。この間、会計上の利益概念とは何かといった議論はほとんどなされていない。利益は所与のものであった。

ただし、会計学者の中には、商法・会社法の利益概念に飽きたらず、これとは別の利益概念を構想する人たちもいた。残念なのは、彼らのほとんどすべてが「会計上の利益」を追求するのではなく、彼らが尊敬する「経済学」上の利益を追求したのである。そこでも「利益はフローかストックか」という問題が「経済学的利益」の測定という形で議論されてきた。

会計学者が「経済学上の利益概念」として紹介するのは、決まって、J・R・ヒックスが検討した（主張した、ではない）所得概念である。ヒックスは『価値と資本』第一四章「所得」の冒頭において、個人所得の中心的意味を「ある人の所得とは、彼が一週間のうちに消費し得て、しかも週末における彼の経済状態が週初におけると同一であることを期待しうるような最大額」（J・R・ヒックス著、安井・熊谷訳『価値と資本』岩波現代叢書。引用は以下同じ）であるとしている。その上で彼は、利子率が変化しない場合（所得第一号）、利子率が変化する場合（所得第二号）、物価変動が予想される場合（所得第三号）について、事前の（ex ante）所得を定義し、上の中心的意味に最も近い所得第三号を幾分詳しく検討している。

所得第三号は、次のように定義される。「（所得とは）個人が今週に費消し得て、しかもなおこれにつづく各週に『実物で』同じ額を費消しうることを期待できるような、最大の貨幣額」である。この所得概念は、わが国の時価主義者や実物資本維持論者から熱烈ともいえるような支持を受けた。わが国を代表する会計学辞典『第六版会計学辞典』（同文舘出版）では、経済的利益とは一期間における純資産価値の増加額と定義した上で、ヒックスを「資本維持を重視した経済的利益を提唱」した経済学者として紹介している（後述するように、ヒックスはそうした利益概念を提唱したわけではなく、検討した上で棄却したのである）。時価会計論者は定義の部分を、そして、実物（実体）資本維持を唱える学者は、「資本維持を重視」という側面を自説の立脚基盤として利用した。

ヒックスはこの所得概念（第三号）を示した後、ここで採択すべき適当な物価指数とはどういうものであるか、また「実物で」とはどういう意味かという点を問題にして、さらに個人が支出の一部を耐久消費財に振り向けた場合（会計でいうところの資本的支出）に生じる問題を検討する。

その結果、ヒックスは所得概念第三号をも放棄して、次のように言うのである。

「この基準（ヒックスのいう所得の中心的意味のこと）への近似概念（所得第三号のこと）を考察することにより、この基準がいかに複雑を極めたものであるか、それがいかに魅力のないものに見えるかということを知るにいたった。……この基準は、結局のところ、およそ分析に堪えるものであるかどうか、われわれは狐火（will-o'-the-wisp）をおいつつあったのではないか……経済動学では、所得と貯蓄を避ける方が得策であろう。それらは悪い用具であって……手にすれば壊れてしまう。」

5　経済学でも「所得はフロー」

以上の三つの所得概念はいずれも「事前の所得」を定義したものである。個人が一週間のうちに消費し得て、しかもなお従来どおりの経済状態にあることを「期待しうる」最大額というのであるから、期待が実現しなかったときのことは何も示していない。

そこでヒックスは、ケインズのいう「期待せざる利益（windfall gain）」を含めた「事後の（ex post）所得」を取り上げる。会計的利益は事後的に測定されることからすると、この所得概念に期待したいところである。

ところがヒックスは、「特定の週の事後の所得もその週の終わりがくるまでは計算することができないし、その上それは現在の価値と、まったく過去に属する価値との比較を含んでいる。『既往は問わず』の一般原則によれば、それは現在の意志決定には何ら関係を持ち得ない」という結論を導くのである。

所得（利益）を計算しようとする者が「計算しうる所得は彼の求める真の所得ではなく、彼の求める所得は計算することができない」というのである。ヒックスは、実証的理論経済学を研究する学者にとっては「所得」というのは非常に危険な用語であり、使わないほうがよい、とまで断言している。

これがヒックスの所得概念論である。時価主義や実体資本維持論を唱えるにはヒックスの仮説（所得・利益の中心的意味）は非常に都合がいいのであろうが、当のヒックスでさえこの所得概念を「狐火」と見ているのである。超一流の経済学者が「狐火」と見ているものを理論の根底において組み立てた時価主義や実体資本維持論に、経済学の裏付けがあるとは、とても言えない。

ヒックスの書物をつまみ食いしたことが一部の時価主義者・実体資本維持論者の誤りであった。書物をあと数頁先まで読めば、ヒックスのいうこと（純資産増加説は誤り）にたどり着いたのであるが、自説に都合のいいところまでを読んで、それを一般的な「経済学的利益概念」であるとして自説の根拠としたのである。わが国の会計学者だけではなく、「経済学的利益」を主張した世界中の学者も同じ誤りを犯している。「ヒックスの所得概念」とか、「ヒックスの経済学的所得概念」などと紹介されてはヒックスが迷惑する話である。

ちなみに「一週間のうちに消費し得て……」というときの所得（利益）概念は、単純化して言えば二期間のストックを比較して所得（資産の純増加分）を求めるものである。これは経済学的利益概念というより、財産法的利益計算を前提とした「会計的利益」と言ったほうが正しいのではなかろうか。むろんそう言ってしまえば経済学の威光を当てにできなくなってしまうが。

実は、ヒックスは別のところ（第16章）で「企業所得」の測定問題を取り上げている。ここでは、ある週の産出量の価値がその週の投入量の価値を超過する額を「剰余」とし、これから社債利息のように過去の契約によって支払いを約束している額を差し引いたものを純収入と呼ぶとすると、

企業利潤（所得）＝純収入－減価償却費

という関係が得られるとしている。ここでは二期間のストックを比較するようなことはまったくしていない。所得をフローとして捉えている。所得をフローとして捉えるのは、経済学の伝統でもある。今日の正統的な経済学ではマーシャル流の所得概念が採られていると聞く。

6　会計は「損益計算論」か「資産評価論」か

以上、会計上の利益の計算（財産法と損益法）と「経済学上の利益」の計算を紹介した。利益の計算法として財産法（純資産増加説、ヒックスが検討した所得第三号も同説）を取れば、期首と期末の財産の有り高を比較することができる限り誰でも利益を計算できる。

とすれば、財産法は、会計学などという学問を必要としない。会計学のテキストに長々と書かれている減価償却の理論も、棚卸資産の原価配分の理論も、収益の認識基準も、要らない。何しろ帳簿には財産の有り高さえ記録すれば済むのであるから、複式簿記などという複雑な計算シス

テムを動かすこともない。

アメリカ会計学会の会長を務めた井尻雄士教授は、アメリカの会計が次第に静態化してきたことを紹介した上で、「時価会計なら単式のしかも物量の記録だけで間に合う」と断言している(井尻「アメリカ会計の変遷と展望」『會計』一九九八年一月)。これは「会計」ではない。いや、仮にこれも会計だとしても、その先が難問である。

財産法の最大の課題は、期首と期末の財産の有り高をどのような方法で計算するかである。期首と期末の財産を誰もが納得するような方法で決めることができるならば、財産法は利益の計算方法の一つとしての地位を確保できたかもしれない。少なくとも、損益法で計算した利益の額を「別の方法で確認」するという機能は認められるであろう。会計学をよく知らない人たちにも説得力がある。

しかし、今日のように高度に資本が集中し、企業の資産構成が複雑になり、有形資産よりも無形の資産、有価証券のように価格変動が見える金融商品よりもデリバティブのような見えない金融派生商品の比重が大きくなるにつれて、ストック計算によって企業利益を計算することはほとんど不可能に近くなった。あえてそれをやろうとすれば、資産種類別の測定方法が開発される必要がある。そうなると、会計というより資産評価論といった方がよい。

7 評価益も「消えてなくなる」

有価証券などの時価評価論では、伝統的な実現の概念を拡張して、資産の評価差益も「実現利益」として解釈する。伝統的な実現概念であれば、キャッシュ・フロー（貨幣性資産）の裏付けのないものは実現したとは認められないが、評価差益というキャッシュの裏付けのないものを利益として計上するために、「実現可能（realizable）」という概念を「発明」して、計上する利益を嵩上げしようとしている。これなど、私流に言えば、「飛び立つ蝶々は毛虫よりも数が少ないので（不都合なので）」、「毛虫を数えて、蝶々の数だということにしよう」というものである。

「実現可能」といっても「一〇〇％実現可能」ということではない。「一〇〇％実現可能」ということであれば、「実現可能」というより、「実現」の範囲に入る。金融商品の時価会計基準でいう「実現可能」は、「もしかしたら、実現する」「今の市場環境が変わらなければ実現することが期待できる」「期末に時価で売ることができたら、実現したはず」と、多様な「実現可能のレベル」を一緒くたにしたものである。

「実現の概念」も「実現可能」の概念も、今の国際会計基準にはない。「実現」にとらわれると、計上する利益が「実現」「実現可能」の範囲に制限されるからであろう。現在の国際会計基準は、利益として計上できるものであれば実現・未実現を問わず、発生していると強弁できるものなら何でも利益として計上することができる会計を目指している。

ここでも「発生した」といわれる「評価益」は、次期において資産価格が下落すれば「消えてなくなる」のである。発生したはずの利益が、なぜ、消えてなくなるのかをうまく説明できるであろうか。

物づくりの利益の場合でも、資産の評価差益の場合でも、「利益は発生する」と考えると、それが実現する前に消滅した場合の説明ができなくなる。前章で書いたように、利益は実現したものを言うのであり、蝶々は飛び立った蝶々を言うのである。「未実現利益」も「蝶になる前の蝶々」も、ない。

8　国際会計基準の「包括利益」

なお、国際会計基準（ＩＦＲＳ）やアメリカの会計基準では「固定資産再評価益」「売却可能金融資産に係る発生利益」などを計上し、損益計算書（包括利益計算書）のボトムラインを「包括利益」としている。

わが国もこれに合わせるために、企業会計基準委員会は、財務諸表上の新たな表示項目として

「包括利益」を導入するために、二〇一〇年六月、企業会計基準第二五号「包括利益の表示に関する会計基準」を公表した。

この基準が適用されれば、「蝶になる前の蝶々」が「発生した利益」として損益計算書（名称が包括利益計算書と変わる）に堂々と顔を出してくる。しかも、将来的には、これまで「物づくり」の会計で最も重視されてきた「当期純利益」がいずれ表示されなくなるというのである。

第25章　監査役の役回り

——経営者の良き理解者

1　孤独な監査役

日本監査役協会の調査によると、社内監査役が過去に経理・財務を主たる業務として経験したことがあるのは四人に一人の割合で、ほとんどの監査役は営業、企画、総務、人事を主たる業務としており、監査・検査・審査を主たる業務とした人は四％しかいないという（日本監査役協会『「二〇〇七年における監査役及び監査委員会制度の運用実態調査」結果報告書』月刊監査役、二〇〇七年一一月臨時増刊号、以下、この報告書による）。

ほとんどの会社では、会社法の規定もあって、社内監査役が一人で、社外監査役が二人である。これは上場会社でも非上場会社でも同じ傾向にある。補助使用人（監査役スタッフ）がいるのは、三社に一社で、人数も一名か二名で、兼務が多いようである。そうした状況からみると、監査役は職務の遂行においても誰かと協力、協働、共同してという理念・理想からはずいぶんかけ離れているということがわかる。

こうしたデータを読むと、監査役は社内であれ社外であれ、ほとんど孤独である。しかも監査役に選任されたとはいえ、ほとんどの人は経理や財務の経験が乏しい。孤独である上に、新しい職務について相談する相手も限られ、かなり心細い思いをされている監査役も少なくないのではないであろうか。

2 非常勤社外監査役の役割——大所高所からの意見

多くの会社では、非常勤の社外監査役は、一般に職務分担をせず、取締役会や監査役会において「大所高所から、又は専門家・経験者としての立場から意見を述べる」ことを監査役の職務だと認識している。

実際の職務も「必要に応じて取締役・会計監査人などからのヒアリング・報告聴取に同席」（三人に二人）したり、「重要会議への出席」「書類の閲覧」（それぞれ三人に一人）したりする人が多く、「現場往査」まで行っている非常勤監査役は三割程度である。

このことを逆に見ると、非常勤の監査役には「ご意見番」としての役割が期待されていると言えるであろう。

3 経営者の「よき理解者」としての監査役

大企業の経営者といえども、経済界のこと、業界のこと、自社のこと、自社・他社の製品のこと、資金繰りのこと、何にでも精通しているわけではない。時には、「未知との遭遇」に戸惑うこともあるはずである。多くの経営者は孤高でもあり孤独でもある。相談する相手もいないまま、一人で悩みを抱え込んでいることも少なくない。自分が社長になる前は決断、決裁してくれる上司がいたが、社長となった今は、何ごとも最後には自分で決断しなければならない。社長たる者、「知らないでは済まされない」上に、「他人に聞けない」のである。

監査役は、経営者のいちばん近くにいるのであるから、経営者のよき理解者でなければならない。経営者が今何に悩んでいるか、何が問題だと考えているか、何を知りたがっているのか、何をやろうと考えているのか、こうしたことを察して、それとなく水を向けるのもいいであろう。

社長がちょっとでも胸の内を明かしてくれたら、しめたものである。監査役になる前の経験と知識を生かしたり、社内外からの情報収集や専門的意見の聴取などを通して、経営者をサポートすることができるのではないだろうか。経営者としては、悩みを口に出す機会を得たことだけでも随分、気が楽になるはずである。

一度、そうした関係が生まれると、経営者と監査役の間に信頼関係が築かれ、何かにつけて悩みを打ち明けてくれるようになるかもしれない。

4　日本企業にビルトインされている内部統制

数年前から日本企業にも内部統制が導入されている。いろいろな経営者に聞くと、随分、日本企業に導入された内部統制は評判が悪いようである。その理由としては、自社の環境に合ってない、生産性の向上に役立たない、人間関係が悪くなってきた、といったことが言われている。最近、ある上場会社の常勤監査役の方から頂いたメールにも、「チェックに大幅な時間がとられ、深く考えたり部下の指導に費やす時間がとれず、将来の潜在リスクが顕在化してきた」と書いてあった。このまま内部統制を推し進めていくと、相互不信、不協和音、疑心暗鬼、保身といった問題が発生してくることを不安視したものと思われる。

実は、日本企業には内部統制・内部牽制のシステムが別の形で昔からビルトインされている。たとえば、「転勤」、「配置転換」、「協働」、「ベルトコンベアー作業」、「大部屋勤務」、「集団作業」といった工夫である。日本企業では数年ごとに転勤や配置転換があるから、社員はいつでも異動できるように身辺をきれいにしておこうとする。数年ごとに転勤や配置転換があれば、万が一、社員の着服や横領などがあっても、被害が大きくならないうちに発見できるであろう。

日本企業の場合、社員の仕事も、英米のオフィスが個室なのに比べて、隣の席から丸見えの状態である。工場の作業も、前工程がミスをすればすぐにわかる。自分の作業のミスをそのままにすれば、後工程から「違うよ」と言われるから、ミスを放置することはしない。前工程（隣の席）の作業が遅れれば手の空いている後工程の人が手助けするのは、これまで当たり前であった。ここに性悪説にたつような米国式内部統制を取り込むと、人間関係が壊れるおそれがある。

案の定、内部統制が導入されてからは、前工程の作業が遅れたからといって手助けしてミスが発生すれば、手助けした自分が責任を負わされかねないとして、各自、自分の仕事だけをこなすだけで、他人の手助けや協働を避けるようになったというのである。

職場が次第にギスギスしてきたという声は、工場からだけではなく事務部門や販売部門からも聞かれるようになってきた。先の監査役も「社員の間の協力関係や一体感が寸断され、逆にリスクが増大してきた」という。内部統制にも多くのいい面があるのであるが、日本企業と従業員の特徴を生かしたものにしていく必要があるようである。

監査役監査も同じだと思う。性悪説的な発想ではなく、社員との協働、共生、相互補完的な発想での仕事をしたいものである。

5　粉飾は「わが身から騙《だま》す」

数年前の学会で、以前に日本公認会計士協会の会長を務めたこともある方の講演を聴いた。そのときの発言を聴いて、私は心臓が止まるくらいびっくりしたことがある。監査役の皆さんには是非とも日本企業の特質を知ってもらいたいので、少し詳しく書く。

元会長は「日本の経営者の半分は会計基準を守ろうとしない」と言いはなったのである。何十年もの間、日本の代表的な企業の監査をしてきて監査報告書に適正意見を書いてきた本人が「日本の経営者の半分は会計基準を守ろうとしない」と言うのである。会場には数百名の会計学者が出席していたが、その発言が飛び出したとたん、水を打ったように静まりかえった。

一部の日本企業経営者が会計基準を軽視しているらしいことは、会場の誰もがうすうす感じていたことかもしれない。しかし、そのことを、こともあろうに、日本の会計監査の最高責任者であった人物が、公の場で「明言」するとは誰も思っていなかったのではないだろうか。満場が静まりかえったのは無理もなかったと思う。

おそらくこの会計士は、学会という場での発言という高揚感も手伝って、普段、監査の実務では口に出せなかった思いの丈を口にしたのではないだろうか。あるいは、多少は懺悔の気持ちも含んでいたかもしれないが、そこまではわからない。

粉飾決算は、法や会計ルールに従わずに、決算数値をごまかしたり事実を隠蔽したりという反社会的行為であるが、それだけでは済まない。手を打つべき時に手を打たず、対策を立て改善するべき時を失い、経営を破綻に追い込んでしまうのである。本来なら立ち直るチャンスがあった企業をも破綻に追い込むことが多いのである。

また、会計不正は、一度だけでは済まないことが多い。一度不正を犯せば、それを正当化するために、あるいは、それを隠蔽するために、新たな不正を行い、さらに不正を繰り返すことが必要になる。そのうちに、粉飾した数値が事実であるかのごとく錯覚した経営が行われるようになる。友人の会計士が教えてくれたことであるが、「粉飾はわが身から騙す」というのである。

6　粉飾はセルフ・ジャッジのゴルフと同じ

その友人が言うには、日本の決算は、何でもありだという。それはちょうど、セルフ・ジャッジのゴルフと同じだというのである。本当は「五打」で回ったのを、スコアブックに「四」と書けば、その日の終わりには本当に自分は「四」で回ったと信じるようになるのと同じだというのである。

ゴルフなら、自己満足か同伴プレーヤーとの「にぎり」（賭け）で済むかもしれないが、多くの投資家から巨額の資金を集めて事業を営んでいる企業の場合には、「五打」を「四打」と偽るのは、株主・投資家を欺くことになるし、それ以上に、粉飾が原因で会社が破綻することにでもなれば、従業員だけではなくその家族も、さらに取引先の従業員とその家族……と、限りなく影響が広がるのである。

粉飾して事実無根の利益を計上するときは事実無根の利益だと承知していても、次第に報告した利益が本当にあったかのような気になるというのである。そのことは時価主義でも同じであろう。売りもしない株を売ったことにして含み益を計上するのであるから、そのうちに本当に評価益を実現できたかのように錯覚する。

今、ＩＡＳＢとＦＡＳＢが画策している「包括利益計算書」は、実現した利益（当期純利益）の報告を禁止して、未実現の評価益（その他包括利益）を混在させた「包括利益」だけを報告しようというものである。これなどは、世界中の企業が共謀してゴルフのスコアをごまかすのと変わらない（詳細は次章で述べる）。粉飾も時価会計も、経営者がまずわが身を騙し、株主・投資家をも騙すことになるのではないであろうか。

粉飾は一人ではできない。売上げを水増ししようとすると、ウソの売上伝票を切るだけでは済まない。売れたはずの在庫をどこかに移動しなければならないし、代金を現金で受け取ったことにすれば銀行の残高証明書を偽装しなければならず、掛けで売ったことにすれば得意先と口裏を合わせておかなければ発覚してしまう。倉庫からの出庫伝票も偽造しなければならず、経理部門だけではなく、倉庫、販売、配送などの部門も巻き込まなければ粉飾は完結しない。

しかし、こうした組織（会社）ぐるみの不正は、いわゆる「内部統制」では発覚しないことが多いという。内部統制が、経営陣の不正や組織ぐるみの不正には役立たないというのは、監査論の常識でもある。では、監査役としては、こうした事態にどのように対処したらいいのであろうか。

7　不正は期末に集中する

社外の監査人（公認会計士、監査法人）と違って、監査役は、社内の監査役でも社外監査役でも、日常的に会社にいたり、取締役会や常務会等の役員会などに出席したりするから、アンテナを少し高くしていれば、ちょっとした異常でも気がつく立場にいるはずである。

組織ぐるみの不正の場合でも、その会社の従業員なら誰でも、うすうす気がついているようなもの、たとえば、多くの食品不正やカネボウの粉飾などは、社外の監査役であっても早い段階で何らかの情報が耳に入る。特定の部門、たとえば、販売部門とか経理部門だけで行う不正、さらにはトップの指示で、極めて少数のスタッフだけで行う不正などの場合も、不正を嫌う社員から何らかのサインがでているはずである。

組織ぐるみの不正の特徴は、期末に集中することである。特に、年度末に集中するという特徴がある。たとえば、年間の売上高目標を掲げている会社、営業スタッフにノルマを課している会社、営業マンの販売成績に応じて報奨金を出している会社などは要注意である。売上高目標に到達しそうもなくなると、トップの目を気にして販売部門が架空の売上げを計上するのは十分に考えられる。

日本では、「循環取引」や「キャッチ・ボール」と呼ばれる架空取引が有名である。循環取引もキャッチ・ボールも、日常的に行われるよりも、期末近くになって、売上げ目標に達しないか、損失計上が避けられなくなってきたことが明らかになってくると仕組まれることが多いので、期末に集中する傾向にある。

他にも、利益目標を掲げている会社や赤字に転落しそうな会社、前年並みの利益を確保できそうもなくなってきた会社の場合は、費用を操作しがちである。計上すべき人件費を計上しなかったり、収益的支出（修繕費・維持費）を資本的支出（固定資産への投資）として処理したり、減価償却費を過小に計上して利益を確保しようとする。費用の操作も期末に集中するのである。

期末に集中する不正を予防・抑止するにはどうしたらよいであろうか。実は、わが国の会社法には、その予防・抑止の工夫が仕組まれているのである。

8　適時記帳が不正を予防する

平成一七（二〇〇五）年に制定された会社法では、株式会社について「適時に、正確な会計帳簿を作成しなければならない」（会社法四三二条一項）という規定を設けた。新商法（一九条二項）でも、会計帳簿と貸借対照表の作成時期について「適時性」を求めるとともに、その内容についても「正確性」を求めている。

会社法や新商法でいう「会計帳簿」の内容は、法律には書いていない。一般的には、会計帳簿は期中における営業取引や財産の変動を継続的に記録するもので、仕訳帳、日記帳、元帳をいう。これらは歴史的な記録であって、期末に作成される計算書類（財務諸表）とはまったく違った性格のものである。計算書類は、会計帳簿の記録を分類・整理・集計して作成されるものである（誘導法）。

なぜ、「適時性」が要求されるのであろうか。適時性とは、「タイムリーに記帳する」ことである。年に一度とか四半期決算に合わせてまとめて記帳すると、記帳するときに数字を操作するなどの不正が行われやすいことから、営業取引や財産の変動が発生するたびに記帳することを求めている。会社法や新商法が何を狙っているかが、これでおわかりと思う。帳簿の改ざんや架空売上げの計上などの操作は、期末に集中する。タイムリーに記帳が行われていれば、期末に不正なことを行うと期末近くの売上高などの数値が異常値を示すことになり、会計士や監査役に簡単に発見されるのである。

監査役から、毎月、月次の売上高の報告を求められていれば、販売部門としても年度末に巨額の架空売上げを計上することはできないであろう。売上高だけではなく、生産高・販売量に比例して発生する費用、たとえば、賃金、販売奨励金、荷造運送費、販売手数料、検査手数料なども、月次のデータをタイムリーに取って比較すると、異常があれば簡単に発見できる。会社法や新商法に組み込まれた「不正予防・抑止」のアイデアは、日常のデータを入手することができる立場にいる監査役にとって、有力な武器になることと思う。

9　往査の頻度が不正を抑止する

もう一つだけ、組織ぐるみでも個人の不正でも予防・抑止する力になることを紹介する。それは、監査役が社内外に足繁く通うことである。不正を行う人からは監査人・監査役が何をしようとしているかは丸見えである。逆は真ならずで、不正を行う人のことは監査人・監査役からはよく見えない。それでも、会計士や監査役がしばしば往査してくるような職場では、不正は起きにくい。

往査といった大げさなことではなく、ふらっとお茶を飲みに立ち寄るだけでもいい。そのため

には、監査役は、経理部門、販売部門、在庫管理部門、資金運用部門、製造部門、どの部門にも「お茶のみ話」ができる「友人」が欲しいところである。その「友人」とは、私なら、ときどき、お酒を呑む。職場では聞けない話が聞けるのではないであろうか。

こうした関係が築けるのは、社内の監査役が一番であろう。メールを送ってくれた先の監査役も言う、「最近、社外役員の必要性が強調されているが、社内役員の自律的な活動のほうが数倍効果がある」と。

第26章　稼ぐ税理士になる（1）

――税理士業界の現状と近未来

1　「稼げる」税理士になる方法
2　資格を取ったとたんに目の前が真っ暗？
3　税理士の二極分化が進む
4　業界は高齢化社会
5　税理士の収入はいくらくらいか
6　今までは「食っていける業界」
7　コンサルティングをしない税理士

1 「稼げる」税理士になる方法

二〇〇八年の夏に、辻・本郷税理士法人の本郷孔洋理事長（公認会計士・税理士）と一緒に、『他人より年収一〇倍「稼げる」税理士になる方法』（すばる舎リンケージ）という、考えようによってはちょっとえげつない本を出した。書名は、出版社がアマゾンなどの検索に引っ掛かりやすい文字（「年収」「稼げる」など）を入れて決めたもので、本の内容は、「資格を取った後、どう勝負するか」という道案内で、極めて真面目である。

出版社がその本のカバーに二人の写真を載せ、二人の吹き出し（セリフ）として、田中に「年収五～六〇〇〇万じゃ一流の税理士と呼べない！」と語らせ、本郷氏に「収入＝一流の証だからね。」と呼応させている。田中はともかく、本郷氏にはこの本を書くだけの資格が十二分にある。何せ、氏が率いる三五〇人を超える会計人集団「辻・本郷税理士法人」（辻氏は故人）の収入が年に四〇億円というのであるから、まさしく「収入＝一流の証」である。

この本の「はしがき」に相当する「稼げる税理士になりたい皆さんへ」において、「これからの時代、やみくもに努力していっただけでは、とうてい税理士としての成功にはむすびつきません」と書いた。「やみくも」を漢字に直すと「闇雲」で、「闇の中で雲をつかむ」ことである。

「雲をつかむ」ことさえできないのに、その雲を闇の中で捕まえられるわけがない。税理士たる者（税理士の卵でも）そんなバカなことはしない……と断言できようか。

2　資格を取ったとたんに目の前が真っ暗？

今、税理士を目指して必死に勉強している皆さん、なぜ、税理士を目指しているのか、ちゃんと答えられるであろうか。すでに資格を取って事務所で働いていたり自分の事務所を開いた皆さん、将来の展望を描けているであろうか。受験時代は、ただ資格を取ることに夢中で、たとえ「やみくもに」勉強したとしても、合格した後の姿が描けていないと、資格を取ったとたんに、明るいはずの目の前が真っ暗になってしまう。

この本は（自書のＰＲじみて申し訳ないが）、税理士としていかなる将来展望をもつべきかを紹介したものである。どうすれば税理士としての将来展望が開けるかを知りたい方は、ぜひ、この本を読んでいただきたい。わずか一、五〇〇円の投資が、皆さんの収入を一〇倍にも二〇倍にもするかもしれない（なお、本書はオーディオ・ブック化されて、携帯電話やｉｐｈｏｎｅなどで朗読音声を聞くことができる）。

3　税理士の二極分化が進む

「他人より一〇倍稼げる」というキャッチ・フレーズを読んで、「うさんくさい」とか「眉唾だ」と感じる人も多いであろう。本章では、近未来の税理士は「一〇倍も二〇倍も稼ぐ税理士」と「年収三〇〇万円程度の税理士」に二極分化することを説明し、どうすれば「一〇倍も二〇倍も稼ぐ税理士」の仲間に入れるか、そのヒントを紹介する。この先を読むか読まないかは、きっと皆さんの将来を決定的に変えるはずである。

私の手元に、日本税理士会連合会（全国の税理士が加入する団体。税理士法の下に設立）が発行した『第五回　税理士実態調査報告書』（以下、「報告書」と呼ぶ）がある。全国の税理士六万七千名全員を対象とした調査（二〇〇四年）で、調査の有効回答は三万名弱（四三・九％）であった。アンケート調査の回答率は、よくて二〇％で、プレゼント付き（回答してくれた人に図書券などを謝礼として渡す）でも三〇％にはいかない。税理士の調査で、四三％もの回答を得たということは、この「報告書」が、税理士とその業界を知る上でこれ以上のものはなく、また、信頼するに足るものであることを物語っている。

4　業界は高齢化社会

最初に注目したいのは、税理士の年齢構成である。驚くなかれ、六〇歳以上の税理士が六〇％を超えているのである。税理士としての経験を積んで、いま脂の乗り切っているはずの四〇代、五〇代の税理士は、三人に一人（三三％）しかいない。この業界の将来を双肩に担うべき二〇代、三〇代は、六％に満たない。八〇歳代の人数に及ばないのである。

公認会計士試験の合格者が年に三千人という時代であるが、では、税理士は年にどれくらい増えているのであろうか。「報告書」によれば、第四回の調査（九四年）では、それまでの一〇年間に一七、五六四人、年平均で一、七〇〇名が新たに税理士となっている。税理士界としてみるとその一〇年前（八四年）に比べて四〇％もの増加であった。しかしその後の一〇年間（九五年から

（表１）　開業税理士の年齢構成
（回答数　24,229名）

20代	69人	0.3%
30代	1,340人	5.5%
40代	3,103人	12.8%
50代	4,974人	20.5%
60代	5,113人	21.1%
70代	7,990人	33.0%
80代	1,462人	6.0%

（「報告書」33頁）

〇四年）には、なんと、六、七三六人、年平均六七〇名しか増えていないのである。一〇年前に比べて一一％の増加にとどまっている。

この二つのデータは、若い税理士や税理士志願者には重要である。二〇年後には、税理士のほとんどが八〇歳以上、おそらくはほとんどがリタイアしているであろう。かつ、税理士になる人数がこのままで推移するとすれば、税理士業界の大きな収入というパイが、少数の若い税理士のものになる、ということである。

現在の税理士が高齢であることと税理士になる者が少ないということを考えると、若い税理士には非常に魅力的な業界である。ただし、何もしなくても高収益になるといった、棚ぼたを期待してはならない。そのことも、おいおい書く。

5　税理士の収入はいくらくらいか

税理士の収入が高いかどうかは、誰かと比較しての問題である。アメリカの大統領と日本の総理大臣はほぼ給与が同じと聞いたら、皆さんは何と思うであろうか。オバマ大統領も菅総理（こちらは、まだ一年間も働いていないので、満額貰えるかどうかは不明だが）も、年間四千万円程度である。意外に安月給取りである。外資なら、三〇歳で一億円もらっている金融マンはごまんという。公認会計士でも外資系の事務所に勤務している者は億の給与をもらっている者が少なくない。

日本は、総理でさえ四、一〇〇万円、上場会社の社長でも平均三千万円であるから、億で稼ぐのは特殊な資格・能力を持った者に限られる。

（表２）　税理士の業務収入
（回答数　24,229名）

500万円未満	6,314名	26.1%
500万円以上	3,277名	13.5%
1,000万円以上	4,083名	16.9%
2,000万円以上	2,811名	11.6%
3,000万円以上	1,868名	7.7%
4,000万円以上	1,382名	5.7%
5,000万円以上	1,492名	6.2%
１億円以上	1,847名	7.6%
２億円以上	119名	0.5%

（「報告書」81頁）

（表３）　税理士の総所得
（回答数　24,229名）

300万円未満	5,805名	24%
300万円以上	3,680名	15.2%
500万円以上	3,365名	13.9%
700万円以上	3,439名	14.2%
1,000万円以上	3,107名	12.8%
1,500万円以上	1,685名	7.0%
2,000万円以上	1,224名	5.1%
3,000万円以上	803名	3.4%

（「報告書」82頁）

では、税理士はどれくらい稼ぐのであろうか。ここで、勘違いしないように、「税理士業務による収入」と税理士の「総所得」の違いを説明しておく。「税理士業務による収入」は、顧客（税理士界や会計士界では、顧問先とかクライアントと呼ぶ）から受け取る代金のことで、事業会社でいえば「売上高」に相当する。これから事務職員の給料や事務所の経費を差し引いて、会計事務所所長としての収入（給与に相当）が「税理士の総所得」である。

大雑把にいって、「税理士業務による（事務所の）収入」のうち三割が、所長（税理士）の所得になるといわれている。事務所の収入（売上高）が一億円なら、税理士個人の懐に入るのが三千万円ということである。

では、税理士は、三千万円くらいは稼いでいるのであろうか。「報告書」によれば、業務収入（売上高）の平均は二、六九〇万円であるが、最多収入金額帯は、なんと、五〇〇万円未満（二六・一％）である（表2）。事務所収入の三割が税理士の個人所得になるということからすると、収入が五〇〇万円なら、税理士の所得は一五〇万円となる。これでは、普通に大学生活を送って就職した友人（きっと、初任給が一八万円、ボーナス五か月で、年収三〇〇万円）に勝てない。何のために、必死になって勉強して、あるいは、多額の授業料を払って大学院にいき、税理士の資格を取ったのか。

税理士の所得としては、税理士業務による所得のほか、他の資格（たとえば、社会保険労務士）の業務収入、給与所得などがあるが、これらをまとめて「総所得」としたとき、税理士はいくらくらい稼いでいるであろうか。「報告書」によれば、四人に一人は三〇〇万円未満である（表3）。一応の生活ができる水準が五〇〇万円としたら四割の税理士が水準に達していない。反面、一、五〇〇万円以上が七人に一人（一五・五％）いる。要するに、富が偏在しているのである。「報告書」では年齢と所得の関係を調べていないが、高齢者が高額所得者であることは想像に難くない。

6　今までは「食っていける業界」

経済が右肩上がりの時代には、関与先の企業（税理士が法人税、所得税、消費税の顧問契約を結んでいる企業）も右肩上がりに成長してきた。こうした時代には、関与先も自然に増えたし、関与先が「法人成り」（個人事業が株式会社などの法人になること）する機会などに顧問料を増額することもできた。バブルの時代には不動産の売買が盛んに行われ、不動産の売却益（譲渡所得）を巡る税の相談や、相続・贈与の税務相談も高収入の素であった。

いま稼ぎ頭である六〇代、七〇代の税理士は、こうした恵まれた環境の恩恵をたっぷり受けてきた。特別の努力をしなくても、月に一回、関与先に出向いて社長とお茶を飲み、たまにゴルフの相手をして、顧問料が手に入った（もちろん、大いに努力した税理士もいる。そうした人たちは、表3にあるように、総所得が三千万円以上のクラスに入っている）。

言葉は悪いが、今までの税理士は、特別の努力をせずとも「食っていける」世界にいたのである。その証拠が二つある。一つは、最近の税理士は、自分で関与先を回る（これを業界では「巡回監査」という）ことをせずに事務所の職員を行かせることが多くなっていることである。所長（税理士）の年齢が上がってきたこともある。関与先を訪問しても、社長や社長の奥さんとは何十年もの付き合いがあり、特別に話すこともなければ、訪問しないからといって顧問契約を切られるようなこともない。月に一回の巡回監査を手抜きして、事務所の職員に行かせても特別の支障はない、と考えるのであろうか。

7　コンサルティングをしない税理士

もう一つの証拠が、「努力しないでも食える税理士」像を裏付けている。それは、多くの税理士が、顧問先に対する「経営助言」をしていないことである。経営上のアドバイスやコンサルティングをしないのである。「報告書」によれば、調査に回答した二四、二二九名の税理士のうち、「経営助言業務」を行っていると回答したのが一一、二二六名（四六・三％）しかいない。これに対して「行っていない」と回答したのが一二、六二二名（五二・一％）もいる。

アンケート調査というのは、ある面で実態を明らかにできない。たとえば、投資家に「決算書は見ていますか?」とか「経済新聞は読んでいますか?」という質問をするとしよう。投資先を決めるのに「決算書も経済新聞も見ない」と答えるのは「まともな投資家」とは思われないという気遅れからか、見栄を張って「決算書も新聞も見ています」と回答する投資家がいてもおかしくはない（それも、かなり多いのではなかろうか）。

そうしたことを考えると、「報告書」のデータも多少は割り引いて読んだほうがいいかもしれない。「経営助言業務を行っている」と回答した税理士の中には、実際には行っていない人がたくさん混じっていると考えた方がよいであろう。「経営助言を行わない」ということと「巡回監査を行わない」ということは、表裏の関係にある。経営上のアドバイスやコンサルティングをしないのであれば、わざわざ関与先に出向く必要もないわけである。

ここに、「稼ぐ税理士」になるヒントが隠されている。これからは「頭を使う税理士が稼ぐ」時代である。このことについては、次章で書くことにする。

第27章　稼ぐ税理士になる（2）

――業界全体のパイを大きくしよう

1　努力なしでも稼げた時代
2　税理士は「フェイス・ツウ・フェイス」が命
3　情報処理会社との価格競争
4　高齢者業界になった原因
5　狭められた大学院からのルート
6　税理士は準国家公務員
7　多様な人材を業界に呼び込む
8　パイを大きくする努力
9　稼ぐ税理士の武器＝経営分析とコンサル力

1　努力なしでも稼げた時代

前章では、税理士業界の現状を紹介した。これから税理士になろうとする人たちや若い税理士にとって重要なことは、二つあった。一つは、この業界が高齢者社会であり、現在稼いでいる高齢の税理士は一〇年後二〇年後にはリタイアしている（つまり、業界は若い人たちが活躍する場になる）ということであり、もう一つは、現在の税理士はほとんどコンサルティング（経営助言業務）をしていない、ということであった。

コンサルティングをしない理由も書いた（この業界が高齢化した理由なり原因については後述する）。経済が右肩上がりの時代には特別の努力をせずとも顧客（顧問先）は増えたし、顧客が増えれば客単価（顧問先一件から受け取る顧問料）が変わらずとも事務所の収入は増えた（客単価が一〇年前、二〇年前から上がらない原因の一つは、これである。もう一つの理由は後述する）。頭を使って汗をかいてコンサルをする必要もなかった。

さらに、高齢化した税理士にしてみると、毎月一回は顧問先を訪問していたのが面倒になり、顧問先には事務職員を行かせるようになってきた。コンサルをしないのであるから、税の知識も経営の知識もない職員で十分間に合う……と考えるのであろうか。

2 税理士は「フェイス・ツウ・フェイス」が命

顧問料（コンサルもしないのに「顧問」というのもおかしな気がするが）は、これまで、所長（税理士）が月次の訪問をするときに現金で受け取ってきたのを、月次の訪問もしなくなったので、銀行振り込みに変えたところも多い。そうなると、なおのこと、所長が顧問先を訪ねる必要もなくなる。

毎月、顧問先を訪問して、その月の顧問料を現金で受け取ってきたときは、フェイス・ツウ・フェイスで話ができた。最近の経営状況やら顧客・製品などの話だけではなく、家族の健康、ご子息の進学・就職、お孫さんの誕生を話題にしたり、ゴルフや釣りの自慢話を聞いたり、家族にも話せないような「相続」や「金策」の相談にも乗ることができた。

月次の訪問もせず、顧問料を銀行振り込みにするようでは、そうしたフェイス・ツウ・フェイスの関係が築けない。

最近、顧問先から顧問料の引き下げを要求されるようになってきたということをよく聞くが、それは、こうした事情を反映している。顧客が顧問料を下げて欲しいと言ってくるのは「最近の経済状況から経営内容が悪化してきたからだ」と考えるような税理士は、まもなく淘汰される。

経営者は、これだけ苦しい時代を迎えたのに「うちの税理士は何もしてくれない」と感じているのではなかろうか。

私の周りには大勢の会計士や税理士がいるが、そうした方々と一緒に仕事をしても、コンサルの知識やアイデアを持っていると感じるのは、せいぜい一〇人に一人である。ほとんどは、失礼ながら、コンサルの知識も乏しく、経営改善の意欲もあまり感じられない。

最近の情報処理（コンピュータ）会社の売り込みもある。何もしてくれない税理士に月に二万とか五万円の顧問料を払うくらいなら、「同じ仕事を月に一万円でやります、五千円でけっこうです」と言われれば、経営者は（これまでの二〇年や三〇年のつきあいを忘れて）情報処理会社に走るのではないであろうか（表1参照）。

3　情報処理会社との価格競争

そうなると、税理士事務所の仕事は、情報処理会社が作成した財務諸表や確定申告書にハンコを押すだけのことになりそうである。そのハンコも、税理士事務所間の競争とダンピングで、これまでのように、個人経営は決算時に一〇万円、法人は二〇万円といった安定収入は望めなくなる（表2参照）。情報処理会社と手を組んで、決算処理の報酬を三万円とか五万円で引き受ける

（表１）　月額顧問報酬関与先件数

	個	人	法	人
	関与件数	構成比（%）	関与件数	構成比（%）
合　　計	193,738	100.0	528,972	100.0
１万円以下	57,297	29.6	32,829	6.2
２万円以下	68,057	35.1	94,171	17.8
３万円以下	42,199	21.8	170,118	32.2
５万円以下	21,627	11.1	171,400	32.4
10万円以下	3,983	2.1	50,161	9.5
10万円超	575	0.3	10,293	2.0

（「報告書」76頁）

（表２）　決算報酬（年額）別関与先件数

	個	人	法	人
	関与件数	構成比（%）	関与件数	構成比（%）
合　　計	307,405	100.0	521,713	100.0
５万円以下	135,784	44.2	35,210	6.7
10万円以下	98,434	32.0	100,497	19.3
20万円以下	51,956	16.9	213,704	41.0
30万円以下	13,425	4.4	99,444	19.1
50万円以下	6,158	2.0	54,826	10.5
50万円超	1,648	0.6	18,032	3.5

（「報告書」76頁）

税理士があちこちに出始めているといった話も聞く。それも、まもなく過当競争とダンピングで、確定申告書にハンコを押すだけなら一万円とか五千円で引き受ける（特に若い）税理士が雨後の筍のごとく誕生する可能性がある。

今は経済が冷え込み、中小企業にとって厳しい時代である。厳しいからといっても税は避けられない。消費税の計算ひとつとっても、とてつもなく面倒である。経営者はそうした面倒なことに頭を使うくらいなら本業で稼いだ方がいいと考え、税の処理を代わりにやってくれる人を探す。それが、税理士であるか情報処理会社であるかは問わない。問うのは料金だけであろう。税理士がその業務に「付加価値」を付けることができなければ、「年収三〇〇万円以下の税理士」を覚悟しなければならないであろう。

4　高齢者業界になった原因

この業界が「高齢者社会」になった原因は、何であろうか。また、税理士の高齢化はどういう問題をはらんでいるであろうか。この問題は、税理士になろうとしている人たちや若い税理士には重要である。いや、それ以上に、税理士業界や課税当局（国税庁）、もっと大きく、日本という国家にとって大きな問題である。

まず、税理士が高齢化した原因を考えてみよう。まず頭に浮かぶのは、税理士試験が難しいということであろう。会計科目二科目が必修で、税法科目は三科目の合格（そのうち、法人税法か所得税法に合格することが必須）が必要である。

試験が難しいのは税理士試験だけではない。司法試験も公認会計士試験も同じである。司法試験や会計士試験には若い人たちが多数合格している。しかし、前章で紹介したように、税理士業界に入ってくるのは、年に七〇〇名もいない。それも、試験を受けたり大学院の科目免除を受けて資格を取る「若い人」は極めて少ない。多くは、税務職公務員であった人たちが、特別試験（官公署における税務職の経歴と簿記二級程度の研修によって試験が免除されるという）によって資格を取得している。通常、官公署の勤務が二〇数年になるために、税理士業界に入ってくるときは五〇歳近い人が多い。

5　狭められた大学院からのルート

かつては、大学院を二つ修了して資格を取得する道があった。修士号（マスター）を二つ取って全科目の試験免除を受けることから「ダブル・マスター」と呼ばれた。二つの大学院を出なくても、商学系の大学院を修了すれば「簿記論」「財務諸表論」が免除され、法律系の大学院を出るか財政学で修士号を取得すれば、税法三科目が免除された。会計学で修士論文を書くことや税法の論文を書くことは要求されず、経済史でも刑法でもよかった。

この科目免除は、現役の税理士が事務所の後継者を探すときに活用されてきた。自分が長年にわたって発展させてきた税理士事務所を、できれば、自分の子どものだれかに継がせたいと思うのは、親としての心情であろう。収入も、地位も、安定している。

ところが、大学院を出るだけで資格がとれるということから、このルートを使った資格取得者が極端に増えてきた（表3参照。試験免除を受けた者の半分は「国税職員」であり、四人に一人は大学院修了者である）。税理士の業務と無関係の勉強をしていても試験が免除されたことから、「業界のレベルを落とす」「事業者・納税者に迷惑をかける」といった批判が強まり、平成一四年の税理士法改正によって、現在のような免除制度になった。

現在の制度では、会計学に関する修士論文を書けば「簿記論」か「財務諸表論」のいずれかが試験免除になり、税法に関する修士論文

（表3） 税理士となった資格（複数回答）［一部］

試験合格		特別試験		試験免除		公認会計士		回答者数
件数	%	件数	%	件数	%	件数	%	
10,040	41.4	6,979	28.8	5,693	23.5	1,098	4.5	24,229

（「報告書」35頁）

を書けば税法三科目のうち二科目が免除になる。ダブル・マスターの場合は、簿記論か財務諸表論一科目と税法科目一科目（科目は問わない）に合格しなければ税理士資格が取れなくなった。

大学院というバイパスを狭くした結果、大学院生が会計学や税法をよく勉強するようになったという効果がある。会計学も税法も一科目は合格しなければならないということから、今度は、院生が「ダブル・スクール」を始めるようになった。大学院と専門学校である。他方、大学院を経由して業界に入ってくる若い人たちがかなり減ってきたということもある。

6　税理士は準国家公務員

若い人材が業界に入ってこなくなった原因は他にもある。その一つは、税理士業界の閉鎖性である。簡単にいえば、高齢者や稼ぎの大きい税理士が、後から業界に入ってくる人たちをブロックしてきたのである。税理士の稼ぐパイは経済が発展してもあまり変わらない。少数の税理士のところに、客単価が小さい中小企業が集まったために、一部の税理士が数千万円とか億円単位で稼ぐことができた。

監査法人と違って、税理士事務所には有資格者（税理士）が一人いればよい。監査法人は、監査に従事した有資格者の数だけ顧問先に監査料を請求できるが、税理士事務所ではハンコが押せる有資格者が一人いれば足りる（もちろん、有資格者は仕事ができるということで、多数の勤務税理士を採用している事務所もあるが、少数派である）。一人でできるとなれば、後から業界に入ってくる人たちは少ない方がいい。

日本の税理士は六万七千名である。過当競争になるほどの人数かどうかは、仕事の内容によって判断したほうがよい。中小企業の税務だけが仕事であれば、六万人もいれば足りるかもしれない。前章で紹介した収入・所得のデータから判断すると、この業界は「格差社会」である。「稼いでいる税理士」と「稼げない税理士」に二極分化している。稼いでいるのは、ほとんどが高齢者であり、稼げないのはほとんど若い税理士である。

あまり稼げないからといって若い人たちがこの業界に入ってこなくなれば、業界のパワーが落ちるだけではなく、公認会計士との競争に勝てなくなる。もっと大きな問題は、国の収入を十分に確保することが困難になりかねないことである。

国の収入（歳入。平成一九年度で八三兆円）のうち五三％（四四兆円）が法人税、所得税、消費税である。税理士は、国家財政を支える租税の確保を担う人たちである。その意味からすると、「準国家公務員」といってもよいであろう。この業界に若い人材が入ってこなくなれば、国家の財政に大きな支障をもたらしかねないのである。

7　多様な人材を業界に呼び込む

若い人材をこの業界に呼び込むには、業界を魅力のあるものにすることも必要であるが、比較的若い段階で何らかの資格（本資格の前の段階の資格）が取れるようにすることが必要である。

私は、スキーのインストラクター（全日本スキー連盟、準指導員）の資格を持っているが、この上に、指導員という資格がある。準指導員は、インストラクターとしての技術はあるが、もっと上があるから研鑽しろ、ということであろうか。かつては公認会計士にも会計士補（公認会計士の卵）という資格があった。税理士も、フルの資格の下に「税理士補佐」とか「準税理士」という資格を創設してはどうであろうか。

今は、大学在学中に一科目か二科目に合格しながら、勉強を続けられずに税理士をあきらめる人がたくさんいる。こうした人材を業界に呼び込むためには、第21章「会計資格の多様化を図る」で提案したように、税理士にも「限定免許」「一部合格による資格取得」という考えを導入するのである。たとえば、簿財のうち一科目と税法科目一科目に合格した者には「税理士補佐」「準税理士」という資格を与えてはどうであろうか。

また、単位制による資格取得の制度を創設すべきである。大学、大学院、税理士事務所、企業の経理部、税理士会等において一定の単位・研修・実務経験を積むことによって、特定の科目の試験を免除するようにすれば、若い優秀な人材を呼び込むことができる。

さらに言えば、今の税理士試験は難し過ぎる。最近の公認会計士試験に比べてみても極端に難しい。問題文を読むだけで試験時間が終わってしまいそうな気がするし、現役の税理士であっても歯が立たないのではないかと思われる。もっとやさしくと言うつもりはないが、税理士になりたいと考えている人たち（たとえば、大学の二年生や三年生）が過去問を見て即座にあきらめるような問題は、言葉の意味は違うが、問題である。

8　パイを大きくする努力

私の乏しい経験からの言葉であるから、割り引いて読んでもらってもかまわないが、今の税理士業界は、若い人を育てようという機運が乏しいのではなかろうか。自分が高齢化して、後継ぎを探すという段階では、後継者問題を真剣に考えても、この業界全体のことを考えてアクションを起こしている人はそれほど多くはないように思える。

理由の一つは、会計事務所にはハンコを押す者は一人いればいいという事情と、もう一つは、業界のパイの大きさである。この業界は、税務にこだわったこともあって、職域の拡大にはあまり熱心ではなくまた資格取得後の研修・教育も税務から広がらなかったところがある。

業界全体のパイの大きさが変わらない、自分のパイは確保している……となると、あえて、職域の拡大を図ったり辛い研修や自己再教育をすることもない、と考えてもおかしくはない。この業界は、これまでパイを大きくすることにあまり熱心ではなかったのではなかろうか。

9 稼ぐ税理士の武器＝経営分析とコンサル力

これからの税理士は、極端なことを言うと、税の知識を持っている必要はない。もちろん、知識がまったくなければ話にならないが、一人の人間がすべての税の知識を身につける必要はない。これからの税理士は、ネットワークを作ったり税理士法人にしたり、個々の税理士としての限界を超えた仕事ができるようになる。そこでは、税の知識は一人一人が専門家になる必要はなく、分担すればよい。相続に強い税理士、不動産に強い税理士、財産分与の専門家、各自が強みを持ち寄れば、いつでも最新の知識、正確な知識が手に入る。単なる記帳や会計処理は、素人でも使えるソフトが出回っているし、情報処理会社にアウトソーシングすることもできる。

こうした時代に「稼ぐ税理士」になるには、経営分析とコンサル力という武器を手にすることである。これについては、次章で述べる。

第28章　稼ぐ税理士になる（3）

——税理士によるコンサルの現状と近未来

1　百貨店から専門店街へ

2　「売れない悩み」の相談に乗れない税理士

3　経営分析は怖くない

4　経営者の視点と消費者の視点

5　「人は見た目が9割」

6　経験豊かな先輩税理士から学べ

7　コンサルをしない「ダンマリ税理士」！

1　百貨店から専門店街へ

前章では、これからの税理士は税の知識がいらない、ということを書いた。もちろん、まったく税を知らなくてもいいということではなく、今までのように、一人の税理士が国税も地方税も何でもこなす「百貨店」である必要はない。

これからの税理士は、ネットワークを作ったり税理士法人にしたり、個々の税理士としての力を超えた仕事ができるようにならなければならない。そこでは、税の知識は一人ひとりが専門家になる必要はなく、分担すればよい。「相続に強い税理士」、「不動産に強い税理士」、「財産分与の専門家」、各自が強みを持ち寄れば、いつでも最新の知識、正確な知識、そしてベストの対応策が手に入る。税理士事務所も、何で

（表１）　経営助言業務の内容

回答数	14,926
経営全般件数	7,870
%	52.7%
財務件数	5,110
%	34.2%
販売件数	361
%	2.4%
労務件数	1,395
%	9.3%
その他件数	190
%	1.3%

もこなす「百貨店」の時代から、スペシャリストの集まる「専門店街」の時代になるのである。

前章でも書いたが、これまでの税理士業務といえば、税務に関するものが中心であった。実際に、アンケートで経営助言業務（コンサル）を行っていると回答した税理士は、四六％しかいない（この数字も相当割り引いてみた方がいい）。「コンサルをしている」と回答した税理士がどういう助言業務を行っているか、調査結果は、表1のとおりである。コンサルを行っていると回答した税理士の半数が経営全般の助言をしており、財務の助言は三四％となっている。回答者のうち、社労士の有資格者が一、一二九名（回答者の四・七％）いたこともあって、労務に関する助言業務を行っていると回答した税理士は九％いる。

2 「売れない悩み」の相談に乗れない税理士

気になるのは、中小企業の社長にとって最も悩む販売関係の助言をする税理士がほとんどいない、という調査結果である。この数字をどう読んだ

（表2） 経営助言の報酬の受け取り形態

回答件数	顧問報酬に含めている		単独で受けている		無記入	
	件数	%	件数	%	件数	%
11,226	9,304	82.9%	886	7.9%	1,036	9.2%

らよいであろうか。

販売関係の助言は、税とは関係ないし、税理士試験にも出ない領域である。しかし、中小企業の中でも最も多いのが小売店であろう。小売店の社長にとって、最も頭が痛いのは、税金……ではない。税金は、納税期が近くなると最大の悩みになるが、それ以外の一一か月は、何をおいても、「売上」であり、次いで「コスト」であろう。その、一番の悩みに税理士が相談に乗ってこない……いや、乗れない。

税理士は、中小企業の「ドクター」を自任するのであれば、中小企業の社長が一番悩んでいる「売れない」ことを、自分の問題として考える必要があるのではなかろうか。

3　経営分析は怖くない

前章で書いたように、こうした時代に「稼ぐ税理士」になるには、経営分析とコンサル力という武器を手にすることである。「経営分析」などというと、たくさんの公式やら比率やらを使って、なんとか利益率が一パーセント上がっただの下がっただの、なんとか回転率が業界平均を下回っているとか、たくさんの計算式や図表を見せて経営の現状を知らせることだと考えるのは間違いである。それは、社長を惑わすだけである。店の実態は、経営者が肌で知っている。一日中店にいるのである。たまに訪れる税理士がアドバイスしようものなら、「この業界で苦労したこともない奴が、エラそうな話をするな！」と言われるのがオチである。

近くに大型スーパーができて客足が遠のいたとか、景気の悪化で高額商品が売れなくなってきたとか、春が近づいてきたのに冬物商品の在庫が捌《さば》けない、来月の資金繰りは厳しくなる……そうしたことは、税理士から言われるまでもなく経営者は熟知している。経営者が一番知りたいのは、こういうとき、どうしたら苦境から脱出できるか、どうしたら売上げを伸ばせるか、であろう。「中小企業のドクター」を任ずる税理士の力の見せ所は、ここにある。

私も「経営分析」の本を何冊か書いている。どの本も二〇〇頁前後の薄い本である。中小企業の診断には、その程度の知識があればよい。経営分析では、企業が抱える問題を発見することはできるが、その問題を解決することはできない。売上げが落ちたかどうか、どの商品・地域・店・時期の売上げが落ちたかは、会計データを分析すればすぐにわかる。しかし、なぜ特定の店・地域・商品の売上げが落ちたのかは、会計データは語ってくれない。

しかし、問題を発見できれば、社長と一緒に解決策を考えることができる。データを読むこともできなければ、問題の発見すらできない。ここが、「稼げる税理士」と「稼げない税理士」の分かれ道である。

4　経営者の視点と消費者の視点

倒産する企業も多い現代の税理士には、資金繰りのアドバイス、マーケティングのアドバイスといった経営全般のアドバイスが求められる。一見、コンサルティングと聞くと財務分析など非常に難しいというイメージがあるが、二つの目線を把握すれば、コンサルティング業務ができる。

コンサルを難しく考えることはない。コンサルの極意は、経営者の視点に立って考えることと、消費者の視点に立って考えること、この二つである。大それたことを提案するとか、飛躍的に売上げが伸びるアイデアを出す……そんなことではない。ちょっと気をつけていれば、誰にでもできる、税理士でなくてもできることである。ただし、普通の人には顧問先・関与先などはないので、どんなにいいアイデアがあろうとコンサルする相手がいない。その点、税理士には、コンサルをする相手、関与先の社長がいる。

たとえば、自分の関与先がある商店街を歩くとしよう。関与先にたどり着くまでに、何軒もの店の前を通るであろう。関与先まで急ぎ足でいくのではなく、「この店の看板は目立たないな」「自分が経営者なら、この店はもう少し照明を明るくするな」「入り口に商品が山積みになっていてお客さんが入りづらそうだ」「この店は雰囲気がいいけど、客が入っていないのはなぜだろうか」など、一軒ずつ店をチェックしていくのである。

関与先の店について社長との用件が終わったら、お茶飲み話に、今見てきた店の話をしよう。それも、自分の関与先にとって参考となる話であればなおよい。「角のコンビニ、店員さんが若くてきびきびして気持ちいいね」(「社長の店も、店員がきびきび動いてくれるとよくなるのに」)、「あの酒屋さんは、お客さんが買ったビールを駐車場まで運んであげてたね」(「社長も、客の身になって、『雨の日には傘を貸す』、『重いものは配達する』というのはいかがですか」)、といった話である。

傘を貸せば、返しに来るときにも買い物をしてくれるし、自宅まで配達したときは、次回も配達しますというサービスで顧客をリピーターにすることができる。何も特別なことではない。客の立場になって考えればよいだけである。

5 「人は見た目が9割」

最後にいくつか、稼げる税理士になるための心構えを話しておきたい。人はどうしても見かけで判断されてしまう(自分も、他人を見かけで判断しているはず)。税理士という専門家として他人から尊敬されるためには、服装・話し方にも気を付けて欲しい。特に事務所内でスリッパを履いたりネクタイを外したり、緊張感に欠ける服装で仕事をするようでは、仕事にも緊張感を欠いてしまいがちである。

緊張感を持って仕事をしているかどうかは、見た目に出る。税理士としての能力も見た目で判断されてしまうので、気を付けてもらいたい。竹内一郎氏の『人は見た目が9割』(新潮新書、二〇〇五年)を読んだ人は、きっとこの話に納得するはずである。読んでいない人は、すぐ書店に行くべきである。

6　経験豊かな先輩税理士から学べ

税理士試験を受験している間は仲間と食事に行き情報交換することも大事であるが、資格を取ったあと税理士として稼ぐ場合には、お昼ご飯を一緒にする場合にも相手を選びたい。自分と同じくらいの人と食事をする場合には、仕事の愚痴や上司・仲間の「評価」が中心になりがちである。

しかし、自分より経験・能力等で上の人と食事に行けばいろいろなことを教えてくれる。自分より稼いでいる五〇代、六〇代の先生の懐に飛び込んでみるとよい。経験に裏打ちされた、自分の事務所では決して聞けない、取っておきの話を聞かせてくれるはずである。

税理士事務所が若い税理士に世代交代した場合、若い税理士がそれまでと同じように経営者から信頼を勝ち取るのは難しい。聞き上手になり、信頼を勝ち取るための税理士業務を学習し、経営者が今何に悩み、どのような答えを欲しているかを感じ、的確にアドバイスできるようになることが必要である。

これから税理士の世代交代が起こる中で、コンサルティングをやっていないような事務所は仕事が減る。コンサルティングといっても、以上に述べたように、ポイントは経営者の目線と消費者の目線を持つことである。難しく考えるとコンサルはできなくなる。皆さんが税理士として大成されることを祈念して筆を置こう……。

7　コンサルをしない「ダンマリ税理士」！

ここまで書いて筆を置こうとしたとき、ある本の出版広告を見て、「うーん、同じ考えの人がいるんだ」と思わず膝を叩いた。書名が『テキトー税理士が会社を潰す』（幻冬舎、一、五〇〇円）とある。著者は、山下明宏さんという税理士である。キャッチ・コピーに「まずは顧問税理士がどれだけテキトーか、チェックしてみよう！」とあり、七項目が挙げられている。そのうち以下の五つは、本章と同じことを言っている。その五つを紹介しよう。

□　記帳転記を専業にしているコピー機税理士
□　年に数回しか訪ねてこないご無沙汰税理士
□　経営助言を一切しないダンマリ税理士
□　コンサルタントを紹介してくる紹介税理士
□　顧問料の安さを売りにしている激安税理士

いずれも「年収三〇〇万円以下税理士」にしかなれない人たちである。

第29章　税理士制度の改革を

1　創設されるジュニア会計士

金融庁は、二〇〇九年一二月、内閣府副大臣大塚耕平氏を座長とする「公認会計士制度に関する懇談会」を設置し、二〇一〇年七月三〇日にその中間報告書を公表した。これは二〇〇三年に行った会計士制度改革が、期待に反して、(1)合格者で経済界に就職する者が少ない、(2)社会人の受験者・合格者が増加しない、(3)合格しても実務経験を満たすことができない者が多い、(4)多数の合格浪人を生み出している、といった問題を抱え込んでしまったことから、「公認会計士」の前段階に「財務会計士」という新しい資格を設けようというものである。

二〇〇三年の制度改革は、アメリカに、日本の会計士が少ないから日本企業の決算や監査が「ずさん」「手抜き」「企業側の言いなり」になると指摘されて、試験の簡素化と合格者増を図ったものであった（本山美彦『売られ続ける日本、買い漁るアメリカ』ビジネス社、二〇〇六年）。ところが合格者を三倍にも四倍にも増やした結果、右記のような問題が発生したのである。

本章はその中間報告書の詳細について紹介・検討するものではなく、わが国のもう一つの公的資格である「税理士」制度の改革の話を書く。公認会計士制度が大きく変わろうとしているのに比べると、税理士制度の改革はほとんど話題にもなっていない。しかし、若い公認会計士が大量に誕生したのに比べると、税理士業界は平均年齢が六〇歳という高齢化社会である。若い人材が誕生しないことから多くの弊害が生まれてきたし、あと一〇年もすれば平均年齢が七〇歳近い業界になり、若い経営者と話が合わず税制の変化にもついていけないのは目に見えている。税理士こそ制度改革が急務なのである。

2 平成一四年の制度改革

税理士・会計士に関してはこの本でも何度か取り上げた。第19章では「公認会計士は、本当に足りないのか?」、第21章では「会計資格の多様化を図る――会計の社会的インフラを強化しよう」、さらに第26章から第28章では「稼ぐ税理士になる(1)(2)(3)」を書いた。本章は、こうしたバックナンバーをベースとして、税理士制度、特に税理士試験の内容と科目免除制度について考えるものである。

税理士法が制定されたのは昭和二六(一九五一)年である。以来、制度の骨格は変わっていない。平成一三(二〇〇一)年に、経済取引の国際化、電子化・情報化の進展などに伴い、(1)税理士法人・補助税理士の創設、(2)裁判所における補佐人制度の創設、(3)受験資格要件の緩和と試験科目の免除制度の見直しが行われた。

それまで、経済・経営・商学系の大学院を修了して修士号を取得すれば、ゼミや論文の内容は関係なく、マーケティングであれ、貿易論であれ、マルクス経済学であれ、簿記論と財務諸表論の二科目が免除され、法律系・財政学系の修士号を取得すれば、たとえ修士論文の内容が憲法であれ、刑法であれ、法哲学であれ、税法科目全部が免除されてきた。

3　コンサルは院卒の税理士に向いている（はず）

税理士の仕事は税務代理であるが、顧問先（税理士用語。お客様のことを見下している表現だということに誰も気が付いていないのだろうか）の仕事について十分な理解があれば、税務代理を超えて「コンサル」ができる。

顧問先の企業は多岐にわたるから、コンサルをやろうとする税理士は、税務と会計の知識よりも、物流、マーケティング、商品学、広告論、情報処理……といった「大学や大学院で学ぶ科目」の知識や、流行（商品、色、言葉……）、売れ筋、ディスプレイ（商品展示）、年齢別の嗜好、TVCM、繁盛している店、……といった知識や、ゴルフ、スキー、テニス、野球、サッカー、ジョギング、……といったスポーツ、さらには、盆栽、生け花、読書、音楽、映画、フィッシング（釣り）、社交ダンス、何かのコレクションなどの趣味についても「かじる」程度でいいから知っておきたい。そうなると、大学卒よりも大学院卒、それも社会人経験の多い人が向いている職業なのである。

マルクス経済学とか法哲学などが、税理士の業務とほとんど関係がない（そうとも言い切れない発言・仕事をしている税理士もまれにはいるが）にもかかわらず、大学院を出たということだけで試験科目を免除して税理士登録を認めてきたのは、歴史的な背景がある。

こうした免除が認められてきたのは、まだ、日本のほとんどの大学には大学院がなく、限られた名門大学にしか大学院がなかった時代の産物である。きわめて限られた名門大学の大学院修了者を税理士業界に引き入れたいという官界や業界の願望もあったであろう。そうした一流大学の大学院を出た人材であれば税理士としても活躍できるという期待もあったであろう。当時の税法が、今日のように複雑・膨大ではなかったという事情もあったのではないか。

4　日本の大学院は「無試験状態」！

しかし、現在のように、どこの大学にも大学院があり、科目免除を受ける目的で院に進む学生・社会人が増えると、事情は変わってくる。ほとんどの新規税理士登録者が大学院卒になったのである。経済系と法律系・財政学系の大学院を二つとも修了（これをダブル・マスターと呼んだ）すれば全科目が免除されるのである。

大学院を出るだけで税理士資格が取れるということから、このルートを使った資格取得者が極端に増えてきた。これまでの税理士資格取得者の内訳は、試験合格が四割、国税職員の特別試験（官公署における税務職の経歴と簿記二級程度の研修によって試験が免除されるという）によって資格を取得する者が三割弱、試験免除による登録者が残りのほとんどであるという（日本税理士会連合会「第五回　税理士実態調査報告書」、二〇〇四年）。

「でも、大学院に入るのは難しい」……という世間の常識がある。実は、どこの大学でも院は「無試験状態」である。日本を代表する国立・私立の大学でも、大学院入試のレベルはあまり変わらない。特に国立大学は国の予算で縛られているから、院の定員を満たすことが優先する。地方の国立大学（旧帝大であろうと）は、放っておいたら院生を確保できない（そうなったら次年度の予算が大幅に削られる）ために、海外からの留学生や家庭の主婦・社会人の掘り起こしを計り、何とか人数を埋めているという。その挙句が、留学生や主婦・社会人に代わって指導教授が修士論文（中には博士論文）を書くことになる、という。

私立大学も同じである。どこの大学でも、院生が修士論文・博士論文を提出する時期になれば、指導教授が「青息吐息」、「両眼充血」、「右手親指人差し指腱鞘炎」である。論文を提出した本人は、海外旅行、卒業旅行、一時帰国、優雅に過ごして、卒業式（院の場合、学位授与式という）

のために着る物を新調したり理容院にいったり……。

それもこれも少し状況が変わったのは、平成一三年の「税理士法改正」であった。このときの改正によって大学院修了者に対する科目免除制度が大きく変わり、大学院で会計学に関する論文を書いて修士号を取得した者には、簿記論と財務諸表論のうち一科目だけが免除され、税法に関する論文を書いて修士号を取得した者には税法関係科目のうち二科目が免除されることになった。逆から言うと、ダブル・マスターで二つの大学院を出ても、必ず簿記論か財務諸表論の一科目と税法科目の一科目は試験で受からないと資格が取れないことになったのである。

5　税理士試験を受けるか、会計士試験を受けるか

税理士試験が科目合格制を採用してきたことから、各科目の難易度が非常に高くなっている（科目にもよるが、簿記論、財務諸表論、法人税法、所得税法は特に難関といわれている）。公認会計士試験では、少し前まで、会計関係科目（簿記、財務諸表、原価計算、監査）と関連科目（経営学、商法、経済学）の七科目に同時に合格することが必要であった。税理士試験が私立大学受験型（少数科目受験型）で、公認会計士は国立大学受験型（多数科目受験型）のようにたとえられてきた。どちらかというと、七科目同時合格が要求される公認会計士試験のほうが税理士

試験よりも難関とされてきたのである。

ところが、税理士試験の制度は変わらないが、会計士試験制度は大きく変更され、一部合格制や短答式試験を年に二回に増やすなど、会計士試験のほうが受験しやすくなってきた。公認会計士の資格をとれば税理士登録もできることから、最近、税理士になろうとする者が、資格を取るバイパスとして会計士試験を受けるようになってきている。

会計の専門学校や大学の教員の間でも、これから税理士試験を受けようとする人たちには、公認会計士試験を受けるように指導していると聞く。実は、私も同じような話を学生にしている。理由は簡単である。税理士になるには、会計科目二科目と税法科目三科目に合格しなければならないが、私が勤務する大学では在学中に五科目を制覇する学生はいない。せいぜい、在学中に二科目か三科目である。しかし、公認会計士試験には、学部の三年生や四年生が何人も合格している（すぐに公認会計士を名乗れるわけではないが、受かれば監査法人などに就職することができるし、数年後には確実に会計士資格が取れる）。今は、会計士試験の方が受かりやすい。

ただし、冒頭で紹介したような会計士の制度改革が実施されれば、公認会計士になる前に「財務会計士」の資格を取らなければならない。一定の筆記試験に合格して、監査法人や企業の財務部門などで三年程度の実務経験を積まなければ財務会計士の資格は取れない。さらに公認会計士になるには、追加の実務経験と監査の実務補修が必要である。わが国が国際会計基準（ＩＦＲ

S）の導入に向けた準備を進めていることや企業活動の国際的な広がりを踏まえて、試験科目に英語を加える可能性もある。そうなったら、公認会計士になるのも税理士になるのも同じくらい難関になるであろう。

そうなると、税理士になるために会計士試験をバイパスとするといった選択肢は消えて、税理士になるには素直に税理士試験を受けるしかなくなる。商学系の大学院で会計関係の修士論文を書いて科目免除を受けたとしても、簿記論か財務諸表論の一科目しか免除されず、法律系の大学院で税法に関する修士論文を書いたとしても税法科目二科目が免除されるだけであるから、ダブル・マスター（二つの大学院を出る）といえども二科目は受験しなければならないのだ。

そこで税理士志願者の前に立ちはだかっているのが、簿記論と財務諸表論である。次にそのことを書く。

6　税理士試験の問題は試験委員でも解けない？

私も公認会計士試験の試験委員を経験しているので、試験問題と採点については多少のことが言えると思う。国家試験の試験委員は試験と採点に関して、試験委員である間だけではなく試験委員を終えた後でも「守秘義務」が課せられているので、守秘義務に触れない範囲で話をしたい

（とはいえ、守秘義務の内容や具体的に何をやってはいけないか、といったことは監督官庁から聞いたことがない）。

二〇一〇年の税理士試験（第六〇回）は八月上旬に行われた。私のゼミ生（学部と大学院の現役とOB）もたくさん受験したようである。猛暑と高湿度という日本の気候では一番悪いときに会計士も税理士も試験が行われてきた。話は少し逸れるが、お許しいただきたい。

二〇年も三〇年もの間、毎年毎年、残る一科目か二科目をクリアしようとして税理士試験を受験してきた人たちによれば、「今の受験者は贅沢だ」そうである。驚かないで頂きたい、一科目か二科目を残して毎年毎年税理士試験にチャレンジしている二〇年選手、三〇年選手がたくさんいるのだ。何が贅沢かと聞くと、「昔は試験会場に冷房などなかった」「問題を解いてると汗が流れて答案用紙の上にぼたぼた落ちて、答案用紙がぐちゃぐちゃになった」という。それはそれで悲惨な受験であったと思う。

ところが高齢の税理士の先生は、「今の受験者は可哀そうだ」という。税理士制度ができたころは東京などでは試験委員による「直前対策」の研修会などが開かれ、問題を「教えてもらった」というのだ。税理士制度ができたころは制度の定着や税理士の増員が急務であったであろうから、そうした研修会や答案練習会をやって合格者・有資格者を増やそうとしたようである。

税理士試験は科目合格制を取ってきたので、受験する側からすると一科目ずつ受験勉強をして何年かで資格を取るという算段ができた。公認会計士試験が、少し前まで、七科目一度に受験・合格する必要があったのに比べると、税理士資格は時間をかければ取ることができると考えられてきた。

税理士試験は科目合格制を取っていることが一つの原因で、一科目ごとの中身が濃く、レベルも会計士試験を上回っているとの評価がある。

問題とすべきは、中身の濃さとかレベルよりも、実は、問題のボリュームである。たとえば、二〇一〇年の税理士試験の場合、簿記論の問題は一六頁、財務諸表論は一三頁になる。ちなみに簿記論一六頁を音読してみたとしたら二時間ほどかかるであろう。試験時間も二時間である。普通にチャレンジしたらとても時間内に解けるボリュームではない。確信を持って言えることは、計算問題なら出題した試験委員でも時間内には解けないであろう。

私はゼミ生や院生などの身近にいる受験者にはこう言っている。「知らない問題、見たことがない問題、時間内に解けそうもない問題が出たら『しめた！』と思え。他の受験者も解けないのだから。でもギブアップするな。解けそうなところは必ず答えを書け。」と。論述式なら「解答用紙に空欄を作るな。間違った答えを書いても零点になるだけで、それ以上は減点されない（はず）。」「当たらずとも遠からず！でいけ。」とも言っている。

じっくり考えて答えを書くような試験ではなく、ただただスピードと問題量をこなすことが求められる試験になっている以上、合格するにはそれに応じたテクニックが求められている。実際に税理士になったときに、これほどのボリュームの仕事を猛烈なスピードで処理するような場面があるであろうか。もしも実務においてそうしたスピードと分量処理が求められる場面が多いとすれば、きっと計算間違いや判断ミスが多発するのではないであろうか。私が言いたいことは、実際の税理士業務と税理士試験がマッチしていないということである。

7　三級の問題が解けない税理士試験合格者

税理士試験の簿記論と財務諸表論に合格した者に「日商簿記検定三級」の問題を解かせたところ、あちこち間違うのである。一人の話をしているのではない。多くの大学では現在、TA（teacher' s assistant）とかSA（student assistant）という制度があって、院生や学部生に講義の補助（アシスタント）を頼むことができる。

そこで簿記や会計学の講義のときに院生などをTAとして教室に連れていくのであるが、受講者に簿記検定の過去問題を配って解答させるとき、TAに模範解答を作ってもらうことが多い。そこでの話である。今の税理士試験合格者は「日商簿記三級」がちゃんと解けない。そんな実力で国家試験を突破しているのである（全員ではないであろうが）。

簿記だけではない。受験者には財務諸表論も「暗記科目」として受け止められているのか、「会計の考え方」とか「基準（ルール）の背景」といった基礎的なことになるとほとんどの受験者・合格者は関心も知識もない。その点は会計士受験者も同じである。そうした基礎的な知識や問題意識がなくても部分的な知識・表面的な暗記で受かるのである。だから、私のゼミ（会計学と経営分析をテーマとしている）の講義時間に、税理士・会計士試験の受験者や合格者を連れていっても学部二年生や三年生の素朴な質問に答えられない。

右に紹介したように、私が税理士試験の受験者に「当たらずとも遠からず」でもいいから「解答欄に空白を作るな」と言っているのは、単なる合格のためのテクニックである。こうしたアドバイスは、受験直前の者にしかしない。基礎をしっかり固めずに試験を受けても合格するというのも問題である。これでは試験に受かっても実務では役に立たない。

本章は、公認会計士制度の改革が模索されていることを受けて、わが国の財政（税収）を裏面から支えてきた税理士の問題を取り上げ、日本の財政問題を解決する一つのルートとして、税理士制度と試験制度の改革を提言するものである。

とはいえ、本章では具体的な提言はしていない。そうしたことについては、右に紹介した各章を参照していただきたい。

第30章 「複眼思考」を経営と会計に活かす

1　「会計はわからん」と豪語していた経営者

京セラの稲盛和夫さん（今は、経営が行き詰まった日本航空（ＪＡＬ）の再建を引き受けたことから「時の人」となっている）は、「会計がわからんで経営ができるか」と言っている（『稲盛和夫の実学　経営と会計』日本経済新聞社刊、一九九八年）。

しかし、すこし昔は、会計がわからないことを自慢していた経営者が多かったようである。「会計なんていうのは、そろばん（今なら、電卓であろうか）をパチパチするもの」とか、「経理課なんて、薄暗い部屋で、うで抜き（年配の方は見たことがあると思う）をした事務員が伝票や領収書を整理している場所」くらいの認識だったのではないであろうか。

経営者が会計を知らないという点では、今でも変わらないのではないかと思う。『会計不正――会社の「常識」監査人の「論理」』（日本経済新聞出版社、二〇〇八年）を書いた公認会計士の浜田康氏は言う。「失礼ながら、経営者の方々が、現在の会計理論、会計基準に精通しているという例もあまり知りません」と。

2 「会計データ」を味方にしているか

そうだとすると、日本の経営者の多くは、会計を味方にしていないということであろうか。会計の知識と技法をうまく使えば、わが社の健康診断もできるし、経営がうまくいかなくなったときに何が問題なのかを発見しその解決法を見つけることもできる。目標を立てた経営を行っている場合には、どのような目標を立てるべきか、目標が達成できないときは何が原因か、どうすれば目標を達成できるか、こうした経営戦略も会計の知識と技法を味方にして初めて可能なのである。

また、多少とも会計に関する知識があれば、企業内部の不正を予防したり早期に発見したりすることもできる。本章では、経営者や監査役が普段気をつけておくべきところのいくつかを紹介する。いずれも、「何事も一人に任せっきりにせず二人でする体制を作る」「チェックは同じ方法で二度やるのではなく、別の方法で行う」という「複眼思考」を取りこんだものである。

内部統制のような大掛かりな仕掛けでなくても、ほんの少し会計の知識、特に複式簿記思考の知識（簿記の知識ということではなく、取引や経済事象を複式に認識・記録・確認するという考え方）があれば、会計やお金が絡んだ不正を予防する手立てを講じることができるし、不幸にして事件・事故が発生したとしても大きな問題になる前に発見することができるであろう。

3　複式簿記にビルトインされている「複眼思考」

もともと会計や簿記のシステムには、「ダブル・チェック」「クロス・チェック」「複眼思考」の技法がビルトインされている。第25章でも紹介したが、複式簿記が世界中で使われるようになったのは、一つには、誰でも使える簡単な技術であること、途中で誰かと作業を交代しても同じ操作が続けられること、誰が担当しても同じ結果を得られること、作業を何人かで分担しても集計すれば同じ結果になること、記帳や集計の仕方や金額を間違えると簿記のシステムが「間違えている」ことを教えてくれる「自検機能」を備えていること、といった多くの特長に加えて、一つの取引（経済現象）や有り高（資産や負債）を、常に二重に記録することから記録の正確性も二重に確認できるという特長があるからである。世界の情報技術が飛躍的に向上したとはいえ、五〇〇年前に考案された簿記のテクノロジーを超えるものは発明されていないのだ。

それが一人でするほうが早いとか、機械に任せたほうが一度にデータ処理できるので経済的だとか、販売部門や仕入れ部門から上がってくるデータを鵜呑みにしたりといった「シングル・チェック」「単眼思考」で済ませてしまっては簿記や会計の特長を活かせないことになる。

以下では、身近な話を例として、「複眼思考」「ダブル・チェック」の考え方を紹介したい。あらためて言うまでもないことであるが、こうしたことをきちんとやっている企業はたくさんある。しかし、こうしたことに無頓着な企業も数えきれない。それは中小企業に限らず、大手企業にも見られる。多くの官庁ではそうしたことへの問題意識も希薄である。

4 「見せ金」

資産・負債の中で不正が行われやすいものとして、現金、棚卸資産がある。この二つは、金銭価値があると同時に移動が簡単なために、従業員が着服したり持ち出したりしやすい。逆に、固定資産のように移動が困難であったり売却しにくいものは不正も起きにくい。ただし、企業が所有する不動産の権利書などは借入の担保として悪用される可能性があるので厳重な管理が必要である。

現金預金の監査の場合は、通常、金庫の中身や残高証明などをチェックするが、残念ながら、どちらも当てにならない。現金には所有者の名前が書いてあるわけではないので、監査の当日だけどこかから借りてきて金庫に入れておき、監査が終わったら返却する、いわゆる「見せ金」ができる。同様に、残高証明もあまり当てにならない。誰かから借りたお金を銀行に預金して、残高証明を取得したら引き出して返却することもできるのである。

有効な対策としては、稲盛さんの発想を借りれば、現金出納帳を記帳する人と現金の出し入れを行う人を別にするのである。それと毎日の取引をタイムリーに記録しておくことは、経理や在庫係にとって「証拠」「証明」になり、監査する立場からは日々の記録は信頼できる情報になる。毎日、出納帳の残高（記録をする人）と現金残高（現金を管理する人）を照合するようにしておけば、間違いも不正も予防できるであろう。

5　売掛金と買掛金はどちらが要注意か

売掛金と買掛金では、どちらにより大きな注意を払うべきであろうか。売掛金は資産であるから、企業にとっては買掛金よりも大事かもしれない。しかし、監査とか健全な経営という視点からは、買掛金にヨリ大きな注意を払うべきある。まず売掛金の話から書く。

売掛金は資産であるから、企業が売掛金の一部を計上しないということはない。監査人（公認会計士）は、監査にあたって企業に「債権（売掛金）残高確認書」や「債務（買掛金）残高確認書」を求めることがある。それには、どこの得意先にはいくらの売掛金残高があることが書かれるから、不審な点があればその得意先に問い合わせて確認することもできる。得意先が口裏を合わせてしまうと、存在しないはずの売掛金がバランス・シートに載っても気がつかないが、架空循環取引の相手先であれば売掛金残高が次第に増えていくなどの不自然な動きが目につくであろう。

ところが買掛金の場合、一覧表（買掛金元帳）に記載されていない「隠れ買掛金」があっても、簡単には発見できない。発注担当者が勝手に掛で発注して入荷した商品を着服することがあったとしても、「隠れ買掛金」になっていれば、発見が困難なのである。

そうした事情から、監査（外部監査であれ、内部監査であれ、監査役監査であれ）にあたっては、売掛金よりも買掛金のチェックが大事である。同じ事情から、「貸付金」よりも「借入金」のチェックが大事である。売掛金・貸付金の実在性は確認できても、買掛金・借入金の網羅性は確認できないからである。

6 在庫は粉飾・不正の温床

再び京セラの話をする。セラミックというのは陶磁器で作ったものであるから、一度製品にしてしまうと、流用はできない。ある会社から、半導体・液晶装置関連の部品を一〇〇万個、受注したとする。陶磁器であるから製品化段階で不具合が生じるものもあり、一〇〇万個ちょうどを製造するわけにはいかない。不具合によるアウト（製造段階でのハネもの）を見込んで一一〇万個製造したとする。ところが幸いにして、ほとんど不具合が発生せず、一〇〇万個を納品し、一〇万個が残ったとしよう。

同じ会社から同じ部品の注文がくれば、この一〇万個を納品することもあり得るが、期末現在そうしたことが期待できなければ、この一〇万個を、稲盛さんは「ただの石ころ」だと言うのである。

これを「在庫」としてバランス・シートに載せるか「石ころ」として損失処理するか、決算数値に大きく影響する。会社の倉庫にある在庫は、ときには宝の山でもあり、ときには石ころの山でもあるのである。

知り合いの若い会計士から、会社の棚卸しに立ち会ったときの話を聞いた。倉庫には天井に届くほどの在庫が積まれており、上の方にある在庫は手が届かないために何であるかわからず、底のほうにある在庫は、上の在庫を降ろさなければ見ることができず、奥にある在庫は、姿さえみることができず、結局は会社の担当者の言うことを信じるしかなかったというのである。

また、ある会計士は、天井まで積んである原料をチェックするために、下の方にある原料をサンプリングで調べたところ帳簿の記載どおりであったので在庫の確認を終えたところ、後日になってわかったことは、実は、手の届く範囲の原料は本物で、上の方には無価値のニセモノが積んであったというのである。在庫の確認は本当に難しい。これも、監査人なり監査役の皆さんが日常的に社内を巡回していれば異常に気がつくのではないであろうか。

7 在庫の持ち出し

従業員が在庫を不正に持ち出すこともある。在庫の出し入れ（出入庫）を記録する方法には、継続記録法（帳簿棚卸法）と棚卸計算法（定期棚卸法）とがある。継続記録法は、入庫と出庫の記録を、その入出庫のつど、商品有高帳とか材料元帳に記帳する方法である。帳簿の記録から、常に在庫の有り高がわかる。継続記録法は、「在庫が一定の分量を下回ったら発注する」などといった在庫管理に適した方法である。

ただし、この方法による帳簿の残高が、在庫として実際に残っている数量と一致するという保証はない。なぜなら、いかに受け払いを正確に記録しても、在庫を保管している倉庫では、紛失や盗難が発生したり、目減りや蒸発（揮発性の在庫）が起きれば、記録の上の在庫数と実際の在庫数に違いが出てくるからである。

こうした事情があるために、継続記録法を使うときは実際の在庫数量を確認するために、「実地棚卸」をする必要がある。実地棚卸をすると、記録上の在庫数量と実際の在庫数量を比べて、誤差を知ることができる。この誤差は、「棚卸減耗（費）」と言う。
もうひとつの棚卸計算法は、入庫の記録はつけるが、出庫の記録はつけず、期末に実地棚卸をして在庫量を調べ、

期首在庫量 ＋ 当期入庫量 － 期末在庫量 ＝ 当期出庫量

の式から、出庫の量を推計する方法である。出庫の記録を取らないという点で便利であるが、社員の持ち出しなどが発覚しにくく、また、棚卸減耗を知ることができないというデメリットもある。

会社で、単価が大きく移動が簡単な在庫に棚卸計算法を採用しているようであったら、継続記録法に変えたほうがよいであろう。また、ネジ・釘のように単価が低く不正が起きにくい在庫には、手数のかからない棚卸計算法を採用するとよいであろう。一度、会社がどの在庫にどの方法を採用しているかを確かめてみてはいかがであろうか。

8 商品券・新幹線チケット・航空券

従業員による在庫の持ち出しを書いたが、企業によっては「わが社は高額の在庫などはないから安心だ」というところもあるであろう。しかし、そうした企業でも、盆暮れには取引先やお得

意先にお中元・お歳暮を「商品券」で配るということもあると思う。

商品券は、ほとんど現金と同じ「金券」である。買い物にも使えるし、金券ショップで現金に換えることもできる。お中元・お歳暮として得意先などに配ったとしても、まさか領収書をもらうわけにはいかないから、得意先に渡した商品券の金額は担当者以外にはわからない。会社の取り決めで、「得意先A社の社長に二万円、次期社長の声が高い専務には一万円、購入を担当している営業部長には五千円」としてあったとしても、担当者が本当にその金額の商品券を渡しているかどうかまではわからない。商品券は、昔から、総会屋対策や暴力団対策の資金として使われてきたから、できるだけ使わないようにしたいものである。

従業員が販売活動などのために地方に出張するとき、新幹線や飛行機を利用することがある。多くの会社は、JRや航空会社から割安のチケット（回数券など）をまとめ買いして、経理課などで保管しているであろう。このチケット類も、「金券」である。金券ショップに持っていけばすぐに現金化することができる。「架空出張」すれば、この金券は帳簿外のお金、つまり裏金に変身する。

会社が航空会社の株などを保有していれば、定期的に株主優待券が送られてくるであろう。たとえば、ANAやJALの優待券があれば国内航空券を正規料金の半額で購入することができる。この優待券も金券ショップに持っていけば現金に換えることができる。こうした金券類も、現金と同じ厳重な管理が必要であるが、キャッシュでないことから、なおざりな管理がされている例が多い。

9 転勤・配置転換・人事異動

先ごろも、私が住む神奈川県の税務課で、業者への「預け金」から金券（図書カードなど）を還流させる手口で、公金を私的流用した事件が発覚している。「預け」は、物品を発注しても業者（取引先）から品物を受け取らずに支払いだけする仕組みである。そうして業者や取引先に溜めた「預け金」で金券（図書カードなど）を買ってそれを金券ショップで換金したというのである（朝日新聞、二〇〇九年一二月二三日）。

この事件は、物品の架空発注を防ぐことができなかったのであるから、経理部門だけでなく、購入する物品の発注を決済する担当者、購入した物品の管理部署、いずれも職務をまっとうしていなかったことになる。報道では、事件の舞台となった税務課は専門性が高いということもあって、人事異動が硬直化していたことと、経理担当者を減らす「合理化」を図った結果、担当者が扱う金額が多くなり、不正経理の温床になったという。稲盛さんの言う「社員（職員）に優しい」職場でなかったようである。

報道された事件は氷山の一角であろう。規模こそ違っても（神奈川県の事件は金額的にも大きなものではなかったし、私利私欲を満たすといった悪質なものでもなかったようである）どこの社会でも起こり得る、また起きている事件であろう。事件の原因は、お金や物品を扱う部門でありながら、「複眼思考」「クロス・チェック」のアイデアが生かされていなかったことにある。

10　売上高の不正

「売上高の操作は粉飾のもっとも基本的な手口」（浜田康、上掲書）だといわれている。最近では、右に紹介したように、売上債権（売掛金）の残高を、直接、取引先に確認する手続きをとるようになったが、「最近の粉飾事例では、残高確認手続を実施しても取引先が虚偽の回答を送り返すことが『常識』になって」（浜田康、同上）きたというから安心できない。

架空の売上げを計上した会社の場合は、帳簿上だけの操作で済むこともあるが、売れたとする在庫が倉庫に残っていると監査役や会計士に知られるので、しばしば、在庫を社外に持っていくという。現品を、架空売上げを頼んだ取引先とか海外の取引先や子会社に送りつけて、監査役や会計士のチェックを逃れようとすることも多いようである。

在庫を移すとなれば、在庫の管理者（入出庫係）が関与するであろう。在庫担当者は、どの商品・原材料はどの得意先（工場）に運搬され、どの製品はどの販売店にどれくらいの分量で輸送されるものかを知っているから、「その経験と勘から、通常の在庫移送とそうでない場合とを識別することができる」（浜田康、同上）はずである。運送担当者（ドライバー）も、普段の移送先と分量を知っているから、異常な在庫の移動には「何かある」と感じるであろう。

架空売上げひとつとってみても、在庫を動かすための「出荷指示書」、輸送車の手配、輸送先（倉庫）の手配、請求書、納品書、売上伝票、入金伝票、領収書、監査人から求められれば「売掛金確認書」も偽造しなければならない（浜田康、同上）。「複眼思考」の考え方を実践すれば、書類や物品のどこかに不審を感じれば、不正を予防したり、大きな事件になる前に発見したりすることができる。

また、不正は期末に集中する傾向がある。特に、年間の売上高目標を掲げている会社、営業スタッフにノルマを課している会社、営業マンの販売成績に応じて報奨金を出している会社などは要注意である。損益分岐点ぎりぎりのところで営業している会社は苦し紛れに架空売上げに走ることもある。本社だけではなく、子会社や営業所などにも注意する必要がある。

不正や操作が期末に集中するとなると、適時記帳も大事であるし、普段から月次の売上高を報告徴収しておくのが大事である。

11　費用の水増し・架空費用の計上

金券ショップに行くと、領収書が売買されている。一流会社のれっきとした領収書もあれば、とりあえず社名・住所・電話番号が印刷されている「ありそうな会社」の領収書もあるという。印章店（はんこ屋）に行くと、社名や電話番号が判読できないようにした社印も売っているそうである。きっと偽の領収書を作るためのものではないであろうか。

わが国は会社法決算と税法がリンクする「確定決算主義」を採用しているから、決算で計上する費用が多くなれば利益が減り、その利益額に対して課せられる税金も減る。いきおい、費用の水増しや架空費用を計上して税金を減らそうという会社がでてくる。

こうした費用の水増しが問題なのは、脱税という犯罪にとどまらず、そうして作った裏金で次の犯罪を引き起こすからである。ギフト券、商品券、新幹線や飛行機のチケット、さらにエスカレートして領収書の偽造などで費用を水増しすると、帳簿の上ではお金が出たことになっているが、手許には現金が残る。

この問題が大きいのは、こうして浮かしたお金を何に使っているかである。これまでの企業不祥事を見ていると、こうして作った裏金が闇の世界に流れていることが多いようである。闇の世界とは、一度の付き合いが命取りになるという。そんなことになれば、費用の水増し（これも犯罪であるが）で浮かしたお金では払いきれないほどの社会的制裁が待っている。たとえ少額の一〇万円、二〇万円でも、裏金を作ってしまうと、それだけに収まらず、何らかの不正・不法行為・犯罪に結びついてしまうのである。稲盛さんのいう「社員に優しい会社」にするために、裏金・闇の世界につながらないように少額であっても厳しくチェックする必要がある。これも、監査役や監査人が領収書を並べて観察するだけでも気がつくことが多いと思う。

主要参考文献

飯田信夫「国際的な会計基準についての動き、その他」『週刊経営財務』二〇〇九年五月一八日、税務研究会
伊藤邦雄「ディスクロージャー学の展望と課題――会計基準のコンバージェンス問題を超えて」『企業会計』二〇一〇年一〇月、中央経済社
伊藤博敏『金融偽装――米国発金融テクニックの崩壊』講談社、二〇〇八年
伊東光晴「世界金融危機から同時不況へ」『世界』二〇〇八年一二月、岩波書店
井尻雄士「二一世紀の評価論とその周辺の展望」中野　勲・山地秀俊編著『二一世紀の会計評価論』勁草書房、一九九八年所収
井尻雄士「アメリカ会計の変遷と展望」『會計』一九九八年一月、森山書店
稲盛和夫『稲盛和夫の実学　経営と会計』日本経済新聞社、一九九八年
P・ヴィノグラドフ（末延・伊藤訳）『法における常識』岩波文庫、一九七二年、岩波書店
永　六輔『商人（あきんど）』岩波新書、一九九八年、岩波書店
江藤　学「標準のビジネスインパクト――試験方法標準が変える競争」一橋大学イノベーション

研究センター編『一橋ビジネスレビュー』二〇〇九年WIN.、東洋経済新報社
P・オルメロッド（斎藤精一郎訳）『経済学は死んだ』ダイヤモンド社、一九九五年
加護野忠男「会計基準の国際化とその影響を考える」『企業会計』二〇〇九年七月、中央経済社
加藤秀樹「ルールは何のためにあるのか」『ビジネス法務』二〇一〇年五月、中央経済社
神谷秀樹『強欲資本主義　ウォール街の自爆』文春新書、二〇〇八年、文藝春秋
企業会計審議会「我が国における国際会計基準の取扱いについて（中間報告）」二〇〇九年六月
企業会計審議会企画調整部会「我が国における国際会計基準の取扱いについて（中間報告（案））」二〇〇九年二月
企業会計審議会企画調整部会「会計基準のコンバージェンスに向けて（意見書）」二〇〇六年七月三一日
企業活力研究所「今後のグローバル化の進展と日本モデルの適応のあり方に関する調査研究――企業制度・経営の視点から」二〇一〇年
企業財務委員会「会計基準の国際的調和を踏まえた我が国経済および企業の持続的な成長に向けた会計・開示制度のあり方について（中間報告）」二〇一〇年四月一九日
岸見勇美『ザ・監査法人――粉飾決算と戦った男たち』光人社、二〇〇六年
木村　剛『「会計戦略」の発想法』日本実業出版社、二〇〇三年

ポール・クルーグマン（三上義一訳）『嘘つき大統領のデタラメ経済』早川書房、二〇〇四年
黒澤利武「EUの同等性評価と今後の展望」『季刊会計基準』二〇〇八年九月、税務研究会
経済産業省「平成20年度総合調査研究　経済社会政策の基礎理論に関する調査研究　報告書」二〇〇九年
ダニエル・コーエン「インタビュー　裁かれる資本主義の倒錯」『世界』二〇〇八年一二月、岩波書店
濠　壱成『「地価」はつくられている』経済界、二〇〇八年
斎藤静樹「企業会計基準委員会の6年間を振り返って」『季刊会計基準』二〇〇七年六月、税務研究会
斎藤静樹「コンバージェンスの未解決論点――海外の学界論調から」『企業会計』二〇〇八年一月、中央経済社
斎藤静樹「コンバージェンスの岐路とIFRSの求心力」『企業会計』二〇一〇年二月、中央経済社
斎藤静樹「グローバル・コンバージェンスと会計基準のパラダイム」『横浜経営研究』横浜経営学会（横浜国立大学）二〇一〇年三月
佐伯啓思「立ちすくむ現代No.14」『WEDGE』二〇〇九年八月

桜井久勝「国際会計基準の導入が日本の会計基準に与える影響」『証券アナリストジャーナル』二〇〇九年四月、日本証券アナリスト協会
桜井久勝「当期純利益と包括利益の有用性比較」『企業会計』二〇一〇年一月、中央経済社
佐藤誠二「EUにおけるIFRS会計実務の状況と課題――『IAS適用命令』の履行とエンフォースメント」『會計』二〇〇八年一一月、森山書店
S・E・スクワイヤ他（平野皓正訳）『名門　アーサーアンダーセン　消滅の軌跡』シュプリンガー・フェアラーク東京、二〇〇三年
佐和隆光『経済学とは何だろうか』岩波新書、一九八二年、岩波書店
司馬遼太郎『司馬遼太郎が考えたこと3』新潮社、二〇〇一年
社団法人日本監査役協会『「2007年における監査役及び監査委員会制度の運用実態調査」結果報告書』『月刊監査役』二〇〇七年一一月臨時増刊
社団法人リース事業協会『リース需要動向調査報告書』二〇〇五年
社団法人リース事業協会『リースの市場』二〇〇六年
関岡英之『拒否できない日本――アメリカの日本改造が進んでいる』文春新書、二〇〇四年、文藝春秋
関岡英之『奪われる日本』講談社現代新書、二〇〇六年、講談社

J・E・スティグリッツ（鈴木主税訳）『人間が幸福になる経済とは何か――世界が90年代の失敗から学んだこと』徳間書店、二〇〇三年
J・E・スティグリッツ（楡井浩一訳）『世界に格差をバラ撒いたグローバリズムを正す』徳間書店、二〇〇六年
田中慎一『ライブドア監査人の告白――私はなぜ粉飾を止められなかったのか』ダイヤモンド社、二〇〇六年
田中　弘『イギリスの会計基準』中央経済社、一九九一年
田中　弘『イギリスの会計制度』中央経済社、一九九三年
田中　弘「利益の社会的認知――利益はいつ実現するか――」『産業経理』一九九八年七月、産業経理協会
田中　弘『会計学の座標軸』税務経理協会、二〇〇一年
田中　弘『時価主義を考える（第3版）』中央経済社、二〇〇二年
田中　弘『時価会計不況』新潮新書、二〇〇三年
田中　弘『不思議の国の会計学――アメリカと日本』税務経理協会、二〇〇四年
田中　弘『国際会計基準はどこへ行くのか――足踏みする米国、不協和音の欧州、先走る日本』時事通信社、二〇一〇年

田中　弘・原　光世（共訳）『イギリス財務報告基準』中央経済社、一九九四年
田中　弘・本郷孔洋『他人より年収10倍「稼げる」税理士になる方法』すばる舎リンケージ、二〇〇八年
田村賢司『マネー動乱――市場を破壊する激流』日本経済新聞出版社、二〇〇八年
茅根　聡「わが国リース会計基準の改訂問題をめぐって」『會計』二〇〇三年四月、森山書店
茅根　聡『リース会計』新世社、一九九八年
辻山栄子「2つの包括利益」『会計・監査ジャーナル』二〇〇七年一一月、第一法規
辻山栄子「IFRS導入の制度的・理論的課題」『企業会計』二〇〇九年三月号、中央経済社
辻山栄子「収益認識をめぐる実現・稼得過程の現代的意義」『會計』二〇一〇年四月、森山書店
デビッド・トゥイーディー「世界規模で広がるIFRSの採用」『季刊会計基準』二〇〇八年六月、税務研究会
徳賀芳弘「近未来における企業会計の変化に対する憂慮」『季刊会計基準』二〇〇七年一二月、税務研究会
徳賀芳弘「公正価値会計の行方――パラダイム転換の分岐点としての金融負債の公正価値評価」『企業会計』二〇一〇年一月、中央経済社
徳賀芳弘「国際財務報告基準への日本の対応――連単分離を論ずる枠組み――」『税経通信』

二〇〇九年八月臨時増刊、税務経理協会
中島康晴『知らないではすまされない　マネジメントのためのＩＦＲＳ』日本経済新聞出版社、二〇一〇年
中谷　巌『資本主義はなぜ自壊したのか――「日本」再生への提言』集英社インターナショナル、二〇〇八年
中谷　巌「グローバル資本主義がもたらすもの」『企業会計』二〇〇九年八月、中央経済社
中野剛志『経済はナショナリズムで動く――国力の政治経済学』ＰＨＰ研究所、二〇〇八年
西尾幹二『国民の歴史』産経新聞ニュースサービス、一九九九年
西川郁生『国際会計基準の知識』日経文庫、二〇〇〇年、日本経済新聞社
西川郁生「わが国のコンバージェンス加速化への障害」『税経通信』二〇〇七年一一月、税務経理協会
西川郁生「コンバージェンスの向かう先」『季刊会計基準』二〇〇八年九月、税務研究会
西川郁生「ＥＵによる同等性評価とＡＳＢＪの対応」『企業会計』二〇〇八年一一月、中央経済社
西川郁生「ＩＦＲＳの適用とコンバージェンス」『季刊会計基準』二〇〇九年三月、税務研究会
西川郁生「国際財務報告基準に関する企業会計基準委員会の今後の対応」『税経通信』二〇〇九

年八月臨時増刊、税務経理協会
日本税理士会連合会『第5回　税理士実態調査報告書』二〇〇五年
野口　均「ルポ『公認会計士』という謎」『中央公論』一九九九年六月、中央公論社
ボブ・ハーツほか「会計基準の国際的なコンバージェンスに関する米国の視点」『季刊会計基準』二〇〇八年九月、税務研究会
フランク・パートノイ（森下賢一訳）『大破局（フィアスコ）――デリバティブという「怪物」にカモられる日本』徳間書店、一九九八年
浜田　康『不正を許さない監査』日本経済新聞社、二〇〇二年
浜田　康『会計不正――会社の「常識」監査人の「論理」』日本経済新聞出版社、二〇〇八年
早房長治『だれが粉飾決算をつくるのか――THE ACCOUNTANTS ARE GUILTY！』廣済堂出版、二〇〇一年
原　丈人『新しい資本主義――希望の大国・日本の可能性』ＰＨＰ新書、二〇〇九年
原田節雄「民間企業の事業戦略と国際標準化の現実――ＪＲ東日本のＳｕｉｃａに見る事例」一橋大学イノベーション研究センター編『一橋ビジネスレビュー』二〇〇九年WIN.、東洋経済新報社
東谷　暁「ジャック・ウェルチ『勝ち逃げ』の罪」『文藝春秋』二〇〇二年一〇月、文藝春秋

日高義樹『アメリカの日本潰しが始まった』徳間書店、二〇一〇年
J・R・ヒックス（安井琢磨・熊谷尚夫訳）『価値と資本Ⅰ・Ⅱ』岩波現代叢書、一九五一年、岩波書店
広瀬　隆『資本主義崩壊の首謀者たち』集英社新書、二〇〇九年、集英社
マイク・ブルースター（山内あゆ子訳）『会計破綻——会計プロフェッションの背信』税務経理協会、二〇〇四年
J・C・ボーグル（瑞穂のりこ訳）『米国はどこで道を誤ったのか』東洋経済新報社、二〇〇八年
堀川直人『ウォール街の闇——富はどこへ移転するのか』PHP研究所、二〇〇八年
間島進吾「IFRS導入の意義と課題」『企業会計』二〇〇九年八月、中央経済社
三井秀範「企業会計審議会企画調整部会の中間報告（案）の公表」『企業会計』二〇〇九年五月、中央経済社
三井秀範「我が国企業への国際会計基準の適用について」『税経通信』二〇〇九年八月臨時増刊、税務経理協会
D・Q・ミルズ（林　大幹訳）『アメリカCEOの犯罪——なぜ起きたのか？　どのように改革すべきか？』シュプリンガー・フェアラーク東京、二〇〇四年

村上陽一郎『文明のなかの科学』青土社、一九九四年
G・O・メイ（木村重義訳）『財務会計――経験の蒸留――』同文舘、一九七〇年
本山美彦『売られ続ける日本、買い漁るアメリカ』ビジネス社、二〇〇六年
森岡孝二『粉飾決算』岩波ブックレット、二〇〇〇年、岩波書店
矢部　武『アメリカ病』新潮新書、二〇〇三年、新潮社
山下明宏『テキトー税理士が会社を潰す』幻冬舎、二〇〇九年
山田辰己「IASBのコンバージェンスに向けた活動について」『税経通信』二〇〇七年一一月、税務経理協会
山田辰己・金児　昭・平松一夫「（鼎談）国際会計基準の現状と世界の課題」『税経通信』二〇〇九年一月、税務経理協会
山桝忠恕『近代会計理論』国元書房、一九六三年
渡辺洋三『法というものの考え方』岩波新書、一九五九年、岩波書店
特集「国際会計基準審議会（IASB）David Tweedie 議長へのインタビュー」『会計・監査ジャーナル』二〇〇九年八月、第一法規

索　　引

☆　著者のプロフィール　☆

田　中　　弘（たなか　ひろし）

神奈川大学教授・博士（商学）（早稲田大学）

1943年札幌に生まれる。

早稲田大学商学部を卒業後，同大学大学院で会計学を学ぶ。博士課程を修了後，愛知学院大学商学部講師・助教授・教授。

1993年より　神奈川大学経済学部教授。

2000年－2001年ロンドン大学（ＬＳＥ）客員教授。

公認会計士２次試験委員，大蔵省保険経理フォローアップ研究会座長，郵政省簡易保険経理研究会座長，大蔵省保険審議会法制懇談会委員などを歴任。

英国国立ウェールズ大学経営大学院（東京校）教授（非）
日本生命保険相互会社総代・業務監視委員
ホッカンホールディングス独立委員会委員
横浜市監査事務局委員会委員
日本アクチュアリー会客員
Ｅメール　akanat@mpd.biglobe.ne.jp

最近の主な著書

『国際会計基準はどこへ行くのか』時事通信社，2010年
『経営分析を学ぶ』（共著）税務経理協会，2010年
『会計データの読み方・活かし方』中央経済社，2010年
『会計学を学ぶ―経済常識としての会計学入門』（共著）税務経理協会，2008年
『新会計基準を学ぶ』（全３巻）（共著）税務経理協会，2008年
『基礎からわかる経営分析の技法』（共著）税務経理協会，2008年
『財務情報の信頼性―会計と監査の挑戦』（共編著）税務経理協会，2008年
『会社を読む技法―現代会計学入門』白桃書房，2006年
『不思議の国の会計学―アメリカと日本』税務経理協会，2004年
『時価会計不況』新潮社（新潮新書），2003年
『原点復帰の会計学―通説を読み直す（第二版）』税務経理協会，2002年
『時価主義を考える（第３版）』中央経済社，2002年
『会計学の座標軸』税務経理協会，2001年

著者との契約により検印省略

平成23年2月1日　初版第1刷発行

複眼思考の会計学
－国際会計基準は誰のものか－

著　者　田　中　弘
発行者　大　坪　嘉　春
印刷所　税経印刷株式会社
製本所　株式会社　三森製本所

発行所　〒161-0033　東京都新宿区下落合2丁目5番13号
株式会社　税務経理協会
振　替　00190-2-187408
FAX　(03)3565-3391
電話　(03)3953-3301（編集部）
　　　(03)3953-3325（営業部）
URL　http://www.zeikei.co.jp/

乱丁・落丁の場合は，お取替えいたします。

ISBN978－4－419－05614－8　C3034